Baedeker
Allianz Reiseführer

Italienische Adria

VERLAG KARL BAEDEKER

Die wichtigsten Reiseziele

** Top-Reiseziele – auf keinen Fall versäumen!

Atemberaubend schöne Küste am Monte Conero ▶ S. 133

* **Herausragende Reiseziele – möglichst besuchen!**

Fischereihafen mit venezianischem Charme: Chioggia ▶ S. 82

Römische Ruinen in Aquileja ▶ S. 64

Inhalt

Natur, Kultur, Geschichte

Seite 10 – 47

Natur im Hinterland der Küste ▶ S. 15

Reiseziele von A bis Z

Seite 48 – 181

Plätze mit Charme ▶ S. 136

Überall garantiert: Kinderfreundliche Strände ▶ S. 71

Praktische Informationen von A bis Z

Seite 182 – 232

Familientauglich: ländliche Unterkünfte ▶ S. 184

Viel Spaß im Vergnügungspark ▶ S. 231

Feste mit Tradition ▶ S. 76

Venedig ist die Stadt der Kanäle ▶ S. 176

FONDAMENTA
DEL SQUERO
Aurora

O sole

Städte

verführen zum Einkaufen und Ausgehen

Die Hauptstraße in San Elpidio a Mare ist gerade so breit, dass zwei Autos aneinander vorbei kommen, die alten Backsteinhäuser stehen Mauer an Mauer, erst oben auf dem Hauptplatz mit zwei hübschen Kirchen und einem Rathaus kann der Blick ein bisschen in die Weite schweifen. In der kleinen Pinakothek kann man in Ruhe ein paar andächtige Madonnenbilder bewundern, Feinschmecker kommen im Restaurant Il Melograno auf ihre Kosten. Urlaub an der Adria? Da denkt man eher an endlose Liegestuhlreihen am flachen Sandstrand, an Sonnenbaden und Wasserspaß, an grenzenloses Shoppingvergnügen und Stranddisko bis spät in die Nacht. Gibt es natürlich auch, in den Seebädern an der Küste. Diese Seite der italienischen Adria meint man zu kennen. Auch die noch nie dort waren, wissen angeblich, wovon sie reden, wenn sie Rimini, Jesolo oder Bibione sagen – und überfüllte Strände, lärmende Touristen und Massenabfertigung meinen. Natürlich ist man – zumindest zwischen Juni und September – nicht allein an der italienischen Adriaküste, doch längst hat die Realität das Image vom Teutonengrill Lügen gestraft. Die Seebäder haben sich

Dolce far niente

heißt das Motto an den Stränden der Adriaküste

Plätze

beeindrucken nicht nur in Venedig

mio

herausgeputzt, ihre Straßen in begrünte Fußgängerzonen umgewandelt, Rad- und Skatewege angelegt, die Strände werden mit Akribie gepflegt, die Wasserqualität wurde verbessert und die Sportangebote lassen keine Wünsche offen. Und: Egal, ob in Hotels oder am herrlichen flachen Strand – Kinder sind überall herzlich willkommen. Vergnügungs- und Wasserparks für Jung und Alt sprießen aus dem Boden, in Mirabilandia erwartet den Besucher einen der größten Freizeitparks Italiens. Schön und gut, aber wo bleiben Kunst und Kultur? Mit Sicherheit nicht auf der Strecke. Venedig, Ravenna und Padua sind nur die längst bekannten Highlights. Städte mit etwas spröderem Charme wie Triest oder Ancona harren noch ihrer Entdeckung, ebenso die vielen Museen in den Marken – immerhin rund 230! – und Provinzstädtchen wie Portogruaro im Hinterland von Caorle, Cesena, das landseitige Pendant zu Cesenatico, oder Fermo, das ähnlich wie San Elpidio a Mare auf einem Hügel thront, umgeben von landschaftlicher Idylle. Apropos San Elpidio: Das Städtchen liegt in den Marken, nur 6 km von Meer und Badevergnügen entfernt ...

Eis-zeit

herrscht an der Adria fast das ganze Jahr

Puste

braucht man vor allem auf den Bergstrecken, an der Küste geht es gemächlicher zu

Stille

an den Lagunen und auf den Seen von Comacchio

Natur, Kultur, Geschichte

Zahlen und Fakten

Allgemeines

Eine Küste, fünf Regionen

Die italienische Adriaküste von Triest bis Pescara, die mit ihren endlosen Sandstränden und den nahezu unbegrenzten Sport- und Freizeitmöglichkeiten zu den beliebtesten Ferienzielen in Italien gehört, ist das Thema dieses Reiseführers. Ausgewählte Ziele im Hinterland der Küste wie zum Beispiel San Marino oder Urbino werden in diesem Band ebenfalls vorgestellt.

◂ **Hinter dem Seebad Rimini liegt die einstige Römerstadt. Berühmtes Baudenkmal aus dieser Zeit: der Ponte di Tiberio.**

Allgemeines (Fortsetzung)

Insgesamt fünf Regionen haben Anteil an dieser Küste: Friaul-Julisch Venetien (Friuli-Venezia Giulia), Venetien (Veneto), Emilia-Romagna, Marken (Marche) und Abruzzen (Abruzzo). Landschaftlich, kulturell und wirtschaftlich bieten diese Regionen ein ziemlich buntes Bild.
Friaul-Julisch Venetien ist die nordöstlichste Region Italiens an der Grenze zu Slowenien. Rund 1,2 Mio. Einwohner zählt die Region. Da auch heute noch ein Großteil der Bevölkerung Friulani sind, die ihre Sprache und viele alte Bräuche bewahrt haben, genießt Friaul-Julisch Venetien den Status einer Autonomen Region. Bekannt ist das Friaul als Wander-, Wintersport- und Weingebiet, an der Küste locken Sandstrände sowie die alte Hafenstadt Triest, heute die Hauptstadt der Region.
Lidi und Lagunen prägen die Küste Venetiens – mit rund 4,46 Mio. Einwohnern eine der bevölkerungsstärksten Regionen Italiens. Touristisch ist Venedig, zugleich auch die Verwaltungskapitale, der unbestrittene Mittelpunkt dieser Region.
Nicht nur kulturell, auch wirtschaftlich gehört die Emilia-Romagna zu den wohlhabenden Regionen Norditaliens mit einer florierenden Landwirtschaft und einer hoch entwickelten Industrie. Regiert wird die Region, in der rund 3,9 Mio. Menschen leben, von Bologna aus. Die meisten Feriengäste zieht es an die 130 km lange Küste der Emilia-Romagna, die mit einer gut ausgebauten Infrastruktur aufwartet.
Zwischen den Seebädern Cattolica und Gabicce Mare verläuft die Grenze zu den Marken. Von den 1,45 Mio. Einwohnern profitieren v. a. die an der Küste vom Tourismus. Außer der Industrie- und Badestadt Pesaro und der Hafen- und Hauptstadt Ancona gibt es keine wirtschaftlichen Ballungszentren in dieser Region. Das Hinterland wird bis heute hauptsächlich landwirtschaftlich genutzt.
Das gilt auch für die angrenzende Region Abruzzen, die zwar auch für ihre Strände, vor allem aber für die faszinierende Gebirgswelt bekannt ist. Die rund 1,25 Mio. Einwohner sind hauptsächlich in der Landwirtschaft, in Handwerks- oder kleinindustriellen Betrieben beschäftigt.

Naturraum

Die Adria

Mare adriaticum

Das "mare adriaticum" trennt als nördlicher Nebenarm des Mittelmeeres den so genannten Italienischen Stiefel vom Balkan. Seinen Namen erhielt der Meeresarm von dem Städtchen Adria bei Chioggia, das heute etwa 25 km vom Meer entfernt liegt, ursprünglich aber eine antike Hafenstadt war. Von ihrer Nordostspitze, dem Golf von Triest, bis zur Straße von Otranto im Süden ist die Adria etwa 800 km lang und bis zu 220 km breit. Sie unterteilt sich in ein nördliches und ein südliches Becken, die in Höhe des Monte Gargano von einem unter dem Meeresspiegel gelegenen Sattel getrennt werden. Das südliche Adriabecken ist vor Bari bis 1645 m tief. Das nördliche hingegen ist wesentlich flacher: Vor Ancona erreicht das Meer eine Tiefe von 80 m, vor der Halbinsel Istrien sind es nur noch 50 m und ganz im Norden der Adria nur noch wenige Meter.

Adria (Fortsetzung)

Im Sommer ist die nördliche Adria eine riesige flache Badewanne, deren Wasser im Durchschnitt 24 °C warm wird. Ganz anders im Winter: Dann sinkt die Temperatur der oberflächennahen Wasserschichten schon mal auf 7 °C ab. Aufgrund der starken Süßwasserzufuhr liegt der Salzgehalt der nördlichen Adria lediglich bei 2 bis 2,5 %, nimmt aber nach Süden rasch zu. Vor Ancona beträgt er bereits 3,4 %, ganz im Süden knapp 4 %.
Im Gegensatz zu anderen Teilen des Mittelmeeres sind in der nördlichen Adria Gezeiten durchaus spürbar. Im Golf von Triest beträgt der Tidenhub 30 – 100 cm. Allerdings sind die Gezeiten unterschiedlich stark ausgebildet, so dass örtlich bisweilen nur ein Hoch- bzw. Niedrigwasser am Tag registriert wird.

Umweltprobleme

Die Wasserqualität der Adria ist immer wieder dann in der Diskussion, wenn Nachrichten von Algenteppichen die Urlauber aufschrecken. Betroffen war und ist vor allem die Küste südlich des Po-Deltas. Verantwortlich dafür ist vor allem die Überdüngung der nördlichen Adria mit nährstoffreichen Abwässern aus Landwirtschaft, Industrie und Siedlungen. Diese Abwässer schaffen ein Mikroklima, in dem sich mikroskopisch kleine Kieselalgen geradezu explosionsartig vermehren können. Unter dem dichten Algenteppich verenden Fische, Krusten- und Weichtiere, und auch unvorsichtige Schwimmer sind schon in größte Gefahr gekommen. Mehrfach kam es hier auch zur gefährlichen Algenblüte, bei der sich der "Meeressalat" tonnenweise auf die Strände legte. Auch Venedig drohte unter einer grünen und schleimigen Flut zu ersticken. Mittlerweile hat die Regierung der Emilia-Romagna eine Anti-Algen-Flotte eingesetzt und schwimmende Algenbarrieren verankert. Außerdem wird das Algenwachstum via Satellit überwacht. Über ein Dutzend Spezialschiffe "saugen" die Algenteppiche von der Wasseroberfläche. Damit wird zwar verhindert, dass sie bis an die Strände vordringen, die Ursache des Problems bleibt allerdings bestehen und hat in letzter Zeit eher zu- als abgenommen.

Die Küste

Golf von Triest

Das nordöstliche Ende der Adria bildet der Golf von Triest. Hier treten die Kalksteinbänke des "Triestino"-Karstes ans Meer heran und bilden eine wild zerklüftete Felsküste. Bereits wenige Kilometer weiter westlich, wo die beiden von den Alpen bzw. Voralpen herunterströmenden Flüsse Isonzo und Tagliamento in die Adria münden, entstand eine typische Anschwemmungsküste mit flachen Lagunen (Haffen), Lidi (Nehrungen), schmalen Sandinseln und Sandstränden. Das Hinterland dieses Küstenabschnitts, d. h. die Provinz Friaul-Julisch Venetien, gehört zu jenen Gebieten in Europa, die am stärksten von Erdbeben gefährdet sind.

Golf von Venedig

Westlich der Tagliamentomündung bis hinunter zum Po-Delta bleibt der von Lagunen und Lidi geprägte Landschaftscharakter erhalten. Die gesamte Bucht von Venedig präsentiert sich als typische Deltalandschaft, die von den wasserreichen, ebenfalls aus den Alpen bzw. Voralpen kommenden Flüssen Livenza, Piave, Brenta, Etsch und Po aufgeschüttet wurde. Das Hinterland ist eine fruchtbare und landwirtschaftlich intensiv genutzte Schwemmlandebene, der Küstenraum dagegen ein fragiles landschaftliches Gebilde. Dies gilt in besonderem Maße für die Lidi und Lagunen, die sowohl von der Adria als auch von der Landseite vom Hochwasser bedroht sind. Während sich beispielsweise der Lido von Jesolo einigermaßen stabil zeigt, kommt es auf dem Lido von Venedig nicht selten zu Überflutungen (▶ Baedeker Special S. 18).

Golf von Venedig (Fortsetzung)

Po-Ebene und Po-Delta

Der Po ist mit 652 km Länge und einem Einzugsgebiet von 75 000 km² Italiens längster und bedeutendster Fluss. Er entspringt im südwestlichen Piemont, durchfließt die Lombardei und Venetien und mündet in die Adria. Der größte Teil der heutigen Po-Ebene war vor der Alpenfaltung ein Meeresarm der Adria. Nach der Heraushebung der Alpen und des Apennin wurde das riesige Becken vom Po und seinen Nebenflüssen mit Sand, Kies und Schutt aus den umliegenden Gebirgen aufgefüllt. Günstige klimatische Bedingungen und gute Böden machen die Po-Ebene zur reichsten Ackerbauregion Italiens. In Venetien ist der Po ein ausgesprochener Dammfluss, das heißt, sein Wasserspiegel ist um einiges höher als das umliegende Land. Trotz zahlreicher Maßnahmen kommt es deshalb immer wieder zu verheerenden Überschwemmungen.
Südlich von Venedig mündet der Po in die Adria, in die er ein gewaltiges Delta hineingeschoben hat. Dabei schwemmen der Fluss und seine Nebenarme (mehr als ein Dutzend) jede Sekunde durchschnittlich 1300 Kubikmeter Geröll, Sand und Schlamm ins Meer. Bei herbstlichem Hochwasser können es sogar 9000 – 12 000 Kubik-

Zahlreiche Flüsse aus den Alpen fließen der Adria zu, so zum Beispiel auch der Isonzo, der östlich von Venedig bei Grado ins Meer mündet.

Hügelig und fruchtbar – so präsentiert sich das Küstenhinterland in den Marken, wie der Blick von Fermo zum Meer beweist.

Po-Ebene und Po-Delta (Fts.)

meter sein! Bis vor wenigen Jahrzehnten, als es leidlich gelang, den "bodenlosen Fluss" durch wasserbauliche Maßnahmen zu beherrschen, wuchs das Delta jährlich bis zu 130 m weiter ins Meer hinein. Pro Jahr entstanden damals 60 – 100 ha Neuland. Frühere Küstenorte wie beispielsweise die alte Hafenstadt Ravenna liegen heute mehrere Kilometer vom Meer entfernt landeinwärts.

Naturschutzgebiet Po-Delta

Aufgrund ihrer naturräumlichen Einzigartigkeit wurde die südlich der heutigen Po-Hauptmündung gelegene Küstenzone bis hinunter nach Ravenna unter Schutz gestellt. Die Lagunen von Comacchio beispielsweise sind Lebensraum einer artenreichen Tierwelt. Der Bosco della Mesola ist einer der größten und ursprünglichsten Tieflandwälder Italiens, in dem sich noch Schwarz-, Rot- und Damwild halten kann. Durch Sandbänke und Nehrungen vom offenen Meer abgeschnitten ist die Sacca di Goro, wo die Fischerei bis heute eine große Rolle spielt. Während an der Küste Sanddünen, ausgedehnte Röhrichtbestände und Wasserflächen mit Seerosen das Landschaftsbild prägen, säumen landeinwärts lange Pappelalleen große Felder.

Küste der Emilia-Romagna

Südlich von Ravenna und bis Gabicce Mare erstreckt sich die weitgehend flache Ausgleichsküste der Emilia-Romagna, die seit langem als Feriengebiet geschätzt wird. Das verhältnismäßig flache Hinterland dieser Küste gehört zu den Top-Agrar-Regionen Italiens. Hier werden nicht nur Weizen, Mais und Zuckerrüben, sondern vor allem auch Obst, Gemüse und Wein angebaut.

Küste der Marken und Abruzzen

Südlich an die Emilia-Romagna schließt sich die Region Marken an, die sich zwischen der Küste und dem Apennin erstreckt und im Monte Vettore (2476 m) ihren höchsten Punkt erreicht. Die Küste wird nach Süden schmaler und kleinräumiger, aber auch landschaftlich reizvoller, da direkt dahinter das 30 km breite Hügelland zum Apennin ansteigt. Auch an der märkischen Küste gibt es lange Sandstrände und eine Vielzahl von Badeorten, von denen Gabicce Mare, Fano, Senigallia, Grottammare und San Benedetto del Tronto die bekanntesten sind. An einer großen, durch einen hakenförmigen Landvorsprung geschützten Bucht liegt die Hafen- und Regionshauptstadt Ancona. Eine landschaftliche Besonderheit ist die felsige Riviera am Steilabfall des 572 m hohen Monte Conero südlich von Ancona. Dieses isolierte Massiv aus Kalk- und Sandstein, das sich landeinwärts eher sanft abtreppt, ragt wie eine grüne Insel aus dem stark urbanisierten Umland.
Südlich vom Monte Conero breitet sich im Hinterland der mittleren Adria eine abwechslungsreiche Hügellandschaft aus, in der vor allem Oliven, Wein und Getreide angebaut werden. Starke Bewegungen in der Erdkruste haben das Landschaftsbild hervorgebracht, und bis heute ist dieses Gebiet erdbebengefährdet. Dort, wo Flüsse sich ihren Weg zur Küste gebahnt haben, entstanden Täler, die heute dicht besiedelt und industrialisiert sind – so zum Beispiel das Tal des Pescara-Flusses, der bei der gleichnamigen abruzzischen Stadt ins Meer mündet. Da die Hauptverkehrswege bis heute an der Küste, von Norden nach Süden, verlaufen, kommt diesen Tälern eine große Bedeutung zu als Verbindungswege vom Landesinneren

Strände ohne Ende: Der Badetourismus bestimmt das Bild an der italienischen Adriaküste von Triest bis Pescara – wie hier an der Riviera des Monte Conero.

Land unter

Flaches Land und Wasser soweit das Auge reicht, ein Gewirr von Kanälen, Hunderte von kleinen Inselchen, Sandhaken, Sandbänke und Sandstrände, Flussmündungen mit Sand- und Schlamminseln, unwegsame Sümpfe – so präsentiert sich die nordwestliche Adriaküste. Eine beinahe einzigartige Lagunenlandschaft, ständig von Überschwemmungen bedroht und dennoch schon seit dem Altertum besiedelt und bewirtschaftet.

Dabei ist gerade diese Landschaft einer ständigen Veränderung unterworfen. Sie ist zudem noch sehr jung und verdankt ihre Entstehung den Flüssen, die aus den Alpen kommen und mit ihrer gewaltigen Geröll- und Sandfracht riesige Deltas in die nordwestliche Adria vorschieben. Stürme, die das Meerwasser landeinwärts treiben, Ebbe und Flut sowie die ständig vorhandene Meeresbrandung sorgen dafür, dass der Schutt in den Flüssen gleichmäßig an der Küste verteilt wird. Im Brandungsbereich werden diese Ablagerungen hin und her, vor und zurück geschoben. Wird dieser Prozess jedoch durch einen Felsvorsprung, eine Landzunge oder eine Flussmündung unterbrochen oder in seiner Intensität gebremst, so entstehen allmählich Strände, bei großen Ablagerungen sogar die Litorale genannten Sandhaken oder auch schmale Sandbänke (Barre). Werden aus diesen Sandbänken regelrechte Landzungen, die Buchten oder Lagunen vom offenen Meer abschirmen, so spricht man von einem Lido.

Die Lagune von Venedig

Auf diese Weise ist auch die 550 km² große Lagune von Venedig entstanden. Allerdings sorgen die Schuttfrachten von Po und Piave dafür, dass die Lagune allmählich verlandet. Bei Flut ist dies kaum zu sehen, denn dann ist die Lagune tatsächlich eine einzige Wasserfläche, bei Ebbe dagegen treten zahlreiche Schlamminseln hervor. Auf etwa 150 größeren und kleineren solcher Watteninseln, die meist nur wenige Dezimeter aus den Wasser der Lagune herausragen, breitet sich die Stadt Venedig aus. Nicht weniger als 177 Kanäle ziehen durch das amphibische Stadtgebiet. Um den Schiffsverkehr zu ermöglichen und um die "natürliche" Abwasser- und Abfallbeseitigung durch die Gezeiten in Gang zu halten, werden mit großem technischem Aufwand mehrere Durchlässe, so genannte *bocche di proto*, zwischen den Lidi offen gehalten.

November 1966

Den 4. November 1966 wird man in Venedig wohl nie mehr vergessen. Denn damals ereignete sich eine Flutkatastrophe, wie sie die Stadt noch nie erlebt hatte. Ein heftiger Herbststurm peitschte die nördliche Adria und presste das Meerwasser förmlich in die Lagune. Das Wasser stand fast 2 m über Normal. Die Versorgung der Stadt mit Gas und elektrischem Strom brach zusammen, ebenso das Telefonnetz. Man meldete "Acqua alta" (Land unter). Geradezu gespenstisch zeigte sich die Stadt am Abend: Zwischen den Häusern irrten einige Barken mit verzweifelten Menschen an Bord umher. Am nächsten Morgen zog die Flut durch die *bocche di proto* wieder ab. Zurück blieben mehrere

Tausend mit Abfällen, Ölrückständen, verwesendem Tang und Algen verschmutzte Wohnungen, Geschäfte und Lokale. Doch nicht nur von der See-, sondern auch von der Landseite her droht der Stadt Flutgefahr. Nicht von ungefähr haben die Venezianer in der Vergangenheit keine Kosten und Mühen gescheut, um katastrophale Hochfluten von Etsch, Piave und Po fern zu halten. Die Häuser der Stadt werden seit langem auf 9 m tief eingeschlagenen Pfahlrosten errichtet, bereits im 18. Jh. ließ die "Serenissima" die so genannten *murazzi* als Hochwasserschutz sowohl gegen Sturmfluten des Meeres als auch gegen Fluten Flüsse errichten. Doch für die laufende Instandhaltung der Hochwasser-Schutzbauten hatte man meist kein Geld oder keine Lust – bis zur nächsten Flutkatastrophe.

Venedig versinkt

Bis heute scheint man in Venedig aus den Katastrophen der Vergangenheit nichts gelernt zu haben. Im Gegenteil. Die Anlagen des wichtigsten Hafens an der nördlichen Adria werden weiter ausgebaut. Die Einfahrtskanäle in die Lagune und zu den Hafen- bzw. Industrieanlagen sind tief ausgebaggert und begradigt worden. Nach (!) der Katastrophe vom 4. November 1966 hat man den 14 m tiefen Canale dei Petrole gegraben und mit dem Aushub eine neue, mehrere Hundert Hektar große Industriezone aufgefüllt. Auf diese Weise wurde die Lagune kleiner, und die Flut kann noch leichter eindringen. Erst vor kurzem wurde der weiteren Schaffung von Bauland Einhalt geboten. Nicht weniger problematisch ist die Versorgung Venedigs mit Trinkwasser. Die altbewährten Zisternen und Brunnen "alla veneziana", von denen es bereits im 15. Jh. mehr als 100 gab, reichen längst nicht mehr aus. Venedig sowie seine Industrievorstädte auf dem Festland holen den größten Teil ihres Trink- und Brauchwassers aus Sand- und Gesteinsschichten im Untergrund. Heute weiß man, dass die übermäßige Grundwasserentnahme nicht nur das Bassin der Lagune, sondern auch die Lidi absinken lässt. Auch von dieser Seite droht also langfristig Gefahr für die einzigartige Lagunenstadt.

Spezieller Service bei Hochwasser: Mit Handkarren werden Gäste über den überfluteten Markusplatz gefahren.

Naturraum (Fortsetzung)	an die Küste, so z. B. das Durchbruchstal des Pescara, wo im Altertum die Via Tiburtina von Rom nach Pescara verlief.

Klima

An der Adria herrscht ein gemäßigt-mediterranes Klima. Bereits im Mai gibt es Tage, die ein Sonnenbad am Strand erlauben. Ausgesprochen warm und sonnig sind die Sommermonate. An der nördlichen Adria kann es auch in dieser Zeit ab und zu regnen (4 bis 9 Regentage/Monat), je weiter man nach Süden kommt, umso trockener wird es allerdings. An der Küste scheint im Sommer 8 bis 10 Stunden am Tag die Sonne, und die Temperaturen klettern auf durchschnittliche 25 bis 28 °C. Im Juli und August kann es ziemlich schwül werden, im September dagegen herrschen wieder ähnliche Bedingungen wie im Mai.

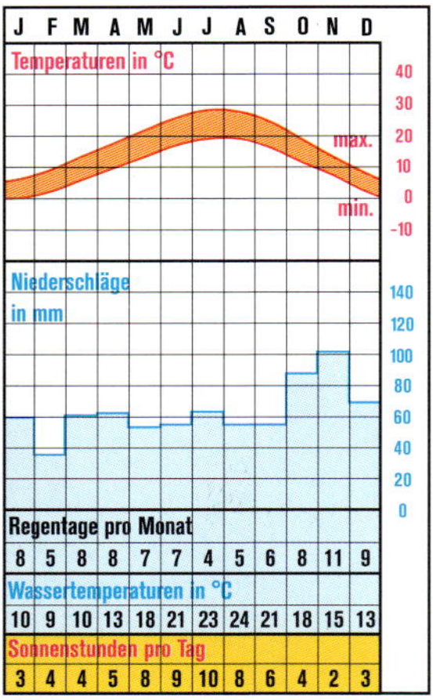

Rimini

Ungemütlich sind der Spätherbst und der Winter. Dann wird es ziemlich feucht und relativ kühl. Die Mittelwerte sinken auf 9 bis 6 °C, örtlich sogar noch tiefer. Die durchschnittliche tägliche Sonnenscheindauer beträgt im Januar nur noch 3 Stunden. Feuchtkalte Nebel liegen oft wochenlang über dem Po-Delta. Charakteristisch für den Winter an der nördlichen Adria sind die manchmal wochenlang anhaltenden Bora-Winde, die mit heftigen Böen aus nordöstlichen Richtungen von den Höhen des Dalmatinischen Karstes bzw. von den Gebirgen des Balkans herunterwehen. Sie erreichen nicht selten sogar Sturmstärke. Das warme Pendant zur Bora ist der Scirocco, der als feuchter Südwestwind weht und in der nördlichen Adria ebenfalls einen hohen Seegang verursachen kann.

Pflanzen und Tiere

Vegetation

Nur noch an wenigen Stellen an der Adriaküste ist die ursprüngliche Vegetation zu finden. Das Hinterland der Küste ist sehr stark von der Landwirtschaft geprägt – große Weizen-, Mais-, Zuckerrüben- und Gemüsefelder, Obstplantagen und Weingärten bestimmen das Landschaftsbild. An flachen Küstenabschnitten wie z. B. südlich von Ravenna bzw. an der nördlichen Adria gibt es noch ausgedehnte Pinienwälder und Pinienalleen entlang der Landstraßen. Queller, Quecken, Strandhafer, Wolfsmilchgewächse, Winden und Meersenf sind die Pionierpflanzen auf den Sandinseln und Lidi sowie an den Stränden der Adria. Landeinwärts kommen Wacholder, Stieleichen und Eschen, Kastanien, Ulmen und Pappeln hinzu. An vielen Stellen blühen Rhododendren und gelber Ginster. Feuchtwälder mit Pappeln, Eschen, Ulmen, Schilf, Riedgräsern und Seerosen, Iris und Wasserlilien gibt es nur noch wenige, so zum Beispiel zwischen Ravenna und den Valli di Comacchio. Je weiter man in den Süden kommt, desto trockener und artenärmer wird das Pflanzenkleid. Seit der Antike wurden hier Wälder abgeholzt, an deren Stelle heute nur Sekundärvegetation sprießt.

Die Meeresfauna der nördlichen Adria ist verhältnismäßig arm an Arten, je weiter man nach Süden kommt, desto reichhaltiger wird der Tierbestand. Am häufigsten gehen den Fischern Sardellen, Sardinen und Thunfische ins Netz. In den Lagunen gibt es Austern, Krabben, Krebse und andere Schalentiere, die mittlerweile aber auch in riesigen Anlagen gezüchtet werden.

Tiere

Die Feuchtgebiete um die Lagunen bieten geradezu paradiesische Verhältnisse für Wasservögel. Enten, Reiher, Kormorane, Schwäne, Möwen und Seeschwalben bevölkern diese Biotope. Dazu kommen Wasserhühner, Rohrsänger und Sumpfmeisen; ja sogar Eisvögel kann man hier beobachten. Und wo so viele kleine Tiere unterwegs ist, fehlen auch größere Greifvögel nicht – so zum Beispiel die Weihen. Die unter Schutz gestellten Feuchtwälder im Hinterland sind Brutgebiet für zahlreiche Süßwasserfische und Amphibien sowie von Wat- und Sumpfvögeln. Auch Sumpfschildkröten und andere Reptilien fühlen sich hier wohl. In Gebieten, in denen Landwirtschaft und Urbanisierung noch nicht dominieren, sind auch Wildschweine, Rehe, Hirsche und Mufflons heimisch.

Wasser oder Land? Das Po-Delta mit seinen vielen Flussarmen, Brackwasserseen und Feuchtgebieten ist ein Refugium für Wasservögel.

Wirtschaft

Allgemeines

Seit dem Zweiten Weltkrieg hat sich Italien von einem Agrarland in eine der führenden Industrienationen verwandelt. Heute nimmt das Gründungsmitglied der Europäischen Gemeinschaft hinter den USA, Japan, Deutschland, Frankreich und Großbritannien die sechste Stelle unter den Industrieländern ein. Allerdings bestehen

Allgemeines (Fortsetzung)

immer noch enorme Unterschiede zwischen dem Norden und dem Süden Italiens. Das Nord-Süd-Gefälle stellte in den letzten Jahren zeitweise sogar die staatliche Einheit in Frage. Während der Norden des Landes den Anschluss an West- und Mitteleuropa hält, liegt die Südhälfte in der Entwicklung weit zurück.

Landwirtschaft

Die Bedeutung der sehr exportorientierten Landwirtschaft hat wie in den anderen westeuropäischen Ländern in den vergangenen Jahrzehnten stark abgenommen. Dennoch wird das Bild von der Adriaküste und ihrem Hinterland maßgeblich von der Landwirtschaft, speziell von Obst- und Gemüseanbau, geprägt. Leitkultur in Friaul und in Venetien ist der Weinanbau, der so bekannte Tropfen wie den Soave oder den Valpolicella hervorbringt. Im Hügelland zwischen Conegliano und Valdobbiadene wachsen die Trauben für den gleichnamigen Prosecco; die bekanntesten Weine aus dem Friaul sind der Colli und der Isonzo.

Der Fischfang ist auch heute noch eine wichtige Erwerbsquelle für die Bevölkerung an der Adriaküste.

In der Po-Ebene, der führenden Agrarregion ganz Italiens, wird die Landwirtschaft mit modernsten Mitteln betrieben. Getreide, Mais, Kartoffeln und Gemüse, insbesondere Tomaten, sowie verschiedene Obstsorten, vor allem Äpfel, Birnen und Pfirsiche, werden hier angebaut. Im südlichen Teil der Po-Ebene kommen außerdem Zuckerrüben und Tabak, im Polesine Reis dazu. Cesena gilt als das Zentrum des Pfirsich- und Erdbeeranbaus.

Industrie

Am stärksten industrialisiert sind das Friaul, Venetien und die Emilia-Romagna. Im Vergleich zum restlichen Norditalien setzte die

Industrialisierung in diesen Regionen verhältnismäßig spät ein. Doch mittlerweile haben sie gegenüber ihren "Nachbarn" aufgeholt, was vor allem im Raum Venedig zu einer starken Zersiedlung und Urbanisierung der Landschaft, aber auch zu einem sichtbaren Wohlstand der Städte geführt hat. Neben der Petrochemie (v. a. Ravenna), der Maschinen- und Elektroindustrie haben sich auch einige spezielle Branchen wie beispielsweise die Glasindustrie in Venedig behauptet. Triest gehört mit Venedig, Ravenna und Ancona zu den wichtigsten Adria-Häfen Italiens. In Monfalcone bei Triest befindet sich die größte Werft des Landes für Großschiffe, aber auch in den Marken, wo der Fährbetrieb eine wirtschaftliche Rolle spielt, gibt es kleinere Werften.

Industrie (Fortsetzung)

In den Marken fehlen die großen industriellen Ballungsräume (sieht man einmal von Ancona ab). Dafür hat sich auf der Grundlage traditioneller Handwerkszweige eine vielfältige Industrie mit meist kleineren Betrieben herausgebildet, die zum wirtschaftlichen Motor für die Region wurden. So werden zum Beispiel in Fabriano Papier hergestellt, in Castelfidardo Musikinstrumente und Elektronikgeräte, Schuhe und andere Lederartikel in der Umgebung von Fermo (▶ Baedeker Special S. 86).

Fischerei und Fischzucht

Die Fischerei an der Adriaküste und in den Flüssen ist zwar ein wichtiger Erwerbszweig, hat aber nur regional Bedeutung. Der größte Fischereihafen der nördlichen Adria ist Chioggia bei Venedig. In den Valli, den flachen Seen in der Umgebung von Comacchio, werden vor allem Aale gezüchtet, an anderen Stellen sind es Austern und Krabben.

Tourismus

Unter den italienischen Urlaubsgebieten rangiert die nördliche Adria an erster Stelle, und Venedig ist mit rund 11 Mio. Übernachtungen pro Jahr nach Rom die meistbesuchte Stadt Italiens. Allein in den Seebädern der Emilia-Romagna stehen mehr als eine halbe Million Betten für Feriengäste bereit. Fast die gesamte Adriaküste von Triest bis südlich von Pescara ist für den Badetourismus erschlossen. Es verwundert deshalb nicht, dass der Tourismus an der Küste die Haupteinnahmequelle darstellt und zahlreiche Arbeitsplätze damit verbunden sind. Von Juni bis September herrscht in den Badeorten Hochbetrieb, davor und danach wird es wieder ruhig an der Küste. Dass die Saison sich im Wesentlichen auf drei Monate beschränkt, ist für die Infrastruktur der Seebäder problematisch. Es wird deshalb versucht, durch die stärkere Einbeziehung des Hinterlandes die Adria auch über die kurze Sommersaison hinaus zu einem attraktiven Reiseziel zu machen.

Geschichte

Frühgeschichte

Frühgeschichte

Vor mehreren Jahrtausenden, während der Steinzeit, durchstreiften Jäger und Sammler das Adriagebiet. Wohl gegen Ende des zweiten vorchristlichen Jahrtausends wanderte eine Gruppe indogermanischer Volksstämme, in der heutigen Geschichtsschreibung Italiker genannt, über die Alpen nach Italien ein. Am Beginn der Eisenzeit (10.–7. Jh. v. Chr.) gab es bereits einen blühenden Handel entlang der Adriaküste mit Beziehungen zu den Mykenern. In der östlichen Po-Ebene verbreitete sich die Villanovakultur.

Picener

Im 9. Jh. v. Chr. tauchten die Picener in der mittleren adriatischen Küstenregion auf. Das Gebiet, in dem sie sich niederließen, entspricht in etwa der heutigen Region der Marken und einem Teil der Abruzzen. Angeblich folgten sie dem Flug eines Spechtes, daher auch ihr Name, der sich von picus, der lateinischen Bezeichnung für diesen Vogel, ableitet. Bis ins 3. Jh. trieben sie Handel mit den Etruskern, den Griechen und den Völkern des Balkans. In Gräberfeldern entdeckte man Waffen, Messer, Helme, Schmuck und andere Fundstücke, die man heute u. a. in den Museen in Ascoli Piceno und Ripatransone besichtigen kann.

Römische Zeit

Römische Kolonien

Anfang des 4. Jh.s v. Chr. war Rom mächtig genug geworden, um nach Etrurien vorzustoßen, nur gebremst durch den Einfall der keltischen Senonen um 390 v. Chr., die sogar Rom zerstörten. Rund 100 Jahre später errangen die Römer nach schweren Kriegen die Vormacht in Mittelitalien und setzten ihre Eroberungspolitik nach Norden fort. Dort trafen sie auf die Picener, die zwischen Asculum (Ascoli Piceno) und Ancon Doria (Ancona) beheimatet waren, und auf die Senonen, die im nördlich anschließenden Ager Gallicus bis zum heutigen Rimini siedelten. Dann folgten die Lignones, die Teil des römischen Gebietes Aemilia wurden.

Ariminum (Rimini) war eine Gründung der Umbrer und wurde 268 v. Chr. römische Veteranenkolonie. In Ariminum endete zunächst die Via Flaminia, die als Militär- und Handelsstraße Rom mit der Adria verband. Von Ariminum aus wurde mit der Via Aemilia anschließend die Aemilia bis Piacentia (Piacenza) erschlossen, während über Ravenna die Via Popilia weiterführte.

Die nördlicher in den Hauptorten Patavium (Padua), Ateste (Este), Tarvisium (Treviso) und Bellunum (Belluno) siedelnden Veneter hatten sich auf die Pferdezucht verlegt und benutzten auch eine eigene Schriftsprache. Sie konnten sich zwar dem Vordringen der Etrus-

Römische Zeit (Fortsetzung)

ker erfolgreich widersetzen, verbündeten sich aber einsichtig im 3. Jh. v. Chr. mit den Römern, erhielten unter Caesar römisches Bürgerrecht und bildeten unter Augustus mit Istrien die 10. Region Venetia et Histria. Auch in der Hauptansiedlung der Marruciner, Teate Marrucinorum (dem heutigen Chieti), hielt die römische Zivilisation Einzug, wie die Reste dreier kleiner Tempel und eines Theaters beweisen. Tergeste, das heutige Triest, wurde im 2. Jh. v. Chr. römisch, 52 v. Chr. in den Rang einer Colonia erhoben und unter Kaiser Augustus stark befestigt.

Geschichtsträchtige Steine: römisches Straßenpflaster

Ravenna, ursprünglich wohl eine etruskisch-umbrische Gründung, verbündete sich im späten 3. Jh. v. Chr. mit Rom, wurde 46 v. Chr. Municipium und gewann hauptsächlich Bedeutung durch den unter Augustus zum Hauptkriegshafen ausgebauten Flottenstützpunkt Classis mit großen Werften. Pisaurum (Pesaro) wurde 184 v. Chr. als römische Bürgerkolonie ins Leben gerufen und kurze Zeit danach, 181 v. Chr., Aquileja gegründet, das sich schnell zu einer der führenden Handelsstädte im Römerreich entwickelte.

Ancon Dorica (Ancona) war dagegen eine von Griechen aus Syrakus um 390 v. Chr. gegründete Siedlung, die als römische Kolonie unter Caesar und später unter Kaiser Trajan als Festung und Flottenstützpunkt ausgebaut wurde.

Nach dem Toleranzedikt Kaiser Konstantins 313 n. Chr. stieg das Christentum allmählich zur Staatsreligion auf. Unter Kaiser Constantius II. wurde 359 eine Synode mit rund 400 abendländischen Bischöfen in Ariminum (Rimini) abgehalten.

Ostgoten, Byzantiner, Langobarden und Franken

Spätantike

In der Spätantike rückte Ravenna als Residenz der weströmischen Kaiser seit 402 wieder ins Blickfeld der Geschichte, wo 476 mit der Absetzung von Romulus Augustulus auch das Ende des weströmischen Reiches besiegelt wurde und seit 493 der Ostgotenkönig Theoderich Hof hielt. 540 besetzte der byzantinische Feldherr Belisar Ravenna, richtete dort das Exarchat ein und machte die Stadt bis zur Eroberung 751 durch die Langobarden zum Vorposten von Byzanz und zum Umschlagplatz im Ost-West-Handel. Zum Exarchat

Krieg und Kunst

Beinahe drei Jahrhunderte waren die Malatesta die mächtigsten Herren in den Marken und in der südlichen Emilia-Romagna. In Rimini, aber auch in Cesena, in Fano oder Pesaro ist die Geschichte dieser Familie gegenwärtig.

Auch das mittelalterliche Städtchen Gradara gehört zu den Orten, in denen man den Malatesta unweigerlich begegnet. Die Burg von Gradara gilt als Schauplatz einer ebenso romantischen wie schauerlichen Liebestragödie: Francesca da Polenta aus Ravenna, verheiratet mit Gianciotto Malatesta, verliebte sich in Paolo, den jüngeren Bruder ihres Angetrauten. Der Ehemann ertappte die beiden und ermordete sie in rasender Wut. Ein Stoff, wie geschaffen für Legenden. Dante ließ sich von dem Beziehungsdrama inspirieren und überhöhte es literarisch in seiner “Göttlichen Komödie”, später trugen Lord Byron und Gabriele D’Annunzio dazu bei, den beiden einen Platz in der Galerie berühmter Liebespaare zu sichern.
Der blutige Doppelmord ereignete sich 1286, zu einer Zeit, als der politische Aufstieg der Familie begann. Malatesta da Verucchio war oberster Ratsherr von Rimini geworden und hatte 1295 die Stadtherrschaft ganz an sich gebracht. Zahlreiche, von Adelsgeschlechtern geführte Signorien Italiens machten sich zu dieser Zeit die Schwäche von Kaiser und Papst zu Nutze und richteten sich auf heimischem Terrain ihre kleinen Reiche ein. Von ihrem Stammsitz Verucchio bei San Marino dehnten die Malatesta gegen den Widerstand der kaiserlichen Ghibellinen – sie selbst stritten auf Seiten der päpstlichen Guelfen – ihre Besitzungen bis weit ins Landesinnere und nach Süden aus und befestigten ihre Eroberungen mit Burgen. Außerdem betrieben sie eine geschickte Heiratspolitik, durch die sie Verbindungen mit den wichtigsten Dynastien Italiens knüpften. Mit den Medici in Florenz konnte sich vor allem einer messen: Sigismondo Pandolfo Malatesta (1417 – 1468). Der ebenso machthungrige wie gebildete Renaissancefürst hielt Hof mit Gelehrten und Künstlern und hinterließ als beeindruckendes Bauzeugnis die Franziskanerkirche San Francesco in Rimini – bekannt als Tempio Malatestiano –, die er sich von Leon Battista Alberti in ein privates Prunkgrab umwandeln ließ. Auch Sigismondo hatte kein Glück mit den Frauen, oder besser: sie hatten keines mit ihm. Seine erste Gemahlin, Ginevra d’Este, verstieß er, die zweite, eine Tochter von Mailands Herzog Francesco Sforza, vergiftete er und die dritte erwürgte er, um anschließend seine langjährige Geliebte Isotta zu heiraten. Anfang des 16. Jh.s verlor Pandolfo Malatesta, der Neffe von Sigismondo, die Herrschaft über Rimini an den Papstsohn Cesare Borgia – der Anfang vom Ende. Mit Pandolfos Tod 1534 erlosch eine der mächtigsten Dynastien Oberitaliens.

Trutzige Festung: die mittelalterliche Burg von Gradara

gehörte auch noch die Pentapolis marittima, die die fünf Küstenstädte Rimini, Pesaro, Fano, Senigallia und Ancona umfasste.

Spätantike (Fortsetzung)

Franken und Kirchenstaat

753/754 rief Papst Stephan II. den Frankenkönig Pippin gegen die Langobarden zu Hilfe, die bereits seit 568 in Italien in verschiedenen Herzogtümern, u. a. auch im westlichen Teil der Aemilia, ansässig waren und nunmehr unter ihrem König Aistulf erneut Eroberungslust verspürten. Pippin besiegte sie und machte die befreiten Regionen des heutigen Latium und der Emilia-Romagna dem Papst zum Geschenk – so wird es zumindest überliefert, allerdings auf der Grundlage gefälschter Urkunden. Diese so genannte Pippinische Schenkung war der Beginn der staatlichen Souveränität des Kirchenstaates. Pippin erhielt im Gegenzug dafür die kirchliche Legitimation als König von Gottes Gnaden. Karl der Große, der 774 die Langobarden vollends besiegte, bestätigte und erweiterte das Herrschaftsgebiet der Päpste und wurde von Papst Leo III. im Jahre 800 zum römischen Kaiser gekrönt.

Venetien

Territorial reichte das Frankenreich entlang der Adriaküste bis nach Chieti im Süden, sparte aber im Norden das unter byzantinischem Schutz stehende Venetien aus, das 809–811 mit Gewalt eingenommen wurde. Mit der Anerkennung des Kaisertums Karls des Großen durch Byzanz im Frieden von Aachen 812 wurde Seevenetien den Byzantinern zurückgegeben. Das Friaul, benannt nach der römischen Gründung Forum Iulii (Cividale del Friuli), wurde Markgrafschaft.

Kommunen, Signorien und Fürstentümer

Von der Bischofsstadt zur Stadtrepublik

In das Machtvakuum, das Kaiser und Päpste im 9. und 10. Jh. in Oberitalien hinterließen, stießen zunächst in vielen Städten die Bischöfe vor, die als Stadtherren geistliche und weltliche Macht ausübten. Handel und Gewerbe nahmen zu, und am Ende des 11. Jh.s brachten die Kreuzzüge für die adriatischen Städte neue Gewinne. Neben der Geistlichkeit und dem Adel war ein Bürgertum entstanden, dessen Kaufleute und Handwerker mehr Freiheiten forderten. In vielen Städten wurden deshalb in Anlehnung an die römisch-antike Tradition Konsuln gewählt als politische Lenker der Kommunen. Aus den Bischofsstädten entwickelten sich in der Folgezeit autonome Stadtrepubliken, in denen gewählte Räte regierten, ein Podestà die Exekutive leitete und der Capitano del Popolo die Interessen der unteren Volksschichten vertrat.

Ghibellinen und Guelfen

Wirtschaftlich erlebte der Adriaraum einen enormen Aufschwung, aber innerhalb der Städte tobten Kämpfe zwischen rivalisierenden Familien. Diese waren, je nachdem wem sie ihre Privilegien verdankten, in Ghibellinen (kaiserliche) oder Guelfen (päpstliche) gespalten. Ihre Fehden zerstörten letztlich die Grundlagen der Stadtrepubliken, und an die Stelle der Kommunen traten Einzelherrschaften, die Signorien.

Signorien

Die Inhaber dieser "Gewaltherrschaft auf Zeit" zur Schlichtung innerstädtischer Konflikte nutzten jedoch ihr Amt für den persönlichen Machterwerb und den Aufbau einer Familiendynastie. In Padua regierte die Familie Da Carrara von 1337 bis 1405 und machte

Signorien (Fortsetzung)

die Universitätsstadt unter Francesco I. (1355–1388) zum kulturellen Zentrum, in dem auch der gefeierte Dichter und Gelehrte Francesco Petrarca im Landsitz Arqua eine Heimat fand. In Ravenna herrschten die Familien Traversari und Polentani, die Dante Alighieri 1318 Asyl gewährten, der dort bis zu seinem Tod 1321 literarisch arbeitete und u. a. seine "Divina Commedia" verfasste. In Camerino, Recanati und Macerata residierte das Geschlecht der Herren von Varano. In Rimini stiegen die Malatesta (▶ Baedeker Special S. 26) zum Signore auf und dehnten ihre Herrschaft über Pesaro und Fano aus. In Urbino, Cagli und Fossombrone waren die Montefeltre zu Hause. Antonio di Montefeltro erhielt bereits 1155 von Friedrich Barbarossa die Herrschaft über Urbino, 1474 wurde daraus ein Herzogtum, und unter Federico da Montefeltro war der Palazzo Ducale Schauplatz glanzvoller Hofhaltung und Zentrum von Wissenschaft und Kunst der Renaissance. Auch Piero della Francesca und Raffael verkehrten am Hof Federicos.

Der Kirchenstaat

Nach dem Zusammenbruch der byzantinischen Macht in Italien und der langen Abwesenheit der kaiserlichen Ordnungsmacht stiegen die Päpste allmählich von geistlichen Hirten zu Territorialfürsten auf, indem sie den Grundbesitz in Mittelitalien, auch Patrimonium Petri (Vermögen des Petrus) genannt, konsequent vergrößerten. Unter Papst Innozenz III. (1198–1216) wurde das Patrimonium Petri beträchtlich um die Güter der Markgräfin Mathilde von Tuszien erweitert. Kaiser Friedrich II. erkannte in der Goldenen Bulle von Eger den Kirchenstaat offiziell an, der sich allerdings während des Exils der Päpste im 14. Jh. in Avignon nur schleppend weiterentwickeln konnte. Insgesamt gehörten zum Kirchenstaat sechs Provinzen, darunter auch die Küstenregion vom Po-Delta bis Ancona, damals auch als Mark Ancona und Romagna bezeichnet.

Die Wiederherstellung der päpstlichen Autorität nach dem Großen Abendländischen Schisma von 1378 durch das Konstanzer Konzil seit 1417 führte schließlich zu einer zentralistischen Staatsorganisation. Cesare Borgia, der Sohn Papst Alexanders VI., konnte 1499 sogar mit List und Gewalt ein eigenes Herzogtum Romagna schaffen. Unter dem kriegslüsternen Papst Julius II. (1503–1513) scheiterte allerdings die weitere territoriale Expansion an den europäischen Großmächten.

Noch im 18. Jh. war die Adriaküste vom Po-Delta über Ravenna, Rimini, Pesaro, Senigallia bis Ancona sowie das Hinterland von Macerata über Urbino bis Bologna und Ferrara Teil des Kirchenstaates, der 1797 von Napoleon I. aufgelöst wurde.

Die Seemacht Venedig

Als Folge der Invasionen der Westgoten, Hunnen und Ostgoten im 5. und 6. Jh. und des verheerenden Einfalls der Langobarden 568 waren die venetischen Festlandsbewohner auf die Laguneninseln Malamocco, Grado, Torcello und Rivus Altus (Rialto) geflüchtet. Der zunächst dem byzantinischen Exarchen von Ravenna unterstellte Magister militum für diese Provincia Venetiarum, später Dux (= Doge) genannt, wurde im 8. Jh. vom ortsansässigen Adel und der Geistlichkeit gewählt.

Nach der Gründung des Bistums Venedig 774 wurde die Residenz des Dogen 811 von Malamocco auf die Rialto-Inseln verlegt. Diese Civitas Rivoalti sicherte sich vertraglich mit dem Kaiser die Freiheit des Po-Handels und nannte sich nach der Überführung der aus Alexandria geraubten Markusreliquie Republik von San Marco. In der Folgezeit entwickelte sie sich zur mächtigen Seehandelsmetropole, eroberte Stützpunkte an der Levanteküste, besaß mit Zara (Zadar) ein Territorium in Dalmatien und erlangte schließlich eine wirtschaftliche Monopolstellung im Byzantinischen Reich. Im Wettstreit mit der Seemacht Genua ging Venedig 1380 in der Schlacht bei Chioggia siegreich hervor und erreichte im Frieden von Turin 1381 die Vorherrschaft im östlichen Mittelmeer. Innenpolitisch wurde die oligarchische Verfassung gefestigt. Dem auf Lebenszeit gewählten Dogen wurden der Große und der Kleine Rat zur Seite gestellt und die Zugangsmöglichkeit zu hohen Staatsämtern auf bestimmte Familien beschränkt. Der Rat der Zehn wachte über die Staatssicherheit, der Rat der Vierzig und der Senat waren seit dem 13. Jh. die wichtigsten Zentralbehörden.

Venedig (Fortsetzung)

Im 15. Jh. dehnte Venedig seine Herrschaft auf sein Hinterland aus: Treviso unterstellte sich freiwillig, 1405 wurde Padua mit seiner bedeutenden, 1222 gegründeten Universität einverleibt, und 1420 wurde das Friaul, das seit 1077 unter der Herrschaft des Patriarchen von Aquileja gestanden hatte, erobert.

Doge Francesco Foscari

Nach der Eroberung Konstantinopels durch die Türken 1453, der Entdeckung Amerikas 1492 und des Seewegs nach Indien 1508 verlagerte sich der internationale Handel. Venedig verlor fast alle seine Handelsprivilegien, vor allem im östlichen Mittelmeer durch das Vordringen des Osmanischen Reiches. In den Kriegen um die Vormacht über die italienischen Staaten zwischen Frankreich und dem Haus Habsburg im 16. Jh. konnte sich Venedig als unabhängige Macht behaupten und wahrte anschließend bei europäischen Konflikten strikte Neutralität. Im 17. und 18. Jh. kompensierte die Markusrepublik ihren allmählichen Niedergang durch Luxuswarenherstellung wie Glas, Email, Filigranschmuck, gold- und silberdurchwirkte Seidenstoffe und durch eine einzigartige Kulturblüte auf den Gebieten Theater, Malerei und Musik.

Trotz seiner Neutralität besetzte Napoleon I. im Mai 1797 die Republik von San Marco, und der letzte Doge Ludovico Manin legte sein Amt nieder. Im Frieden von Campoformio kam Venedig an Österreich und 1805–1815 an das napoleonische Königreich Italien.

19. und 20. Jahrhundert

Restauration

Nach dem Sturz Napoleons I. musste auch Italien politisch neu geordnet werden. Die liberal-demokratischen Strömungen im bürgerlichen Zeitalter seit der Französischen Revolution wurden allerdings durch die Restaurationspolitik im Anschluss an den Wiener Kongress von 1815 erstickt. Der Kirchenstaat mit seiner Ausdehnung bis in die Marken und die Emilia-Romagna wurde wieder hergestellt und das alte Venedig mit der Lombardei zum Lombardo-venezianischen Königreich vereinigt, an Österreich abgetreten und von Wien aus regiert. In den oberitalienischen Städten bildeten

19. und 20. Jahrhundert (Fts.)

sich dagegen Geheimbünde, die die Einigung Italiens forderten und im Rahmen der Julirevolution des Jahres 1830 offenen Widerstand leisteten. Dieser wurde allerdings durch österreichische Truppen niedergeschlagen.

Risorgimento

Im europäischen Revolutionsjahr 1848 erfasste die Welle des Aufruhrs auch die italienischen Küstenstädte. Il Risorgimento, die Befreiungsbewegung, die zur Vereinigung Italiens führen sollte, erhielt unter Giuseppe Mazzini und Giuseppe Garibaldi immer mehr Zulauf. In Venedig kam es bis August 1849 zu einer kurzlebigen Republik, doch zunächst gewannen die Ordnungsmächte wieder Oberhand, nicht zuletzt durch die vom Papst gerufenen französischen Truppen.
Nach dem Krieg zwischen Österreich und Frankreich um Besitzungen in Oberitalien 1859 fiel im Frieden von Villafranca die Lombardei über Frankreich an das Königreich Sardinien-Piemont, dessen König Vittorio Emanuele II. schließlich am 14. März 1861 auf Beschluss des ersten gewählten italienischen Parlaments den Titel eines Königs von Italien annahm. Erst 1866, als Österreich im Krieg mit Preußen lag, konnte Napoleon III. die Abtretung Venetiens, mit Ausnahme von Triest und dem Küstenstreifen bis Grado, an Italien erzwingen. Im Jahr 1870 gaben sich auch die Truppen des Kirchenstaats geschlagen, und Rom wurde Hauptstadt des geeinten italienischen Nationalstaats. Papst Pius IX. akzeptierte die politische Neuordnung nicht und zog sich schmollend als "Gefangener" in den Vatikan zurück, von wo aus er gegen die Überfremdung der katholischen Kirche durch die moderne Welt predigte.

Industrialisierung

Die Industrialisierung hielt allmählich und wenn, dann nur in den großen Hafenstädten wie Ancona und Pesaro Einzug an der Adriaküste. Die Eisenbahnlinie Ancona-Rom war zumindest ein Gewinn für die Region, die andererseits vor allem in den sozial benachteiligten Marken unter extremer Abwanderung litt. Soweit noch republikanische Ideale vorhanden waren, wurden sie in den Arbeiterverbänden, später in der Volkspartei und in der sozialistischen Partei aufgefangen. Triest profitierte zwischen 1719 und 1891 zum Nachteil Venedigs als Freihafen vom Handel mit dem Nahen Osten, während die Serenissima im 19. Jh. nur noch als viel besuchte Museumsstadt mit romantischem Flair Bedeutung hatte. Padua zehrte von seinem Ruhm als bedeutende alte Universitätsstadt, war aber der fortschrittlichen Medizin und den Naturwissenschaften aufgeschlossen.

Als wichtiger Seehafen Österreich-Ungarns erhielt Triest im 19. Jh. zahlreiche repräsentative Bauten, so auch den Palazzo del Governo.

Erster Weltkrieg

Während des Ersten Weltkriegs fanden zwischen Italienern und Österreichern erbitterte Kämpfe statt. Vor allem die Schlachten am unteren Isonzo waren für beide Seiten äußerst verlustreich. Der Friedensschluss von Saint Germain (1919) zwang Österreich zur Abtretung der Hafenstadt Triest und der Grafschaft Görz an Italien.

Erster Weltkrieg (Fts.)

Faschismus

Vor dem Hintergrund sozialer und wirtschaftlicher Not errang Benito Mussolini mit seiner Partito Nazionale Fascista 1922 die Macht in Italien, höhlte in kurzer Zeit den Rechtsstaat aus und regierte in der Folgezeit mit diktatorischen Vollmachten. Durch Arbeitsbeschaffungsprogramme und den staatlich geförderten Sozialtourismus im faschistischen Italien verbesserten sich Landwirtschaft, Industrie und Infrastruktur, z. B. durch Hafen- und Straßenausbau sowie Fremdenverkehr im Adriaraum. Mussolini gelang es 1929 durch die Lateranverträge, seinen Frieden mit dem Heiligen Stuhl zu machen. Den Päpsten wurde der winzige Vatikanstaat mit einer Reihe exterritorialer Bezirke als souveränes Hoheitsgebiet zugesprochen. Zudem bestätigte das Vertragswerk den römisch-katholischen Glauben als Staatsreligion Italiens, was 1984 durch ein neues Konkordat aufgehoben wurde. Als Entschädigung für die Gebietsverluste erhielt der Vatikan die damals gewaltige Summe von knapp 2 Mrd. Lire. Die Kirche wurde mit diesem Konkordat ein wichtiger Verbündeter des Faschismus im Kampf gegen liberale und sozialistische Strömungen.

Zweiter Weltkrieg

Im September 1940 trat Italien auf der Seite Deutschlands in den Zweiten Weltkrieg ein. Nach dem Sturz Mussolinis im Juli 1943 schloss es mit den Alliierten einen Waffenstillstand. Mussolini zog sich in das deutsch besetzte Oberitalien nach Salo am Gardasee zurück und wurde im April 1945 auf der Flucht von Widerstandskämpfern erschossen. Tito-Partisanen besetzten Triest, das anschließend britisch-amerikanische Besatzungszone wurde, von 1947 bis 1954 als Freistaat existierte und dann mit Italien vereinigt wurde.

Republik Italien

Nach einem Referendum, in dem sich im Juni 1946 die Mehrheit der Wähler für die Republik ausgesprochen hatte, dankten zuvor König Vittorio Emanuele III. und danach auch sein Sohn Umberto II. ab. In der Folgezeit waren die nationalen Regierungen bis 1953 christdemokratisch geprägt, nach dem Verlust der absoluten Mehrheit der Democrazia Christiana (DC) kamen die Liberalen als Koalitionspartner ins Spiel, und ab 1960 vertrat Fanfani das Programm der "Apertura a sinistra" (Öffnung nach links). Zuvor hatten bereits in der Emilia-Romagna, in den größeren Städten der Marken und Venetiens linksliberale Kräfte die Rathäuser erobert. Zudem fiel in diese Zeit auch die Verwaltungsreform mit der Schaffung der Autonomen Region Friuli-Venezia Giulia aus Friaul, Görz und der Stadt Triest. Auch die anderen Regionen Venetien, Emilia-Romagna und Marken erhielten mehr Eigenständigkeit.
Unter dem Eindruck wachsender politischer Polarisierungen und des aufkeimenden Terrorismus bot der kommunistische Parteisekretär Berlinguer 1973 unter dem Schlagwort des "compromesso storico" (historischer Kompromiss) eine politische Zusammenarbeit mit den bürgerlichen Parteien an. Die Ermordung des christdemokratischen Parteivorsitzenden Aldo Moro 1978 durch die Roten Brigaden und der rechtsextreme Sprengstoffanschlag auf den Bahnhof von Bologna 1980 machten die innenpolitische Krise dieser Zeit deutlich. 1981 büßte die DC nach der Affäre um die Freimaurerloge

Republik Italien (Fts.)

P 2 erheblich an politischer Macht ein, und erstmals wurde ein Republikaner, Giovanni Spadolini, Regierungschef. 1983 verbuchten die Sozialisten enorme Stimmengewinne und stellten mit Craxi den Ministerpräsidenten. Ende der achtziger Jahre kamen die Christdemokraten unter Andreotti wieder zum Zug. 1992 lösten groß angelegte richterliche Ermittlungen in einer Mailänder Bestechungsaffäre eine Säuberungskampagne auch andernorts aus und führten zur Zerschlagung des bestehenden verkrusteten Parteiensystems. Seit den Parlamentswahlen von 1996 wurde das Land von einem Mitte-Linksbündnis regiert, das der parteilose Wirtschaftswissenschaftler Romano Prodi begründete. Große Fortschritte wurden bei der Sanierung der Staatsfinanzen verzeichnet, so dass Italien 1998 die Maastricht-Kriterien für die Teilnahme an der Europäischen Währungsunion erfüllte. Im selben Jahr wurde Italien Vollmitglied des Schengener Abkommens mit der Folge, dass die italienischen Landesgrenzen zugleich die Außengrenzen der Europäischen Union sind, während die Grenze zu Österreich praktisch gegenstandslos wurde. Seit den letzten Parlamentswahlen steht mit Silvio Berlusconi ein konservativer Ministerpräsident der Regierung vor.

Adriatourismus

Zwar zog es viele Adelige als Einzelreisende auf der so genannten Kavalierstour schon seit Jahrhunderten nach Italien und zu den Sehenswürdigkeiten in Venedig und Ravenna, aber erst mit der Einrichtung von Seebädern und den ärztlich empfohlenen Luftveränderungen kam um 1850 der Adriatourismus in Gang. Rimini rühmte sich der Eröffnung des ersten Strandbades 1843, gefolgt vom Lido di Venezia 1857. Der stetige Anstieg der Sonne-Strand-und-Meer-Begeisterten wurde nur durch die beiden Weltkriege unterbrochen und steigerte sich zum Massentourismus ab 1955 (▶ Baedeker Special S. 130). Für die Millionen von Sommerurlaubern wurde immer mehr Infrastruktur notwendig. Die Algenpest führte zwar wiederholt zu Urlauberrückgängen und zu finanziellen Einbußen, doch langfristig tat das der Massenanziehungskraft der Adriastrände keinen Abbruch. Allein Venedig besuchen in jedem Jahr 17 Mio. Gäste.

Berühmte Persönlichkeiten

Gabriele D'Annunzio (1863 – 1938)

Nationalheld, Dandy, Faschist, gefeierter Dichter des Fin de Siècle, Lebemann und Chauvinist – das alles sind Etiketten, die einem einzigen Mann anhaften: Gabriele D'Annunzio. Der später als Fürst von Nevoso Geadelte entstammte einer begüterten Bauernfamilie aus Pescara, wo man heute noch sein elterliches Haus besichtigen kann. Bereits mit 19 Jahren veröffentlichte er eine Gedicht- und Novellensammlung, die ihm zu einer gewissen Berühmtheit verhalf. 1883 heiratete er die Herzogin Maria Hardouin von Gallese, was ihn freilich nicht davon abhielt, Affären mit wechselnden Musen einzugehen. Legendär wurde die Liaison mit der umjubelten Schauspielerin Eleonore Duse, durch die seine Theaterstücke große Popularität gewannen. Um 1910 hatte sein ausschweifender Lebensstil alle Ressourcen aufgezehrt. Er musste vor seinen Gläubigern nach Frankreich fliehen und kehrte erst 1915 zurück, um im nationalistischen Überschwang für den Kriegseintritt Italiens zu plädieren. Seine von Nietzsches Übermenschen bevölkerten Romane und Dramen erscheinen heute zu pathetisch, doch D'Annunzios empfindsame "Gesänge" (eine 1903/04 entstandene Trilogie) zählen zu den Meilensteinen der italienischen Lyrik.
Wie kaum einem anderen gelang es ihm, Dichtung und Leben in Einklang zu bringen. Er erlangte literarische Berühmtheit mit sprachgewaltigen Gedichten und lebte die in ihnen gefeierte Sinnlichkeit in zahlreichen Liebesaffären aus. Er verherrlichte den Krieg und flog selbst im Ersten Weltkrieg Einsätze über Feindesland. Er sympathisierte mit den Faschisten und eroberte mit einer Freischar 1919 das dalmatinische Fiume (Rijeka). Er wurde zum Nationalhelden und widmete seinem Vaterland sein letztes großes Projekt: Villa und Park "Il Vittoriale degli Italiani" am Gardasee.

Giacomo Casanova (1725 – 1798)

Sein Ruf als Meister der Liebeskunst und der frivol-kultivierten Lebensart hat den Venezianer Giacomo Casanova, Chevalier de Seingalt – wie er sich selbst adelte –, zu einer Legende werden lassen. Auf seinen Reisen in wechselnden Diensten durch ganz Europa traf er berühmte Zeitgenossen aus Politik und Literatur und brach immer wieder die Herzen der Damenwelt. 1755 wurde er in Venedig wegen Atheismus eingekerkert. Bereits 1756 gelang ihm die abenteuerliche Flucht aus den Bleikammern. Nach einem unsteten Wanderleben fand er 1785 schließlich eine Stellung als Bibliothekar beim Grafen Waldstein in Dux (Böhmen). Dort schrieb er seine berühmten Memoiren nieder, daneben verfasste er auch einen utopischen Roman, historische, mathematische sowie literarische Schriften. Bereits Mitte des 19. Jh.s wurde der 1798 verstorbene Abenteurer, der bis heute als Personifikation des Verführers gilt, selbst Gegenstand der Literatur.

Carlo Crivelli (1430/35 – 1495)

Eigentlich stammt Carlo Crivelli aus Venedig, wo schon sein Vater Jacopo als Maler tätig war. Doch in seiner Geburtsstadt wurde der Künstler 1457 wegen Ehebruchs verurteilt, und vermutlich verließ er nach Abbüßung seiner Strafe die Lagunenstadt, um an anderen Orten sein Glück zu machen. Die Marken wurden seine zweite Heimat und seine Kunst zum wichtigsten Impuls für die Malerei in dieser Region. Crivelli brachte es gar zu so großem Ansehen, dass Ferdinand II. ihn 1490 in den Ritterstand erhob, so dass der Meister seine Bilder ab diesem Zeitpunkt mit dem Zusatz "Miles" signierte. Obwohl viele seiner Altarbilder in den großen Galerien der Welt verstreut sind, kann man in den Marken seinen Werken begegnen, so zum Beispiel in der Kathedrale von Ascoli Piceno, in der Pinakothek von Macerata oder in der Kirche von Montefiore dell'Aso, einem kleinen Ort bei Cupra Marittima.

Federico Fellini (1920 – 1993)

Als 1959 "La dolce vita" in die Kinos kam und Federico Fellini ein unauslöschliches Bild in unser kulturelles Gedächtnis gebrannt hatte – Anita Ekberg, wie sie in der Fontana di Trevi badet –, da erdachten die Filmkritiker ein Kunstwort: "fellinesk". Dieses Adjektiv kennzeichnet bis heute eine überbordende und bizarre Ästhetik. Zu solchen Ehren ist noch kein Regisseur gekommen, der Gipfel des Erfolges blieben meistens die Oscars. Aber die hat Fellini auch eingeheimst, fünf an der Zahl, den letzten 1993 für sein Lebenswerk.

Angefangen hatte alles in Rimini, wo Fellini am 20. Januar 1920 auf die Welt kam. Bis 1939 blieb er an der Adriaküste und behielt Zeit seines Lebens dort seine Wurzeln. Mehrere Filme spielen in der Region: Zum Beispiel "I Vitelloni" von 1953, der autobiografische Züge trägt, oder die Liebeserklärung an das Rimini der 1930er-Jahre, "Amarcord". Nach ersten Arbeiten als Cartoonist und Scriptwriter in Rom traf Fellini 1944 Roberto Rossellini, an dessen Film "Roma, Città aperta" er mitarbeitete. Fortan war das Filmstudio Cinecittà seine Welt, die er mit der Kamera nur selten verließ. Allerdings arbeitete er zunächst als Drehbuchautor für bedeutende Filme des italienischen Neorealismus, bevor er 1951 mit "Lo sceicco bianco" seinen ersten eigenen Film drehte. Schnell entwickelte er einen unverwechselbaren Stil, und ohnegleichen bleibt wohl seine Fähigkeit, persönlichen Obsessionen im Film Ausdruck zu verleihen. Dafür wurde er freilich auch von vielen Seiten angefeindet, insbesondere von der katholischen Kirche. Zu diesem in Paradoxen schwelgenden Filmkünstler, der mit seinen Arbeiten immer wieder Kontroversen provozierte, dessen Filme aber oft voll warmen Humors sind, passt vielleicht am besten das Credo seiner letzten Tage, er habe mit seinen Filmen von einem "Vertrauen zum Leben" erzählen wollen.

Beniamino Gigli (1890 – 1957)

Caruso befand sich auf dem Höhepunkt seiner Karriere, als die Jury eines Gesangswettbewerbs in Parma den Sohn eines Schuhmachers aus dem Städtchen Recanati mit dem ersten Preis bedachte: Beniamino Gigli. Noch im selben Jahr, 1914, debütierte der junge Mann mit einer Rolle in "La Gioconda" in Rovigo – und war mit einem Schlag der begehrteste Opernsänger Italiens. Spätestens seit seinem Engagement an der New Yorker Metropolitan Opera (1920 – 1932) und seinen Schallplattenaufnahmen hatte Beniamino Gigli auch Carusos Nachfolge als bekanntester italienischer Tenor angetreten. Nach zwölf Jahren kehrte der Opernstar Amerika und der "Met" den Rücken und ging in seine Heimat zurück, wo er bis 1953 auf der Bühne zu hören war.

Peggy Guggenheim (1898 – 1979)

"Ich habe immer getan, was ich wollte und kümmerte mich nie darum, was jemand dachte. Women's lib? Ich war eine befreite Frau, lange bevor es den Namen gab." Peggy Guggenheim lebte genauso stürmisch wie sie sammelte. Obwohl mit dem Maler und Schriftsteller Laurence Vail verheiratet, unterhielt sie mit vielen Künstlern engere Beziehungen, so mit Marcel Duchamp, Samuel Beckett oder Max Ernst. Entscheidend wurde für Peggy Guggenheim die Begegnung mit dem Schriftsteller und Kunsthistoriker Herbert Read, mit dessen Hilfe sie in London ein Museum ähnlich dem New Yorker Museum of Modern Art gründen wollte, was jedoch am Ausbruch des Zweiten Weltkrieges scheiterte. Stattdessen ging sie nach Paris und brachte in kürzester Zeit den Grundstock ihrer Sammlung zusammen – der Devise folgend "Kauf täglich ein Bild". 1941 kehrte sie nach New York zurück. Die wichtigsten Ereignisse der New Yorker Jahre sind die Heirat mit Max Ernst, die Gründung der legendären Galerie "Art of this century" und die Entdeckung Jackson Pollocks. Als die Ehe mit Max Ernst zerbrach, zog Peggy Guggenheim 1947 nach Venedig. 1948 bestückte sie einen der Biennale-Pavillons mit Bildern ihrer Sammlung, was ihr den Durchbruch als Sammlerin brachte. 1949 kaufte sie den Palazzo Venier dei Leoni am Canal Grande, der bis heute ihre Sammlung beherbergt. Die stolze Hinterlassenschaft der Sammlerin gehört heute zu den Hauptsehenswürdigkeiten der Stadt Venedig.

Andrea Palladio (1508 – 1580)

Wenn die Sommerhitze über Venedig brütete, flüchteten Adel und Klerus ins Hinterland der Lagunenstadt, wo sie sich repräsentative Landsitze bauen ließen. Die Villa Barbaro in Maser ist eine der berühmtesten unter diesen Villen, und das aus gutem Grund: Architekt der Villa Barbaro war Andrea Palladio, der überragende Renaissancebaumeister, der für ganz Europa vorbildhaft wirkte. In Vicenza hinterließ er sein Hauptwerk, die Villa Rotonda, in Venedig u. a. S. Giorgio Maggiore und Il Redentore. Der Aufstieg des Steinmetzen Andrea di Piero aus Padua begann 1538 durch die Förderung des Vicentiner Humanisten Giangiorgio Trissino, der ihn ermutigte, Mathematik, Musik und lateinische Literatur zu studieren und ihm den Beinamen Palladio gab – in Anspielung auf die Göttin der Weisheit. Trissino nahm ihn 1545 mit nach Rom, wo Palladio zwei Jahre lang die antiken Ruinen und vor allem den römischen Architekten Vitruv studierte. Kurz darauf gewann er in Vicenza den Wettbewerb für die Umgestaltung des Palazzo della Ragione. Hierfür umgab er den Bau in beiden Geschossen mit Arkadenreihen – ein Motiv, das ihn berühmt machte. Von der römischen Architektur übernahm Palladio die an menschlichen Proportionen ausgerichteten Maßverhältnisse. Großen Einfluss auch auf die nachfolgenden Architektengenerationen hatte Palladio vor allem durch seine 1570 erschienene Architekturlehre, durch die sich der sog. Palladianismus über England bis nach Nordamerika verbreitete.

Marco Pantani (geb. 1970)

Italiens berühmtester Radrennfahrer stammt aus Cesenatico, wo er und seine Familie auch heute noch zu Hause sind. Der Ausnahmesportler stand im Jahr 1998 im Zenit seiner Laufbahn, als er sowohl den Giro d'Italia als auch die Tour de France überlegen gewonnen hatte. Da wurde er zum heiß geliebten Idol der Radsport-Tifosi. "Il Pirata", mal mit Glatze, mal mit Seeräubertuch, ist vor allem auf Bergstrecken nahezu unschlagbar. Vorreiter ist Pantani allerdings auch in Sachen Doping. Als erster Sportler überhaupt wurde er von einem ordentlichen Gericht wegen Sportbetrugs zu einer Bewährungsstrafe verurteilt. Das muss ihm aufs Gemüt geschlagen haben, denn an den Giro des Jahres 2000 wagte er sich erst nach einer Audienz beim Heiligen Vater. Trotzdem liegt noch einiges im Dunkeln: Krankenhausakten bleiben unauffindbar, und erklärungsbe-

dürftig sind die häufigen Besuche bei einem Medizinprofessor aus Ferrara, der in Fachkreisen als geschickter Mixer verbotener Wachstumshormone bekannt ist. Bei der Tour de France 2001 durften Pantani und sein Radklub Mercatone Uno nicht antreten – sehr zum Leid seiner großen Fangemeinde natürlich. Eines kann man dem Radsportler mit Sicherheit nicht absprechen: Durch ihn wurde Cesenatico ein Mekka des Radsports in Italien.

Pantani (Fortsetzung)

Galla Placidia (um 390 bis 450)

Galla Placidia, Tochter des weströmischen Kaisers Theodosius I., war nicht nur eine der herausragendsten Frauengestalten der Spätantike, in ihrer Person spiegeln sich auch die dramatischen Ereignisse der ersten Hälfte des 5. Jh.s wider, als innerer Zerfall und die Stürme der Völkerwanderung das Römische Weltreich bedrohten. Placidia lebte bei ihrem Bruder, dem weströmischen Kaiser Honorius, der 402 seine Residenz von Mailand nach Ravenna verlegt hatte. Die Stadt war von Sümpfen umgeben und schwierig zu erobern, außerdem besaß sie einen der Haupthäfen der Adria-Kriegsflotte. Im Jahr 410, als knapp Zwanzigjährige, fiel Placidia in Rom in die Hände der Westgoten, die sie entführten und 414 in Narbonne mit Athaulf, ihrem Herrscher, verheirateten. Allerdings bewegte sie ihn sofort zum Ausgleich mit Rom. Athaulf wurde im selben Jahr ermordet, und Placidia kehrte nach Italien zurück, wo sie zum zweiten Mal verheiratet wurde, diesmal mit Constantius III., dem römischen Oberbefehlshaber. Als Placidia erneut Witwe wurde (421), zog sie vorübergehend nach Konstantinopel, um dann anstelle ihres Sohnes Valentinian III. als Kaiserin des Westreiches nach Ravenna zurückzukehren. Angesichts des drohenden Zerfalls des Reiches baute sie nun auf die Verbindung mit der Kirche – sehr zum Vorteil von Ravenna, wo sie sich ganz besonders dem Bau von Gotteshäusern widmete, die heute zu den Hauptsehenswürdigkeiten der Stadt gehören.

Gioacchino Antonio Rossini (1792 – 1868)

Jedes Jahr im August widmet Pesaro dem berühmtesten Sohn der Stadt ein Opernfestival: Rossini, der hier am 29. Febraur 1792 das Licht der Welt erblickte. Der Vater war Hornist, die Mutter Sopranistin am Theater. Mit 14 Jahren schickten sie den begabten Sohn auf das Lyzeum nach Bologna, das er später, als arrivierter Komponist, 12 Jahre lang leiten sollte. Sein Aufstieg zu einem der meistgeschätzten Komponisten seiner Zeit ließ nicht lange auf sich warten: 1816 – er war gerade 24 Jahre alt – wurde in Rom "Der Barbier von Sevilla" uraufgeführt, mit dem Rossini triumphale Erfolge feierte. Obwohl er auch Sonaten und kirchenmusikalische Werke (Stabat Mater und Petit Messe Solenelle) schrieb, wurde er vor allem als Opernkomponist, insbesondere als Vertreter der Opera Buffa berühmt. 1855 übersiedelte er erneut nach Paris, wo er bereits von 1824 bis 1830 als Hofkomponist und königlicher Generalintendant gearbeitet hatte. Er starb 1868 in seiner Wahlheimat und wurde dort auf dem Friedhof Père Lachaise beigesetzt.

Kunst und Kultur

Kunstgeschichte

Italische Kunst

Als früheste fassbare Kultur im italienischen Adriaraum gilt die Villanovakultur, die sich um 1000 v. Chr. herausbildete und bis in die Küstenregion ausstrahlte. Sie wurde benannt nach dem archäologischen Brandgräberfeld von Villanova bei Bologna. Typisch sind die doppelkonischen Urnen aus Impastokeramik mit Buckelverzierung. Die Este- oder atestinische Kultur berührte ebenfalls von der östlichen Po-Ebene her anschließend den Küstensaum und brachte Bronzearbeiten wie Fibeln, getriebene Situla, ziselierte Bleche und gegossene Statuetten hervor.
Im Gebiet von Picenum, der mittleren adriatischen Küstenregion u. a. beim heutigen Ascoli Piceno, wurden im 7. Jh. Grabstelen mit eingeritzten Jagd- und Kampfszenen hergestellt und gegen Ende des 6. Jh.s auch monumentale Skulpturen von Kriegern, ferner Bronzefibeln mit Gehängen und Brustpanzer.

Römische Antike

Allgemeines

Die römische Kunst war teilweise von der etruskischen Kultur beeinflusst und übernahm die Formensprache der griechischen Klassik in der Republikzeit. Hauptsächlich ingenieurstechnische Neuerungen gaben der Baukunst Auftrieb. Ziegel und Gussmauerwerk ersetzten zunehmend den Naturstein, ermöglichten andererseits auch große Gewölbebauten wie die Thermen. Das mehrgeschossige Wohnhaus wie das Atriumhaus und das vornehme Peristylhaus waren ebenso Bauschöpfungen der Römer wie Amphitheater, Wasserleitungen und Straßenanlagen. Im Tempelbau herrschte der seitlich geschlossene, längsrechteckige Podiumstempel mit Freitreppe vor. Auf dem Gebiet der Skulptur übernahmen die Römer meist in Form von Kopien griechische Statuen, schufen aber selbst meisterhafte Porträtbüsten und Reliefszenen auf Sarkophagen.
Einblicke in die römische Zivilisation vermitteln das Museo Archeologico in Aquileja, das Museo Nazionale in Ravenna sowie das Museo Archeologico Nazionale delle Marche in Ancona. Römische Bauwerke blieben in einigen Städten an der Adria erhalten. So sind z. B. in Aquileja Teile des Forums und einzelne Grabmäler wieder erstanden, römische Straßen und der Flusshafen noch zu erkennen. Reste des Forums und eines Theaters wurden auch in Triest ausgegraben. In Chieti sind die Ruinen eines Theaters und einer Thermenanlage zu sehen, Fano ist stolz auf sein Stadttor, Rimini auf den 27 v. Chr. erbauten Ehrenbogen Arco d'Augusto, beide Kaiser Augustus gewidmet, und in Ancona wurde Kaiser Trajan 115 n. Chr. mit einem eintorigen Ehrenmal geehrt.

Frühchristlich-byzantinische Zeit

Allgemeines

Ausgehend von der römischen Baukunst entwickelte sich die Basilika zum Haupttypus des christlichen Kirchenbaus. Vom griechischen Vorbild der "Königshalle" (Basileus = König) abgeleitet, diente sie den Römern zunächst als Markt- oder Gerichtshalle. Seit dem frühen 4. Jh., als das Christentum im Römischen Reich zur Staatsreligion aufstieg und große Versammlungsräume benötigte, wurden nach dem Vorbild der antiken Hallen lang gestreckte, meist nach Osten gerichtete Kirchen mit erhöhtem Mittelschiff und niedrigeren Seitenschiffen errichtet. Im Westen, Symbol für Sonnenuntergang und Tod, lag der Eingang, häufig von einer Vorhalle (Narthex) oder einem Vorhof (Atrium) umgeben, im Osten, in Richtung Sonnenaufgang, dem Symbol der Auferstehung, stand in der halbrunden Apsis der Altar. Der Grundriss der Kirchen veränderte sich im Laufe der Zeit durch die starke Kreuzverehrung von seiner ursprünglich T-förmigen zu einer kreuzförmigen Gestalt. Im Schnittpunkt von Langhaus und Querhaus entstand die Vierung, die durch einen Turm oder eine Kuppel akzentuiert werden konnte. Die flache Holzdecke oder der offene Dachstuhl wurden später durch die Steinwölbung ersetzt.

Sant'Apollinare in Classe vor den Toren Ravennas: Das Apsismosaik mit Apollinaris als gutem Hirten beherrscht den Kirchenraum.

Architektur

Anfang des 6. Jh.s ließ Theoderich der Große in Ravenna die dreischiffige Säulenbasilika Sant'Apollinare Nuovo als querschifflosen Langrichtungsbau erbauen mit Mosaiken an den Mittelschiffwänden. Die 549 geweihte dreischiffige Basilika Sant'Apollinare in Classe zeigt erstmals im Apsismosaik anstelle Christi den überle-

Frühchristlich-byzantinische Zeit (Fts.)

bensgroßen Titelheiligen der Kirche. In Grado bieten die beiden dreischiffigen Säulenbasiliken aus dem 6. Jh., Sant' Eufemia mit schönen Rundbögen und Santa Maria delle Grazie mit Mosaikbodenresten, ein gutes Raumbild frühchristlicher Kirchenbauten. Ein wunderbarer Mosaikboden aus dem 4. Jh. mit ornamentalen Motiven und allegorischen Darstellungen schmückt den dreischiffigen Dom von Aquileja.
Auch der Zentralbau, der sowohl im Rundtempel des Pantheon wie in den überkuppelten Badehallen der Thermen seine Wurzeln hatte, fand Eingang in die Baukunst entlang der Adriaküste, vor allem als Bestattungs- und Taufgebäude. Im zweiten Viertel des 5. Jh.s entstand das Mausoleum der Galla Placidia in Ravenna als kleiner schlichter Backsteinbau über griechischem Kreuz, im Innern mit farbig leuchtenden Mosaiken ausgestattet. Theoderich ließ ab 520 sein zweigeschossiges Grabmal in Anlehnung an die Grabbauten der römischen Kaiser als Rundbau errichten, mit einer tonnenschweren monolithischen Deckplatte.
Ende des 5. Jh.s wurden die überkuppelten mosaikverzierten Zentralräume, das Baptisterium der Orthodoxen und der Arianer, in Ravenna gebaut, und in Grado entstand ein achteckiges Baptisterium. Einen komplizierten Zentralbau mit doppelgeschossigem Umgang und glanzvollem Mosaikschmuck bildet die 547 geweihte Kirche San Vitale in Ravenna.

Romanik

Kirchen

Die stets gegenwärtige antike Tradition führte im Frühmittelalter zur Weiterverwendung von Säule, Rundbogen und Steinwölbung im Sakralbau. Während für die Baptisterien der Zentralbau tradiert wurde, hielt man im Kirchenbau am frühchristlichen Basilikatypus fest, eindrucksvoll dokumentiert im 1008 begonnenen Dom von Torcello, der dem ravennatischen Typus der querschifflosen Säulenbasilika mit offenem Dachstuhl folgte. Die lang gestreckte Lagerung der Baumassen ohne plastische Wandgliederung, allenfalls durch den hoch aufragenden Glockenturm gegengewichtet, veranschaulicht auch die Abbazia S. Maria di Pomposa (7. – 11. Jh.), deren teppichartiger Mosaikfußboden aus dem 11. Jh. auf einen erhöhten Chorraum mit darunter liegender Krypta zuführt. Die Basilica S. Maria in Aquileja erhielt über Vorgängerbauten, darunter eine karolingische Krypta aus dem 9. Jh., ihr romanisches Aussehen im 11. Jh. mit qualitätsvollen Fresken. Eindrucksvoll sind auch die im 9. Jh. entstandene Pieve und der im 12. Jh. errichtete Duomo in San Leo, bei denen römische Spolien, byzantinische Kapitelle und romanischer Lisenenschmuck miteinander verbunden wurden. Den Duomo San Ciriaco (11. – 13. Jh.) in Ancona, einen byzantinisch beeinflussten Kuppelbau, schmückt eine mit Säulen und Löwen gezierte Portalvorhalle.

Romanik in Venedig

Die Romanik Venedigs erstrahlte völlig im byzantinischen Gewand, wie die Goldmosaikausstattung einschließlich der sphärisch anmutenden Heilsgestalten in San Marco bezeugt. Die unter dem Dogen Domenico Contarini (1042 – 1072) begonnene Markuskirche ist als Fünfkuppelkirche über griechischem Kreuz eine direkte Ableitung der 1453 zerstörten Apostelkirche in Konstantinopel.

Der Dom San Ciriaco in Ancona, ein Schlüsselwerk der Romanik an der italienischen Adria, nimmt die höchste Stelle der Stadt ein.

Burgen

Der Adel residierte in jener Zeit auf Burgen wie dem Castello Vecchio in Duino, kühn überm Meer auf einem Felsvorsprung errichtet, oder die hoch gelegene Rocca del Sasso in Verucchio, die Wiege der Malatesta als spätere Signori von Rimini. Das mauerumgürtete Städtchen Gradara wird von der Rocca aus dem 13. Jh. geschützt, die als Befestigungsanlage im kriegerischen 15. Jh. auf den neuesten wehrtechnischen Stand gebracht wurde. Die Rocca von San Leo wurde vom Baumeister Francesco di Giorgio Martini in der 2. Hälfte des 15. Jh.s von einer Burg in eine der stärksten Festungen Italiens umgewandelt.

Gotik

Kirchen

Von Frankreich her hielt der gotische Baustil im Verlauf des 13. Jh.s Einzug in das Adriagebiet, hauptsächlich getragen und umgesetzt durch die so genannten Bettelorden, die Dominikaner und Franziskaner, die in den Städten geräumige Predigtkirchen errichten ließen. Sie bevorzugten weniger den steil aufstrebenden Gliederbau nach französischem Vorbild, sondern vielmehr Kirchenräume von hallenartiger Weite mit geschlossenen Wandflächen für ausgedehnte Freskenzyklen und Wandgräber. Großartig ist die Bettelordensarchitektur Venedigs mit der Frarikirche und Santi Giovanni e Paolo, die mit aufwändigen Dogengrabmälern ausgestattet wurden. Eine merkwürdige Mischung dagegen bildet die 1232 begonnene Antonius-Basilika in Padua aus spätromanisch-lombardischer Fassade, gotischem Chor und byzantinisch anmutenden Kuppeln.

Gotische Kirchen (Fts.)

San Francesco delle Scale in Ancona, Sant'Agostino und San Francesco in Pesaro weisen ebenfalls typische Merkmale der Gotik auf wie die Durchbrechung der Außenwände mit spitzbogigen Lanzettfenstern, die Gliederung des Hochschiffs durch Arkaden, Bündelpfeiler, Triforien und Dienste sowie die Kreuzrippenwölbung als Raumabschluss.

Wohn- und Kommunalpaläste

Im Profanbau war für die Patrizier und den stadtansässigen Adel lange Zeit die "casa torre", der mit Zinnen und Turm bewehrte Wohnpalast, vorherrschend. Erst nach der Befriedung der Städte konnten stattliche Kommunalpaläste errichtet werden, die sich ebenfalls wehrhaft gebärdeten wie in Rimini der Palazzo dell' Arengo aus dem 13. Jahrhundert und in Caorle der Palazzo Comunale, dessen Fassade ein Zinnenkranz abschließt. Trutzig erscheint ebenfalls der zinnenbekrönte Palazzo dei Trecento (um 1210) in Treviso. Arkadenzonen verleihen dem Palazzo dei Capitani in Ascoli Piceno ein weniger strenges Aussehen. Ohne Rücksicht auf Wehrhaftigkeit konnte dank der besonderen Lagunenlage in Venedig gebaut werden, wo der Stadtadel prächtige Paläste entlang des Canal Grande errichten ließ, darunter die Ca d'Oro (1420 – 1440) mit herrlichen spätgotischen Maßwerkformen. Nicht minder eindrucksvoll ist der Dogenpalast, dessen Schauseite aus dem 15. Jh. zur Piazzetta mit einer spitzbogigen Arkadenzone, reicher Maßwerkgalerie, festlicher Mittelloge und rautenförmigem Marmormuster verziert ist.

Gotischer Palast am Canal Grande in Venedig

Skulptur

Auf dem Gebiet der Plastik galt es Kirchenportale zu verzieren, Pfeilerstatuen zu meißeln, Altaraufsätze in Holz oder Kanzeln in Stein herzustellen, Grabmäler zu gestalten oder Chorgestühle zu schnitzen sowie Reliquiare aus Gold und Silber zu formen. Der große Silber-Paliotto (2. Hälfte 14. Jh.) und das ornamentreiche Chorgestühl (15. Jh.) im Dom von Ascoli Piceno seien stellvertretend genannt.

Malerei

Giotto überwand als Erster in Italien die Starrheit der byzantinischen Malkunst bei der Ausmalung der Arenakapelle in Padua um

1305. Seine Figuren waren physiognomisch unterscheidbar, ordneten sich zu größeren Handlungszusammenhängen und ließen ein perspektivisches Raumverständnis ahnen. In Treviso gab Tommaso da Modena um 1350 mit dem Freskenzyklus in S. Caterina in Treviso eine Kostprobe seines Könnens. Die venezianische Malschule mit Paolo Veneziano, Jacobello del Fiore und dem Wanderkünstler Gentile da Fabriano setzte zwar durch Farbkultur und schimmerndes Licht neue Akzente, blieb aber in der plastischen Formgebung der byzantinischen Tradition verpflichtet.

Gotische Malerei (Fts.)

Renaissance und Manierismus

Allgemeines

Die von Florenz zu Beginn des 15. Jh.s ausgehende Ablösung der Gotik durch eine Wiedergeburt der Antike zielte weniger auf eine Nachahmung antiker Kunstformen als vielmehr auf eine Durchdringung griechisch-römischer Kulturinhalte mit spätmittelalterlichen christlichen Wertvorstellungen.

Skulptur

In der Plastik trat das neue Menschenbild zuerst in Erscheinung, basierend auf antik-klassischen Proportionen und Standmotiven (Kontrapost) bis hin zur freistehenden Aktfigur. Der Florentiner Donatello schuf mit dem Grabmal für den Söldnerführer Gattamelata auf dem Vorplatz der Antoniusbasilika in Padua das erste freistehende Reiterstandbild der Neuzeit um 1450. Antonio Rizzo gestaltete um 1470 für Venedig Adam und Eva als lebensechte Aktfiguren für den Arco Foscari im Dogenpalast. Kunsthandwerklich wurde mit den prachtvollen Fayencen aus Faenza formal an die Gefäßkeramik der Antike angeknüpft.

Architektur

Die Baukunst orientierte sich an griechisch-römischen Tempeln und kombinierte Säulen, Rundbögen, Gebälk und Dreiecksgiebel zu neuen Schöpfungen. Neben Fassadengestaltungen mit klassischen Säulenordnungen waren die Hängekuppeln (Pendentifs) und doppelschaligen Kuppelkonstruktionen epochemachende Leistungen. Urbino wurde ab Mitte des 15. Jh.s zu einer Residenzstadt der Renaissance umgestaltet. Unter Leitung von Luciano Laurana gewann der Palazzo Ducale an Profil, dessen Innenräume ab 1472 von Melozzo da Forli und Francesco di Giorgio Martini dekoriert wurden. Rimini war dank des Hofes der Malatesta das Zentrum der Frührenaissance an der Adria, wo der unvollendete Tempio Malatestiano (1450 – 1460) steht, ein epochaler Kirchenbau von Leon Battista Alberti mit der Innenausstattung von Matteo dei Pasti und dem Bildhauer Agostino di Duccio. In Cesena ließ das Herrscherhaus von Matteo Nuti aus Fano 1447 – 1452 die Biblioteca Malatestiana mit einem säulengegliederten Lesesaal errichten.
An dem seit 1468 errichteten Neubau der Wallfahrtskirche von Loreto war eine ganze Reihe von Renaissancekünstlern beschäftigt, darunter als Baumeister Bramante, Andrea Sansovino und Giuliano da Sangallo als Kuppelentwerfer sowie Melozzo da Forli, der nach 1477 die Kuppel der Markussakristei ausmalte. In Faenza setzte Giuliano da Maiano mit der Cattedrale San Pietro Renaissanceakzente. In Padua befinden sich zahlreiche Renaissancebauten wie die Loggia del Consiglio und der Palazzo del Capitano sowie mit Santa Giustina, 1521 begonnen, die größte Renaissancekirche Venetiens.

Venedig

In Venedig setzte die Renaissance mit Pietro Lombardos Kirche Santa Maria dei Miracoli (1481 – 1489) ein, gefolgt von Andrea Palladios Sakralbauten San Francesco della Vigna (Fassade), San Giorgio Maggiore und Il Redentore. Typbildend waren seine Kolossalordnungen mit Säulen und Pilastern in Verbindung mit antiken Tempelzitaten wie Gebälk und Dreiecksgiebel.
Nicht weniger als fünfzehn Kirchen und öffentliche Gebäude, darunter die Markusbibliothek, das Münzgebäude (Zecca), die Loggetta am Campanile und den Palazzo Corner, schuf der Florentiner Sansovino (1486 – 1570) in Venedig, von dem auch als Bildhauer die Standbilder des Mars und des Neptun im Hof des Dogenpalastes, die Sakristeitür von San Marco und das Grabmal des Dogen Venier in San Salvatore stammen.

Malerei

In der Malerei ermöglichte erst die Wiederentdeckung der Zentralperspektive die illusionsräumliche Darstellung. Andrea Mantegna, der in Padua eine Kapelle mit dem Christophorusthema in der Chiesa degli Erimitani ausmalte, vermittelte die neuen Ideen aus Florenz an seinen Schwager Bellini in Venedig, so dass im 16. Jh. die malerische Blüte der Serenissima erfolgte. Giovanni Bellinis lyrisch gestimmte Bilder, von halbfigürlichen Madonnendarstellungen bis hin zu geheimnisvollen Allegorien, zeigen Intimität des Gefühls und Bewunderung für die Natur zugleich. Bellinis Schüler, v. a. Tizian und Giorgione, führten seinen zeichnerisch-plastischen Stil und die transparente Farbgebung seiner Malerei fort.

Detailrealismus auf Goldgrund: Madonnenbild von Carlo Crivelli in Ascoli Piceno

Am Hof der Montefeltre in Urbino machte Raffael Furore mit ausgewogenen Kompositionen und empfindsam bewegten Figuren in subtilen Beziehungsgefügen. Regional von Bedeutung waren der aus Venedig zugewanderte Maler Carlo Crivelli (▶ Berühmte Persönlichkeiten) und sein Bruder Vittore. Ihre Andachtsbilder und die oft prunkvoll überladenen, meist goldgrundigen Altarwerke kann man u. a. in S. Elpidio a Mare oder im Dom und im Museum von Ascoli Piceno bewundern. Wichtige Impulse verdankt die Region auch Melozzo da Forlí. Die in der Pinacoteca Civica in Forlí ausgestellten Werke belegen seine glänzende Beherrschung der Perspektive und beeidnrucken durch die realistisch erfassten Gestalten.

Manierismus

Die Epoche zwischen 1520, dem Tod Raffaels, und 1590, der Fertigstellung der Petersdomkuppel bezeichnet man als Manierismus. Auf dem Hintergrund tief greifender Erschütterungen des traditionellen Weltbildes durch Entdeckungsfahrten, Reformation und Türkengefahr verlor die klassisch-antike Kunst ihre Vorbildfunktion und wurde durch einen manierierten, d. h. übertrieben künstlichen und unnatürlichen Formwillen verdrängt. Repräsentanten des Manierismus waren in Venedig Jacopo Rubusti il Tintoretto und Paolo Caliari il Veronese. Starke Helldunkelkontraste, gewagte Verkürzungen und Untersichten sowie ungewöhnliche Lichtwirkungen bestimmten Tintorettos Gemälde, die häufig dramatisch komponierte Motive aus dem Alten und Neuen Testament wiedergeben. Veronese schuf großformatige, vielfigurige Kompositionen, darunter die prächtigen Fest- und Gastmähler sowie allegorische Deckengemälde, z. B. im Dogenpalast (Abbildung S. 171).
Lorenzo Lotto, dessen Gemälde – vor allem Porträts – in der Pinacoteca von Iesi und in Loreto zu sehen sind, malte in unruhigem Farbenspiel spannungsreiche Kompositionen mit religiöser Thematik voll seelischer Anteilnahme.

Barock und Rokoko

Allgemeines

In der Epoche des Barock mit der Spätphase des Rokoko ab 1720 bis Ende des 18. Jh.s neigten die Baumeister zu zentralisierenden Raumkonzeptionen. Kuppeln und gestufte Türme, vor- und zurückspringende Glieder verliehen den Baukörpern der Kirchen, Schlösser und Stadtpaläste Schwung und Bewegung. Venedigs Santa Maria della Salute-Kirche (1631 – 1687), ein Bau von Baldassare Longhena, zieht immer noch die Blicke am Beginn des Canal Grande auf sich. Aufwändige Innenausstattungen wie in Venedigs Palästen Labia und Rezzonico in farbigem Stuckmarmor mit verspieltem Dekor und großartiger Illusionsmalerei steigerten das Raumerlebnis, wobei vielfach die Auflösung der Grenzen zwischen Architektur, Malerei und Plastik angestrebt wurde. Ab 1736 entstand am Brentakanal für den Dogen Alvise Pisani die größte Villa des Veneto – 114 Räume und ein nicht weniger großzügiger Park (Abbildung S. 46).

Venedig

Während in den meisten Adriastädten Bestehendes mehr oder weniger barockisiert wurde, meist unter römischem Einfluss, konnte Venedig im 18. Jh. mit einer Kunstakademie und eigener Malschule nochmals glanzvoll in Erscheinung treten. Detailgetreue Stadtansichten, so genannte Veduten, in denen sich Menschen beim Karneval, bei Festen und Prozessionen bewegen, waren das Markenzeichen von Antonio Canal. Giovanni Battista Tiepolo freskierte Decken und Wände in einem lockeren transparenten Farbauftrag mit sicherem Gespür für das Bewegungsspiel der Figuren in großen illusionistischen Räumen.
Ein unwiderstehlicher Zauber ging auch von den stimmungsvollen Ansichten Venedigs aus, die Francesco Guardi in einem fast impressionistisch anmutenden Malstil schuf. Rosalba Carriera erwarb sich großen Ruhm durch ihre hoch geschätzten Pastellporträts, und kaum ein anderer hat sich als so scharfsichtiger Chronist des venezianischen Alltags hervorgetan wie Pietro Longhi mit seinen köstlichen Genreszenen.

19. und 20. Jahrhundert

Klassizismus

Als Reaktion auf die spielerisch-dekorative Formensprache des Barock griff der Klassizismus im frühen 19. Jh. auf das strenge Formenvokabular der griechisch-römischen Antike zurück, das laut Johann Joachim Winkelmann durch "edle Einfalt und stille Größe" bestach. So entstand eine klar gegliederte Architektur vor allem in den größeren Städten im Wohn- und Villenbau und bei öffentlichen Gebäuden wie Oper, Museum und Rathaus. In Triest sind die Borsa Vecchia (1805), die Einkaufsgalerie Tergesteo (1842) und die Kirche S. Antonio Thaumaturgo (1849) von Pietro Nobile gute Beispiele des Klassizismus. In der zunächst stimmungsvoll-romantischen Landschaftsmalerei wurden antike Staffagen eingefügt. Erst allmählich entwickelte sich die Malerei in Richtung Naturalismus und Freilichtmalerei, wie das in den Bildern der um 1850 aktiven Mitglieder der Scuola di Posilipo nachvollziehbar wird, die in der Pinacoteca Vincenzo Bindi in Giulianova ausgestellt sind.

Die Villa Pisani verkörpert Garten und Architektur als Symbiose.

Historismus

In der zweiten Hälfte des 19. Jh.s trat der Historismus als Gegenbewegung zum Klassizismus auf. Er orientierte sich an den geistig-sittlichen Vorstellungen großer Epochen der Vergangenheit. Von der Neugotik über Neurenaissance bis zum Neubarock reichte die Formensprache, die u. a. im neugotischen Palazzo Pubblico (1894) in San Marino sowie im Villen- und Hotelbau entlang der Küste besonders anschaulich umgesetzt wurde, beispielsweise im Traumschloss Miaramare.

In Triest kann man heute noch die ganze Vielfalt der historistischen Baukunst in Augenschein nehmen, z. B. an der Piazza dell'

Unita d'Italia mit dem Palazzo del Municipio im Stil der Neurenaissance vom Wiener Architekten Heinrich Ferstel.

Historismus (Fortsetzung)

Jugendstil

Der Jugendstil mit seinen Naturvorbildern abgeschauten fließenden Formen und ornamentalen Linienspielen setzte sich am Ende des 19. Jh.s gegen die historisierenden Formen zur Wehr. In Triest ist vor allem der Palazzo del Governo mit Jugendstilmosaiken geschmückt, weitere Jugendstildekorationen finden sich an der Casa Bartoli, der Banca d'America e d'Italia sowie an der Molo Pescheria.

Funktionalismus

Nach dem Ersten Weltkrieg war der Funktionalismus vorherrschend, demzufolge die Erscheinungsform eines Bauwerks von der Funktion abzuleiten sei. Neben den praktisch-nützlichen Aspekten spielte auch sach- und materialgerechte Formgebung eine wichtige Rolle. Die Richtung der rationalen Architektur fand auch nach dem Zweiten Weltkrieg Anhänger in Giancarlo de Carlo, der 1962 bis 1966 ein Studentenwohnheim in Urbino baute, sowie in Giorgio Grassi, der das Studentenwohnheim in Chieti 1976 – 1984 errichtete. Auf dem Gebiet der Malerei und Plastik profitiert der Adriaraum von der Moderne allenfalls durch Sonderausstellungen mit Ausnahme Venedigs, wo eine hochkarätige Sammlung mit Werken des Kubismus, Futurismus und Surrealismus im Peggy Guggenheim Museum zu sehen ist und die Biennale alle zwei Jahre mit den neuesten Tendenzen der internationalen Kunstszene bekannt macht.

Reiseziele von A bis Z

Routenvorschläge

Vorbemerkung

Die folgenden Routen berühren die schönsten Sehenswürdigkeiten, Orte und Landschaften des Reisegebietes. Einen ersten Überblick über den Verlauf der Routen gibt die nebenstehende Karte; die genauen Streckenführungen kann man in der zum Buch gehörenden Reisekarte verfolgen. Orte und Landschaften, die im Abschnitt "Reiseziele von A bis Z" als Hauptstichwort beschrieben sind, erscheinen innerhalb der Routenvorschläge in **halbfetter Schrift**. Alle anderen in den Routen erwähnten Orte, Landschaften und Einzelobjekte können über das Register gefunden werden. Bei den genannten Entfernungen handelt es sich um abgerundete Kilometerangaben, die sich lediglich auf die Hauptstrecke beziehen; Abstecher sind nicht enthalten.

1. Von Venedig nach Triest (ca. 280 km)

Lagunen, Sandstrände und Karsthänge

Der nordöstliche Abschnitt der italienischen Adriaküste ist das Ziel dieser Route. Von der Autobahn A 4 (Venedig – Triest) und der Staatsstraße 14, die streckenweise in einigem Abstand nahezu parallel verlaufen, führen Stichstraßen an die Lagunenküste zu den Badeorten Lido di Jesolo, Caorle, Bibione, Lignano und Grado. Die von Kanälen durchzogene, landwirtschaftlich intensiv genutzte Lagunenlandschaft ist sehr reizvoll.

Venedig, Treviso

Von **Venedig fährt man auf der SS 13 Richtung **Treviso. Völlig unverdient liegt diese hübsche, von Kanälen geprägte Stadt ein bisschen im Schatten von **Padua und **Venedig**. Von **Treviso** aus kann man Ausflüge in das Prosecco-Anbaugebiet oder in Richtung Castelfranco unternehmen, wo es noch einige schöne Renaissancevillen zu besichtigen gibt. Weinkenner kommen auch in Roncade, etwa 10 km südöstlich von **Treviso**, auf ihre Kosten, wo der Besitzer der festungsartigen Villa seinen eigenen Tropfen anbaut.

Lido di Jesolo, Caorle

Auf kleinen Straßen geht es weiter nach S. Dona und von dort durch flache Agrarlandschaft nach ***Lido di Jesolo**, wo man an endlosen Sandstränden dem grenzenlosen Badevergnügen frönen kann. Für die Weiterfahrt nach ***Caorle** gibt es eine ganz beson-

◂ **Die Riviera del Conero: Ein steil abfallender, dicht bewaldeter Küstenabschnitt mit kleinen Buchten, Kiesstränden und türkisblauem Wasser**

Route 1 (Fortsetzung)

ders schöne, allerdings auch sehr "langsame" Strecke: Man verlässt Lido di Jesolo in Richtung Cortellazzo und folgt dann dem gemächlich dahinfließenden Piave-Fluss. Mit großen Netzen, die vom Ufer ins Wasser hängen, werden hier Fische gefangen. Bei Eraclea überquert man auf einer kleinen mautpflichtigen Brücke den türkisblauen Fluss. Auf alleengesäumten Landstraßen, vorbei an Weingärten und Gehöften inmitten von Feldern, erreicht man nach rund 40 km das lebhafte Badestädtchen **Caorle**.

Portogruaro, Bibione, Lignano

Von **Caorle** muss man wieder ein Stück ins Landesinnere zurück, um nach ***Lignano** zu kommen, so dass *Portogruaro, das etwa 25 km nördlich von **Caorle** an der SS 14 liegt, fast keinen Umweg bedeutet. Das hübsche Städtchen mit seinen schönen alten Laubenhäusern und romantischen Kanälen ist eine Entdeckung wert! Von Portogruaro nach ***Bibione** sind es ca. 30 km, davon 12 km auf der SS 14 bis S. Michele und dann auf der Landstraße. **Bibione** ist be-

Route 1 (Fortsetzung)

kannt als Familienbad, ebenso das Luftlinie nur etwa 5 km entfernte, bereits in der Region Friaul-Julisch Venetien gelegene ***Lignano**. Der Tagliamento trennt die beiden Badegemeinden.

Aquileja, Grado

Etwa 35 km und die Laguna di Marano trennen **Lignano** und ****Aquileja**, die bedeutendste römische Ausgrabungsstätte der Region. Knapp 12 km südlich von **Aquileja** hat man wieder das Meer erreicht – und ist in ***Grado**, das mit einer pittoresken Altstadt, Thermalquellen, einem hübschen Hafen und langen Sandstränden viele Besucher anzieht.

Für die Fahrt nach Monfalcone gibt es wieder eine erholsame Alternative zur Staatsstraße. Kürzer und vor allem schöner ist die Fahrt auf schmalen Landstraßen, vorbei an romantischen, schilfbewachsenen Wasserläufen durch das fruchtbare Mündungsdelta des tief türkisblauen Isonzo. Landwirtschaft, v. a. Spargelanbau, wird hier sehr intensiv betrieben.

Riviera Triestina, Triest

Für die Strecke von Monfalcone nach Triest nimmt man die Küstenstraße SS 14. Wenige Kilometer hinter der Stadt beginnt die herrliche Steilküste mit ihren weißen, bewaldeten Karsthängen. Die Straße verläuft weit oben, doch immer wieder gibt es Parkbuchten, von denen man herrliche Ausblicke auf das Meer und die bezaubernde Küste genießt. Bade- und Schiffsanlegeplätze gibt es in Duino und Sistiana. Vor der Bucht von ***Triest** sieht man schon aus einiger Entfernung die Schiffsriesen vor Anker liegen. Ein Stopp lohnt sich auch im Schloss Miramare, das sich kurz vor **Triest** majestätisch auf einem Landvorsprung erhebt. **Triests** eigenwilliger Charme beruht vor allem auf der Mischung unterschiedlicher Völker und Kulturen, die hier zusammentrafen und -treffen. Vor allem besitzt die Stadt noch ein reiches Erbe aus der k. u. k.-Zeit.

2. Von Venedig nach Cesena (ca. 200 km)

Villen und Valli

Der Po und sein Delta bestimmen das Landschaftsbild südlich und südwestlich von ****Venedig**. Eine flache, auf den ersten Blick unspektakuläre Landschaft einerseits, andererseits eines der größten Feuchtgebiete Italiens, das seit seiner Ausweisung als Naturschutzgebiet auch von Touristen entdeckt werden will.

An der Brenta

Für die Fahrt von **Venedig** nach ****Padua** kann man die Autobahn nehmen, schöner ist die Strecke an der kanalisierten Brenta, die wegen ihrer *Renaissancevillen berühmt geworden ist. Sowohl in Mira, als auch in Dolo oder in Stra, den Hauptorten an der Brenta, kann man Beispiele für diese ehemaligen Adelssitze besichtigen.

Padua, Chioggia

Mit herrlichen Plätzen, guten Einkaufsmöglichkeiten und einigen unvergleichlichen Sehenswürdigkeiten – wie zum Beispiel der Scrovegnikapelle mit den berühmten Fresken von Giotto – wartet ****Padua** auf. Die Universitätsstadt beansprucht mehr als nur einen Besichtigungstag.

Über die SS 516 nähert man sich wieder dem Meer. Rund 40 km südöstlich ist ****Chioggia** erreicht. Wegen seiner bezaubernden Altstadt wird **Chioggia**, das einen der größten Fischereihäfen der italienischen Adria besitzt, gern besucht.

Po-Delta

Südlich von **Chioggia** mündet Italiens längster Fluss, der Po, in die Adria. Die besonders markanten oder typischen Teile seines von zahlreichen Flussarmen, süß- oder salzwasserhaltigen Brackenseen, sandigen Nehrungen und Inseln geprägten Deltas bilden heute das Naturschutzgebiet Parco Regionale del Delta del Po. In vielen Orten zwischen Chioggia und Ravenna werden Ausflüge in die naturgeschützten Gebiete des Deltas angeboten. Aber auch Kulturschätze liegen hier am Weg, wie die mittelalterliche **Abbazia Pomposa (ca. 35 km südlich von Chioggia an der SS 309).

Comacchio

Knapp 20 km weiter erreicht man ***Comacchio**, das nicht direkt an der SS 309, sondern 5 km landeinwärts liegt. Auch **Comacchio** ist vom Wasser und von seinen Kanälen geprägt. In dem bezaubernden Städtchen fühlt man sich in frühere Zeiten zurückversetzt. Durch einen schiffbaren Kanal ist **Comacchio** mit Porto Garibaldi an der Küste verbunden. Der Hafenort ist einer der sieben Lidi di Comacchio, die im Sommer zu viel besuchten Badeorten erwachen.

Ravenna, Cesena

35 km südlich von **Comacchio** kommt man in die antike Kaiserstadt ****Ravenna**, die allein schon wegen ihrer einzigartigen früh-

Venedig im Kleinformat: der Canal Vena in Chioggia

Route 2
(Fortsetzung)

christlichen Kirchen einen Besuch lohnt. Etwa 15 km südlich von Ravenna, bei Savio, verspricht Italiens größter Freizeitpark "Mirabilandia" Vergnügungen für Kinder und jung gebliebene Erwachsene. Von **Ravenna** erreicht man über die vierspurig ausgebaute SS 71 schnell das etwas im Hinterland gelegene ***Cesena**, ein angenehmes Städtchen mit einer mächtigen Burg.

3. Von Ravenna bis Ancona (ca. 260 km)

Seebäder und Bergstädtchen

Auf dem Küstenabschnitt zwischen ****Ravenna** und **Pesaro** reiht sich zwischen Cervia und Gabicce Mare Seebad an Seebad. Wer dem Trubel an der Küste entfliehen will, kann ins bergige Hinterland ausweichen, zum Beispiel bei einem Ausflug nach ****San Marino** oder in das Renaissancestädtchen ****Urbino**.

Der Abstecher nach San Marino, in die kleinste Republik der Welt – mit ihren Burgen ein herrliches Ausflugsziel im Hinterland der Küste – will unbedingt fotografisch festgehalten sein.

Cervia, Cesenatico

Von **Ravenna** führt die SS 16, die Adriatica, in südliche Richtung. Dichte Pinienwälder prägen das Bild von *Cervia und Milano-Marittima, zwei gepflegten Seebädern, die zu einer Gemeinde verschmolzen sind. Das anschließende ***Cesenatico** mit seinem großen Fischerei- und Jachthafen besitzt neben attraktiven Stränden auch eine sehr hübsche Altstadt entlang des alten Kanalhafens.

Rimini

Die Kette der Badeorte südlich von **Cesenatico** reißt nicht ab bis ****Rimini**, um das die SS 16 einen großen Bogen macht. **Rimini** hat viele Facetten, eine sehr gepflegte Altstadt, einen Megastrandbetrieb und das beste Nightlifeprogramm weit und breit.

Man verlässt Rimini auf der SS 258 in südwestlicher Richtung. Anfangs fährt man im breiten Tal der Marecchia aufwärts. Nach 16 km sieht man links oberhalb der Straße die hoch gelegene, von einer Malatestaburg gekrönte Ortschaft Verucchio. 7 km talaufwärts ist das Dörfchen Villa Nuova erreicht, wo man links in ein Seitental abbiegt. Nach 9 km taucht plötzlich auf einem 583 m hohen, steilen Felsen das wunderbar gelegene Burgstädtchen **San Leo auf. Auf dem Rückweg zweigt man bei Verucchio nach ****San Marino** ab. Die kleinste Republik der Welt mit ihrer historischen Altstadt und den drei Burgen lockt im Sommer zahlreiche Ausflügler.

San Leo und San Marino

Südlich von **Rimini** gehen die Strände weiter: *Riccione, *Cattolica, Gabicce Mare. Die Fahrt auf der SS 16 ist hier nicht sehr spannend, da die Straße nicht direkt an der Küste, sondern etwas landeinwärts verläuft und oft staugeplagt ist. Von Gabicce Mare aus ist das alte Städtchen *Gradara einen Abstecher wert. Hinter Gabicce Mare bis ***Pesaro** sollte man die SS 16 unbedingt gegen die **Panoramastraße eintauschen, die sich oberhalb der Küste an ginsterbewachsenen Hängen entlangschlängelt.

Pesaro, Fano

35 km südwestlich von **Pesaro**, im hügeligen Hinterland, liegt ****Urbino**, das mit seinem mittelalterlichen Stadtbild und dem Herzogspalast eine Sehenswürdigkeit ersten Ranges darstellt. Auch landschaftlich ist dieser Ausflug ein Erlebnis. Für die Rückfahrt an die Küste, nach **Fano**, nimmt man die gut ausgebaute Strecke über Fossombrone, das zu einem kurzen Stopp einlädt. 4 km vor Fossombrone, in Calmazzo, zweigt das Sträßchen zur wildromantischen *Gola del Furlo ab, die man nach wenigen Kilometern erreicht.

Urbino, Fano

Hinter **Fano** verläuft die SS 16 nahe an der Küste. Das nächste Seebad ist ***Senigallia**, das jenseits der Bahnlinie ein lebendiges historisches Zentrum besitzt. Hafen- und Großstadtatmosphäre erwartet einen dagegen in ***Ancona**, der Hauptstadt der Region Marken.

Senigallia, Ancona

4. Stilles Hinterland: von Ancona nach Fermo (ca. 150 km)

In den Marken gibt es immer noch ein starkes Gefälle zwischen der Küste, die wegen ihrer Strände viele Touristen anzieht, und dem wenig besuchten, bergigen Hinterland. Die viel befahrenen Verkehrsadern samt Bahnlinie "fließen" an der Küste, landeinwärts bewegt man sich auf kleinen Straßen. Das braucht Zeit, die man aber angesichts der herrlichen Landschaftseindrücke durchaus genießen kann. Eine Reihe hübscher alter Städtchen, meist aussichtsreich auf Hügeln gelegen, wartet darauf, entdeckt zu werden.

"Märkische Impressionen"

Man verlässt ***Ancona** auf der Straße Richtung Polverigi und fährt dann über S. Maria Nuova nach ***Jesi**. Das von einem Mauerring umgebene Städtchen besitzt eine sehenswerte Sammlung von Gemälden des Renaissanceporträtisten Lorenzo Lotto. In den Enoteche von Jesi sollte man unbedingt den Verdicchio probieren, einen trockenen Weißwein, der in der Umgebung von Jesi angebaut wird.

Jesi

Über Filottrano erreicht man das hoch gelegene Osimo, wo man den Dom besichtigen sollte. In Castelfidardo, nur 7 km entfernt,

Osimo, Loreto

Route 4 (Fortsetzung)

dreht sich alles um die Ziehharmonika, der hier sogar ein Museum gewidmet ist. Die Mehrzahl der Besucher strömt trotzem nicht so sehr in das Hügelstädtchen, sondern vor allem ins das benachbarte **Loreto, den berühmten Pilgerort mit seiner großen Wallfahrtskirche, die als Gehäuse dient für die von Bramante entworfene Casa Santa.

Recanati, Macerata

Von Loreto fährt man in südwestlicher Richtung auf der SS 77 und erreicht nach 10 km Recanati, Geburtsort des italienischen Dichters Giacomo Leopardi. Über Sambucheto kommt man nach ***Macerata**. Die kleine, lebendige Universitätsstadt besitzt ein ungewöhnliches Amphitheater, das im Sommer einen phantastischen Rahmen für die Opernfestspiele abgibt. Nächste Station ist *San Elpidio a Mare, ein entzückendes altes Städtchen und außerdem das Zentrum der Schuhherstellung in den Marken.

Fermo

Der Weg nach ***Fermo**, das ebenfalls durch ein geschlossenes Stadtbild besticht, führt zunächst hinab ins Tenna-Tal und von dort wieder hinauf auf die nächste Bergkuppe. An klaren Tagen bietet sich von hier oben ein wunderbarer Blick auf die Küstenlandschaft. Besonders schön ist es in **Fermo** am späten Nachmittag, wenn die Abendsonne die hohen Arkaden an der zentralen Piazza del Popolo in ein warmes Licht taucht.
Von **Fermo** sind es nur 12 km, und man ist wieder am Meer, in Porto S. Giorgio.

5. Auf der Adriatica: von Ancona nach Pescara (ca. 180 km)

Küste mit Abstechern

Die Strecke folgt im Wesentlichen der SS 16, die die meiste Zeit direkt an der Küste verläuft, manchmal sogar unmittelbar hinter bzw. neben dem Strand. Nach links blickt man aufs Meer, nach rechts auf die Hügelketten, die oft mit Burgen oder hübschen alten Städtchen besetzt sind. Zwischen **Ancona** und **Pescara** reichen sie ziemlich nah an das Meer heran, so dass der Küstenstreifen nicht sehr breit ist.

Riviera del Conero

Südlich von Ancona ragt der Monte Conero beinahe halbinselartig ins Meer. Seine Küste ist steil und von weißen Kalkfelsen, dichten Wäldern und schmalen Kiesbuchten geprägt – ein landschaftliches Highlight an der italienischen Adriaküste. Obwohl die Landstraße (nicht die SS 16!) erst bei Numana, dem südlichsten der drei Orte an der ****Riviera del Conero**, die Küste erreicht, ist die Strecke unbedingt zu empfehlen. Baden kann man an einem der Strände von Portonovo oder in Numana.

Civitanova Marche, San Benedetto del Tronto

Civitanova Marche ist ein typischer Badeort an der märkischen Adriaküste mit langen Stränden, Jachthafen und vielen Übernachtungsmöglichkeiten. Wer Abwechslung von Küste und Meer sucht, ist von Civitanova aus schnell in *S. Elpidio a Mare oder ***Fermo** (s. Route 4). Kurz vor ***San Benedetto del Tronto** kommt man durch *Grottammare, dessen bezaubernder, an den Hang gebauter kleiner Borgo nicht nur Romantiker ins Schwärmen bringt. **San Benedetto del Tronto** selbst ist bekannt für seine beeindruckende, palmengesäumte Uferpromenade.

Zwischen **San Benedetto del Tronto** und Martinisicuro zweigt die Straße nach ***Ascoli Piceno** ab, das allein schon wegen seines unglaublich schönen Hauptplatzes einen Besuch verdient. Von **Ascoli Piceno** kommt man auf der kurvenreichen SS 81 nach Civitella del Tronto, das von einer riesigen *Festung überragt wird, einer der größten in Italien überhaupt. Weiter geht es nach Teramo, das sich als Ausgangspunkt für einen Abstecher auf den **Gran Sasso d'Italia und nach *L'Aquila, die Hauptstadt der Abruzzen, anbietet. Von Teramo kehrt man an die Küste zurück, die man bei ***Giulianova** erreicht. Der Badeort besitzt eine unspektakuläre, aber sympathische kleine Altstadt. Vom Terrassencafé an der dortigen Piazza della Libertà hat man den besten Blick über das Seebad.

Ascoli Piceno

Zwischen **Giulianova** und **Pescara** lohnt sich ein Abstecher nach *Atri, ein hübsches, auf einem Hügelgrat gelegenes Städtchen mit einer herrlichen Kathedrale und weitem Blick über die Landschaft. Auf der Fahrt dorthin und von der Aussichtsterrasse hinter dem Hauptplatz sieht man die typischen Calanchi, tiefe Erdfurchen, die durch Erosion entstanden sind.

Atri

Pescara hat viele Zerstörungen hinnehmen müssen und demzufolge ein sehr modernes Stadtbild, das nicht gerade zu Begeisterungsstürmen hinreißt. Was man in **Pescara** gut kann, ist Einkaufen und Baden – letzteres am 16 km langen Sandstrand.

Pescara

Kleinstadtidylle in der Provinz: An einem sonnigen Plätzchen wie diesem lässt es sich bestens plaudern...

Wegen seiner guten Verkehrsanbindung bietet sich **Pescara** an als Ausgangspunkt für Ausflüge in die Region Abruzzen, zum Beispiel nach ***Chieti**, wo das neue Museum La Civitella sich zu einem Besuchermagneten entwickeln dürfte.

Chieti

Reiseziele von A bis Z

Ancona

R 16

Region: Marken · Marche
Einwohnerzahl: 106 000

***Traditionelle Hafenstadt**

Die Hauptstadt der Region Marken und der Provinz Ancona wurde als Hafenort gegründet, und auch heute beruhen ihre Wirtschaftskraft und ihr Charakter auf dem Hafen, von dem Fährverbindungen mit Venedig, Kroatien, Albanien, Griechenland und der Türkei bestehen. Ancona liegt in einer natürlichen halbrunden Bucht, geschützt durch einen ins Meer ragenden Sporn des Monte Conero (► Riviera del Conero), auf dem der Dom über Stadt und Hafen thront. Ancona ist bei Tag und bei Nacht ein betriebsamer Ort, eine Industrie- und Hafenstadt, in der die historischen Denkmäler eher eine Randposition einnehmen. Wer sich jedoch für die Geschäftigkeit einer Großstadt und vor allem für Hafenatmosphäre begeis-

tern kann, wird den Besuch Anconas als wohltuende Abwechslung erleben zu Strandaufenthalt, Badeorten und beschaulichen Kleinstädten.

Hafenstadt (Fortsetzung)

Geschichte

Gegründet wurde Ancona um 390 v. Chr. als Ancon Dorica (von griech. "ankón", Bogen) von dorischen Griechen aus Syrakus. Seit dem 3. Jh. v. Chr. römische Kolonie, wurde die Stadt unter Cäsar und Trajan zum Flottenstützpunkt ausgebaut; unterhalb der Kathedrale sind noch Teile des Amphitheaters zu sehen. 774 als Schenkung Karls des Großen dem Papst überlassen, wurde Ancona im 10. Jh. freie Republik und 1355 vom päpstlichen Feldherrn Albornoz sowie 1532 für den Kirchenstaat unterworfen. Von 1799 bis zur Einigung Italiens 1860 stand die Stadt unter der Herrschaft Frankreichs, Österreichs und des Papstes. Die Altstadt wurde während der Bombardements der Alliierten 1943/1944 zu drei Vierteln zerstört, hinzu kam 1972 ein Erdbeben, so dass sich im Stadtbild nur wenige Spuren des alten Ancona finden.

Einkaufen

Die Anconer gelten als elegant gekleidet und geben dafür auch gerne viel Geld aus. Corso Mazzini, Corso Garibaldi und Corso Stamira sind die Straßen mit den schönsten Modeboutiquen und schicksten Schuhgeschäften, alle drei enden an der Piazza della Repubblica direkt am Meer. Jeden Vormittag, außer an Sonn- und Feiertagen, findet auf dem Corso Mazzini ein bunter Markt statt. Ob Markenkleidung, Designerschuhe oder Billig-T-Shirt – hier wird einfach alles angeboten. Bei den Preisen sollte man handeln! Der tägliche Fischmarkt findet vormittags auf der Piazza Ugo Bassi statt.

Sehenswertes in Ancona

***Hafen**

Anconas Mittelpunkt ist, so komisch das klingen mag, der Hafen, der trotz aller Modernität auf eine sehr alte Tradition zurückblicken kann. Der äußere Hafen, ein Becken von ca. 800 m Durchmesser, wurde unter Kaiser Trajan ausgebaut, dem zu Ehren 115 n. Chr. der mar-

Baedeker TIPP **Hafen im Blick**

Um einen Eindruck von der Stadt und ihrer Lage zu bekommen, sollte man unbedingt zum Dombezirk hochsteigen. Von hier oben hat man den schönsten Blick auf den Hafen und die riesigen Fährschiffe, die von Ancona aus in See stechen.

morne Arco di Traiano errichtet wurde, der ganz im Norden verloren in den Hafenanlagen steht. Westlich von ihm ehrt der 1738 von Vanvitelli erbaute Arco Clementino Papst Clemens XII. Im südlichen Hafenbecken (Jachthafen) liegt die fünfseitige Mole Vanvitelliana (Lazaretto), die im 18. Jh. v. a. als Quarantänestation diente und heute für kulturelle Zwecke genutzt wird. Ihr gegenüber steht die Porta Pia, das Stadttor von 1789, das mit der Zitadelle durch Mauern verbunden war. Letztere, 1532 – 1538 von Antonio da Sangallo dem Jüngeren für Papst Clemens VII. erbaut, ist Sitz der Regio-

Hafen (Fortsetzung)

nalregierung. Westlich davon erstrecken sich die modernen Hafenanlagen mit 25 Piers, die insgesamt über 4 km lang sind.

Piazza della Repubblica

Der Platz wird von der klassizistischen Fassade des Teatro delle Muse (1825) und der Kirche SS. Sacramento aus dem Jahr 1538 dominiert. Zwischen dem Theater und dem Palazzo Benincasa beginnt mit der Via delle Logge der parallel zum Hafen verlaufende, früher bedeutendste Straßenzug. Hier steht die spätgotische Loggia dei Mercanti (Börse) mit einer Fassade von Giorgio Orsini (1451 – 1459), deren Statuen die Tugenden eines Kaufmanns darstellen.

Loggia dei Mercanti

Piazza del Plebiscito

Rechter Hand erreicht man die ansprechende, lang gestreckte Piazza del Plebiscito – wegen der Statue von Clemens XII. auch “del Papa” genannt – mit dem Palazzo del Governo (14./15. Jh.). Die obere Schmalseite wird von der barocken Kirche S. Domenico abgeschlossen, die 1783 von Carlo Marchioni erbaut wurde und eine Kreuzigung von Tizian (1558) sowie eine Verkündigung von Guercino (1662) besitzt. An diesem Platz befindet sich auch das neu eingerichtete Museum zur Stadtgeschichte Anconas (Museo della Città).

Für einen kleinen Flirt ist immer genug Zeit...

*S. Maria della Piazza

Vom Palazzo del Governo steigt die Via Pizzecolli nach Norden an. Linker Hand liegt die neben dem Dom interessanteste Kirche der Stadt, S. Maria della Piazza, die im 12. Jh. auf Resten frühchristlicher Kirchen errichtet wurde. Ihre Fassade besitzt ein mit ausdrucksvollen, teils skurrilen Reliefs geschmücktes Portal, ein Werk des lombardischen Meisters Filippo (1210 – 1225). Im Inneren sind Mosaiken und Fresken aus den frühchristlichen Vorgängerbauten zu sehen.

Pinacoteca Comunale

Im Palazzo Bosdari an der Via Pizzecolli zeigt die Städtische Gemäldesammlung u. a. Bilder von Tizian, Lotto und Crivelli (▶ Berühmte Persönlichkeiten) sowie Werke zeitgenössischer italienischer Maler.

Piazza S. Francesco

Sehenswert an der Kirche S. Francesco (Anfang 14. Jh.), weiter nördlich an der gleichnamigen Piazza, ist das gotische Portal mit den 1454 von Giorgio Orsini geschaffenen Reliefs sowie im Innern eine Himmelfahrt Mariens von Lorenzo Lotto. Im weiteren Verlauf der Via Pizzecolli stößt man auf die säkularisierte Kirche del Gesùs, 1738 – 1743 von Luigi Vanvitelli aus istrischem Marmor und Ziegelstein erbaut, und auf den Palazzo degli Anziani gegenüber, Vasari zufolge schon 1270 entstanden und im 16. Jh. umgestaltet.

Unweit nördlich steht der um 1565 erbaute Palazzo Ferretti. Unter Deckenfresken im Stil des Manierismus werden in dem noblen Palast heute die Exponate des Archäologischen Museums der Marken gezeigt, u.a. attische Vasen, etruskische Bronzen und keltischen Schmuck (geöffnet So. – Fr. 8 30 – 19 30, Sa. 9 00 – 23 00 Uhr).

Museo Archeologico Nazionale delle Marche

Blickfang der Stadt ist die dem hl. Cyriacus geweihte Kathedrale auf dem Monte Guasco, die vermutlich am Platz eines Venustempels errichtet wurde und eine der interessantesten romanischen Kirchen Italiens darstellt. Der byzantinisch beeinflusste Kuppelbau, zwischen dem 11. und dem 14. Jh. über griechischem Kreuz errichtet, besitzt ein gotisches Portal. Die Vorhalle, deren Säulen auf liegenden Löwen ruhen, kam im 13. Jh. hinzu. Sehenswert ist der Altar im linken Querhaus von Luigi Vanvitelli (1738). In der Krypta, wo die Gebeine des hl. Cyriacus aufbewahrt werden, sind Reste eines Tempels aus dem 3. Jh. v. Chr. und einer frühchristlichen Kirche zu sehen. Im ehemaligen Bischofspalast links des Doms ist das Diözesanmuseum untergebracht.

***Duomo S. Ciriaco** (Abb. S. 41)

**Loreto

Das Städtchen, 22 km südlich von Ancona auf einem Hügel landeinwärts gelegen, ist seit dem 14. Jh. nach Rom und Assisi der bedeutendste Wallfahrtsort Italiens. Nach einer Legende haben Engel das Haus, in dem Maria geboren wurde und Jesus als Jüngling lebte, von Nazareth über verschiedene Stationen nach Loreto getragen und im Jahr 1294 in einem Lorbeerhain abgesetzt. Über dem Haus wurde dann eine Basilika errichtet. 1586 erhielt der Ort durch Papst Sixtus V. Stadtrecht und Stadtmauern. Zu den Marienfeiertagen und am Tag der Ankunft des Hauses in Loreto (9. 12.) ist der Strom der Pilger besonders groß.

Wallfahrtsort

**Wallfahrtskirche

Die Wallfahrtskirche wurde ab 1468 über einem Vorgängerbau errichtet, zuletzt folgte 1754 der Kampanile von Vanvitelli. Beteiligt waren bedeutende Renaissancebaumeister wie Bramante, Andrea Sansovino und Giuliano da Sangallo, der die Kuppel entwarf. Eigenwillig ist die festungsartige Ostpartie. An der 1587 vollendeten Fassade sind v.a. die drei um 1600 entstandenen Bronzeportale zu beachten. Im mächtigen, 93 x 60 m messenden Innenraum steht links vom Eingang ein schöner Taufbrunnen (1607). Kostbar ausgestattet sind die Markussakristei mit dem Kuppelfresko von Melozzo da Forlì (nach 1477) und die Johannessakristei mit Majolikaboden, Marmorbecken von Benedetto da Maiano und Fresken von dem jungen Luca Signorelli. Die Kapellen in Querhaus und Apsis wurden im 19./20.

Bedeutende Pilgerstätte: Loreto

Loreto, Wallfahrtskirche (Fts.)

Jh. von Künstlern je eines Landes gestaltet. Unter der Vierungskuppel steht die Santa Casa, ein einfacher Ziegelbau mit einer prächtigen Marmorverkleidung, die von Bramante 1509 entworfen wurde.

Palazzo Apostolico

Die zweigeschossigen Arkaden, die den Vorplatz, die Piazza della Madonna, mit dem Barockbrunnen einrahmen, gehören zum Palazzo Apostolico, an dem Bramante, Antonio da Sangallo d. J. und Luigi Vanvitelli gearbeitet haben. Er beherbergt ein Museum mit hervorragenden Spätwerken von Lorenzo Lotto, Brüsseler Wandteppichen nach Entwürfen von Raffael und Majoliken aus ▶ Urbino.

Castelfidardo

"Stadt der Ziehharmonika"

Auf kleinen Straßen kommt man von Loreto in das 6 km nordwestlich gelegene Castelfidardo. Das aussichtsreich auf einem steilen Hügel thronende, sympathische Städtchen ist vor allem für eines bekannt: In Castelfidardo werden seit rund 140 Jahren Ziehharmoniken gebaut. 1863 fertigte und verkaufte Paolo Soprani hier die ersten Instrumente und begründete die Ziehharmonikaproduktion in dem Städtchen. Klar, dass es in Castelfidardo zu diesem Thema ein Museum gibt – im Untergeschoss des Palazzo Comunale (Via Civiaco Mordini). Wenn man Glück hat, geben die freundlichen älteren Herren, die die stattliche Sammlung alter und neuer Exemplare betreuen, auch eine kleine Kost- bzw. Hörprobe! Da bei Castelfidardo 1860 die Schlacht zwischen savoyischen und päpstlichen Truppen ausgetragen wurde, ist diesem Ereignis ebenfalls ein Museum gewidmet (Museo del Risorgimento, Via Mazzini).

Osimo

Allgemeines

Weitere 7 km nordwestlich ist Osimo erreicht, das zwischen den Flüssen Aspio und Musone auf einer Anhöhe mit herrlicher Aussicht liegt. Das Stadtbild wird von hohen Palazzi mit prächtigen Backsteinfassaden geprägt.

***Dom**

Aus hellem Kalkstein wurde der Dom San Leopardo erbaut, der im Laufe der Jahrhunderte mehrfach verändert wurde. Hinter der romanischen Fassade aus dem 12. Jh. mit schöner Bauornamentik verbirgt sich ein überwiegend gotischer Innenraum. Eindrucksvoll ist die aus dem 12. Jh. stammende Krypta mit antiken Sarkophagen. In einem dieser Sarkophage werden die Gebeine des ersten Bischofs von Osimo, San Leopardo, aufbewahrt. Die Taufkapelle mit dem herrlichen Bronzetaufbecken wurde zu einem prächtigen Barockraum umgestaltet. Weiterhin sehenswert sind der elegante Palazzo Comunale an der Piazza del Comune und der Palazzo Campana, die Wallfahrtskirche S. Giuseppe da Copertino (1231) sowie der Fonte Magna, ein interessantes Bauwerk aus der Römerzeit. Das kleine Museo Civico (Stadtmuseum) im Palazzo Campana besitzt einen Altar von Antonio und Bartolomeo Vivarini (1464).

Recanati · Porto Recanati

Recanati

Was gibt es Schönes in Recanati, das man sehen oder kennen lernen möchte? Nichts! So harsch urteilte Giacomo Leopardi (1798 – 1837) über seine Heimatstadt, die 10 km südwestlich, auf dem Grat eines lang gestreckten Hügels liegt. Die Stadt, in der nicht nur der berühmte Dichter, sondern auch der in Italien ebenso geschätzte Tenor Beniamino Gigli (▶ Berühmte Persönlichkeiten) geboren wurde – zu dessen Ehren man im Palazzo Comunale ein Museum eingerichtet hat –, ist natürlich keineswegs so unattraktiv, wie Leopardi sie darstellt. Der Renaissancemaler Lorenzo Lotto, der zwei Jahre, von 1511 bis 1513, in Recanati lebte, hinterließ in der Kirche San Domenico, an der Piazza Leopardi, am linken Altar ein meisterhaftes Fresko, andere Werke von ihm sind seit 1998 im Museo Civico in der Villa Colloredo Mels, Via Gregorio XII, rechts vom Dom zu besichtigen. Biegt man von der Piazza Leopardi in die Via Cavour und danach in die Via Calcagni, kommt man an dem prächtigen Palazzo Roberti vorbei, einem der schönsten Paläste der Stadt. Ein paar Meter weiter auf der rechten Seite steht die Kirche S. Agostino mit einem bemerkenswerten Portal aus istrischem Stein (1484). Rechts der Kirche befindet sich das Kloster, von dem aus man den Turm sieht, der Leopardi zu seinem bekanntesten Gedicht, "Il passero solitario" (Der einsame Sperling), inspiriert hat. Sein Elternhaus an der Piazza del Sabato del Villaggio wird bis heute von Nachkommen der Familie Leopardi bewohnt. Besonders beeindruckend ist die Bibliothek des Poeten mit mehr als 25 000 Bänden (geöffnet tgl. März und April 9^{00} – 12^{00}, Sa. und So. 9^{00} – 19^{00}, Mai – Sept. 9^{00} – 19^{00}, Okt. – Febr. 9^{30} – 12^{30} und 14^{30} – 17^{30} Uhr).

Porto Recanati

10 km weiter, direkt am Meer, liegt der Badeort Porto Recanati. Die Geschichte des Ortes ist eng verbunden mit der von Recanati. Erst 1893 erhielt das alte Fischerdorf das Recht auf Selbstverwaltung. Mittlerweile ist die ehemalige Hafenstadt ein beliebtes Ferienziel: 9 km Küstenstreifen mit einem traumhaften Blick auf den Monte Conero (▶ Riviera del Conero), ein feiner, breiter Sandstrand, blaues Meer, eine Strandpromenade, die vollkommen für den Verkehr gesperrt ist, und die direkte Anbindung an die Fußgängerzone machen Porto Recanati zu einem sprichwörtlichen "Salotto sul Mare", einem "Wohnzimmer am Meer". Aber auch Liebhaber von Kultur und Geschichte kommen hier auf ihre Kosten. Das Schloss Svevo (Stauferburg) wurde zur Abwehr von Angriffen von Piraten und Türken errichtet. Die Erbauungszeit ist ungewiss, vermutlich das 13. Jahrhundert. Mehrmals angegriffen, erobert und fast ganz zerstört, beherbergt es heute die Gemäldesammlung "A. Moroni".

Baedeker TIPP La Festa del Mare

Auf keinen Fall versäumen: Die feierliche Meeresprozession, die jedes Jahr am 2. Julisonntag stattfindet. An Land wird mit verschiedenen Darbietungen und kulinarischen Genüssen gefeiert, während die Fischer mit bunt beflaggten Booten aufs Meer hinausfahren, um dort die heilige Messe zu zelebrieren.

Santa Maria in Potenza

Am südlichen Stadtrand, an der SS 16, wurden Reste von Straßenpflaster, Tempeln, Häusern und Mosaiken einer römischen Kolonie gefunden, die vom 2. Jh. v. Chr. an bewohnt war. In unmittelbarer Nähe liegt die Abtei Santa Maria in Potenza, die sich heute in Privatbesitz befindet und im Sommer besichtigt werden kann.

Region: Friaul-Julisch Venetien · Friuli-Venezia Giulia
Einwohnerzahl: 3300

**Einstige Römerstadt

Der Weg in das Badestädtchen ▶ Grado führt zwangsläufig durch Aquileja, heute eine Kleinstadt, die man kaum besuchen würde, wäre sie nicht die bedeutendste römische Ausgrabungsstätte im Nordosten Italiens. Die Überreste der Römerstadt sowie der romanische Dom mit seinem frühchristlichen Mosaikfußboden gehören seit 1998 zum UNESCO-Weltkulturerbe.

Geschichte

Aquileja liegt nicht weit von der Stelle entfernt, wo der aus den Alpen kommende Isonzo in die Adria mündet. Die Römer gründeten hier 181 v. Chr. einen Posten gegen die Kelten. Dank seiner Lage und seinem Adriahafen, dem heutigen Grado, entwickelte sich die-

In römischer Zeit war Aquileja eine bedeutende Stadt, u. a. auch mit einem Forum, das heute an der Durchgangsstraße nach Grado liegt und zurzeit restauriert wird.

ser Verteidigungsposten bald zu einem bedeutenden Handelsplatz mit eigenem Hafen und – unter Kaiser Augustus – zur Hauptstadt der Region Venetia et Histria. Zu ihren Glanzzeiten war Aquileja mit über 100 000 Einwohnern die viertgrößte Stadt Italiens. Die Völkerwanderungszeit machte dieser Blütezeit ein Ende – zweimal wurde die Stadt zerstört, zuerst von den Hunnen, dann von den Langobarden. Später bemächtigten sich die Venezianer, dann die Habsburger der Stadt, die im Mittelalter Sitz eines geistlichen Patriarchen war.

Sehenswertes in Aquileja

***Römische Überreste**

Die Überreste der römischen Stadt sind über den gesamten heutigen Ort verteilt und dank Ausschilderung gut zu finden. In der Touristeninformation bei der Basilica erhält man außerdem einen Übersichtsplan. Von Udine bzw. von der Autobahn Venedig – Triest kommend, sieht man als Erstes linker Hand die hohen Säulen auf dem einstigen Forum. Gegenüber, auf der anderen Straßenseite, sind die Reste einer römischen Straße zu erkennen, und wenige Meter weiter passiert man ein prächtiges römisches Grabmal, das von seinem Fundort hierher versetzt wurde. Das Amphitheater und die Thermen der einstigen Stadt sind verschüttet. Nordwestlich der romanischen Basilica wurden Grundmauern und (Mosaik-)Fußböden von römischen Wohnhäusern freigelegt. Lohnend ist ein Spaziergang von der Basilica entlang der zypressengesäumten Via Sacra zum ehemaligen Flusshafen (Porto fluviale). Er besaß ein 350 m langes Hafenbecken, an dessen Kais große, lang gestreckte Lagerhallen standen.

Museen

Nordöstlich des ehemaligen Flusshafens, auf den Resten einer Basilika, steht das Frühchristliche Museum (Museo Paleocristiano), in dem Graburnen, Chorschranken und Fragmente von Mosaiken zu sehen sind. Im Museo Archeologico (südwestlich vom Dom; Eingang Via Roma 1) werden Ausgrabungsfunde aus der Römerzeit aufbewahrt, darunter Porträtbüsten sowie kunstvolle Edelstein- und Glasarbeiten.

***Basilica S. Maria**

Das am besten erhaltene Zeugnis der großen Vergangenheit Aquilejas ist die von hohen Zypressen umgebene Basilica S. Maria, deren frei stehenden Kampanile man schon von weitem sehen kann. Anfang des 11. Jh.s wurde der Bau über einem älteren, vermutlich auf die frühchristliche Zeit zurückgehenden Gotteshaus errichtet und Ende des 14. Jh.s gotisch umgestaltet.
Zwei Säulenreihen teilen den schlichten Innenraum in drei Schiffe. Aus dem 16. Jh. stammt die Holzdecke im Mittelschiff, die die Form eines Schiffskiels aufweist.

****Mosaikfußboden**

Das künstlerische Highlight der Basilica ist aber der herrliche Mosaikfußboden aus dem 4. Jh., der noch aus der Vorgängerkirche stammt. Auftraggeber des gewaltigen Kunstwerks war Theodorus, zu Beginn des 4. Jh.s Bischof von Aquileja. Mit einer Fläche von 760 Quadratmetern gilt der Fußboden als das größte und bedeutendste frühchristliche Mosaik Europas. Entdeckt wurde der gut erhaltene Fußboden erst Anfang des 20. Jh.s, da er unter einem zweiten Boden versteckt war. Dargestellt sind menschliche Figuren, Tiere und Pflanzen, die von geometrischen Mustern eingefasst werden. Die Apsis und die seitlichen Kapellen schmücken Fresken aus dem 11. bis 14. Jahrhundert. Einen Besuch verdient auch die Krypta, die man vom linken Seitenschiff aus betritt. Sie wurde vermutlich im frühen 9. Jh. angelegt und im 12./13. Jh. ebenfalls mit einem Freskenzyklus ausgemalt (geöffnet Frühjahr/Sommer täglich 8^{00} – 19^{00}, Winter 8^{30} – 12^{30} und 14^{30} – 17^{30} Uhr).

Baptisterium

Durch einen Portikus mit der Kirche verbunden ist das Baptisterium, ein (rekonstruierter) Zentralraum aus dem 5. Jh. mit einem sechseckigen Taufbecken in der Mitte.

Umgebung von Aquileja

Grado

▶ dort

Laguna di Marano

Zwischen den Mündungen des Isonzo und des Tagliamento erstreckt sich die riesige Laguna di Marano mit kilometerlangen Stränden, kleinen Inseln und Sandbänken. Wichtigste Städte sind die Badeorte Grado und ▶ Lignano sowie der Fischerort Marano.

Palmanova

Das Idealbild einer uneinnehmbaren Festungsstadt aus der Spätrenaissance verkörpert Palmanova, rund 15 km nördlich von Aquileja. Venedig ließ sie Ende des 16. Jh.s als Bollwerk gegen die Habsburger und die Türken bauen, als Ersatz für das verlorene Gradisca (s. u.). Mittelpunkt des radialen Stadtgrundrisses ist die sechseckige Piazza Grande, von der sechs Straßen ausgehen. Insgesamt umgab ein Kranz von neun Bastionen die Stadt. Die Porta Udine, eines der drei Stadttore, vermittelt noch am ehesten einen Eindruck von der einstigen Wehrhaftigkeit dieser Festung. Wer sich etwas genauer über die Geschichte dieser Reißbrettstadt informieren möchte, sollte ins Museo Civico gehen (Borgo Udine 4c).

Gradisca d'Isonzo

Knapp 20 km östlich von Palmanova erreicht man Gradisca d'Isonzo. Das 1479 angelegte Festungsstädtchen war sozusagen der erste Versuch der Venezianer, einen Vorposten gegen die Habsburger und Türken einzurichten. Nachdem Venedig die Stadt allerdings bereits zu Beginn des 16. Jh.s an Habsburg verloren hatte, ging man an die Planung von Palmanova. Während des 17. und 18. Jh.s erhielt die nunmehr habsburgische Stadt ein barockes Gepräge – besonders deutlich zu sehen am Dom und an einigen Palästen in der Altstadt.

Gorizia (Görz)

Die knapp 40 000 Einwohner zählende Provinzhauptstadt Gorizia liegt etwa 12 km nordöstlich von Gradisca, am Westrand der Karsthügel, wo der Isonzo in die friaulische Ebene mündet. Ab 1500 war die Stadt (mit ein paar Unterbrechungen) habsburgisch, 1918 fiel sie an Italien. Den Ostteil verlor sie 1947 an das damalige Jugoslawien. Seither ist sie eine geteilte Stadt und besteht aus dem um den Burgberg gelegenen italienischen Gorizia mit slowenischen und deutschsprachigen Minderheiten und der jenseits der Bahn sich anschließenden slowenischen Neustadt Nova Gorica.
Obwohl die Stadt in den beiden Weltkriegen stark zerstört wurde, hat sich viel von ihrer historischen Bausubstanz erhalten. Hauptsehenswürdigkeit ist der dreifach ummauerte, 148 m hohe Burgberg mit dem mittelalterlichen Castello. Auf dem Weg hinauf kommt man am Museo di Storia e d'Arte vorbei, in dem archäologische und kunsthandwerkliche Gegenstände, altes Handwerksgerät und Dokumente zur Stadtgeschichte und des östlichen Friaul gezeigt werden. Die Geschichte des Ersten Weltkriegs behandelt das Museo della Grande Guerra. Am Fuß des Burgbergs liegt die Piazza della Vittoria mit der Jesuitenkirche Sant'Ignazio aus dem 17. Jahrhundert. Auf der Via Rastello gelangt man südlich zum Dom (14. Jh.), auf der Via Carducci in Richtung Norden zur Piazza Amicis, wo der stattliche Palazzo Attems steht.
Etwa 3,5 km nördlich der Stadt erinnert das Ossario für 60 000 italienische Gefallene an die Isonzo-Schlachten des Ersten Weltkriegs.

Umkämpft war auch die Gegend um den Monte San Michele (etwa 10 km südlich von Görz), daran erinnern alte Kampfstellungen und ein kleines Kriegsmuseum.

Aquileja (Fts.), Monte San Michele

Ascoli Piceno

R 20

Region: Marken · Marche
Einwohnerzahl: 55 000

***Provinzhauptstadt mit Charme**

Das Hinterland der Marken hält so manche Überraschung bereit, unter anderem so hübsche Städte wie Ascoli Piceno, das auf einem Plateau rund 30 km von der Küste entfernt liegt. Die von den Flüssen Tronto und Castellano umflossene Industrie- und Provinzhauptstadt gilt auch als das Tor zum Apennin: Im Westen ragen die Monti Sibillini auf, im Süden die Abruzzen mit dem Massiv des Gran Sasso, des höchsten Gebirges der Apenninenhalbinsel. Der Name der Stadt leitet sich vom antiken Asculum ab, dem Hauptort der Picener. Der Tourismus in Ascoli Piceno ist noch verhältnismäßig jung, was sich u. a. daran zeigt, dass es im Zentrum gerade mal zwei Hotels gibt. Doch die Stadt empfängt den Besucher mit einer freundlichen, urbanen Atmosphäre, insbesondere auf der Piazza del Popolo, die sicher zu den schönsten Plätzen Italiens gehört. Wer am ersten Augustsonntag nach Ascoli Piceno kommt, kann die Giostra della Quintana mitfeiern, bei der die Reiter der sechs Stadtviertel um den Palio wettstreiten.

Baedeker TIPP Probieren!

Der Vorspeisenteller in Ascoli Piceno kennt eine besondere Variante: Olive all'ascolana, große, weiche Oliven, mit Fleisch gefüllt und frittiert, sind eine Spezialität der Stadt. Der Wein, der am besten dazu passt, kommt aus der Umgebung von Ascoli Piceno und heißt Vino Rosso Piceno bzw. Vino Rosso Piceno Superiore.

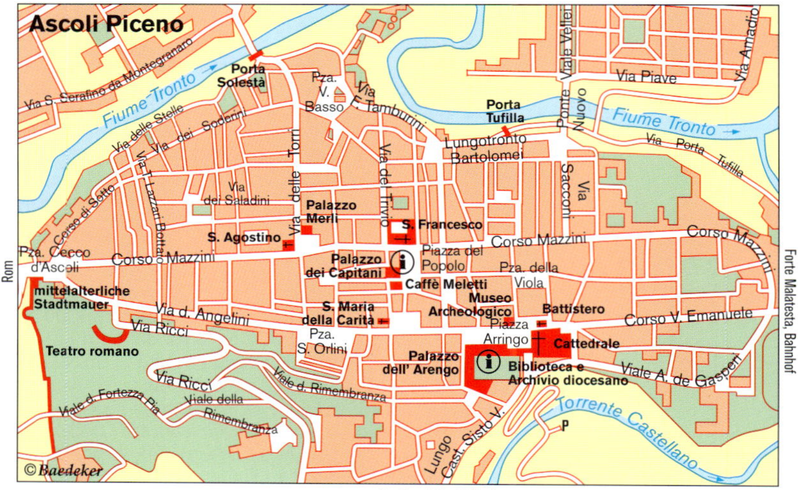

Sehenswertes in Ascoli Piceno

****Piazza del Popolo,** Palazzo dei Capitani

Man trifft sich auf dem spiegelblanken Travertin der wohnlichen, von Arkaden gesäumten Piazza del Popolo. Der bezaubernde Platz, der im 16. Jh. sein heutiges Aussehen erhielt, wird beherrscht vom mächtigen Palazzo dei Capitani del Popolo an der Westseite. Der von einem Turm überragte Bau stammt aus dem 13. Jahrhundert. Seine ungleichmäßige, chaotisch-schöne Fassade zeugt von mehrfachen Umgestaltungen in späterer Zeit. Über dem Renaissanceportal von 1520 sitzt segnend die Statue des Papstes Paul III. (1549).

Caffè Meletti

Direkt an den Palazzo schließt sich das 1907 eröffnete Caffè Meletti an, berühmt ob seiner originalen Jugendstilausstattung mit großen Wandspiegeln, gusseisernen Säulen und Kaffeehaustischchen aus Carrara-Marmor. Kosten sollte man hier den Anisetta genannten Anislikör, eine Schöpfung von Silvio Meletti.

San Francesco

Im Norden schließt die gotische Hallenkirche San Francesco die Piazza ab. Der äußere Schmuck der ehemaligen, zwischen 1258 und 1371 erbauten Franziskanerkirche war entsprechend der Ordensregel ursprünglich zurückhaltend. Umso mehr fallen die schön gearbeiteten Travertinportale an der Hauptfassade, die auf die Via del Trivio blickt, und das herrliche, der Piazza del Popolo zugewandte Seitenportal im Stil der venezianischen Gotik ins Auge. Letzteres bekrönt eine Statue von Papst Julius II. (1506). Direkt neben dem Portal wurde 1513 für die mächtige Wollweberzunft die Loggia dei Mercanti an das Gotteshaus angebaut, damit diese dort ihre Waren ausstellen konnte. Nördlich, von der Via del Trivio zugänglich, schließen zwei hübsche Kreuzgänge an die Kirche an. Im großen Kreuzgang (Chiostro Maggiore) wird Markt gehalten.

Am Tronto

Die Via del Trivio / Via Cairoli führt nach Norden zum Tronto. Eigenartig ist die Fassade der romanischen Kirche Santi Vincenzo e Anastasio aus dem 11. Jh. (1389 erweitert) mit 64 quadratischen, einst freskierten Feldern und einem reich gestalteten Portal, das aus dem beginnenden 13. Jh. stammt.

Sich rechts haltend, geht es hinunter zur Kirche S. Pietro in Castello, wo man den Blick über die Schleifen des Tronto genießt. Weiter westlich wird er vom 62 m langen und 25 m hohen Ponte di Solestà aus der Zeit von Kaiser Augustus überspannt. Nun geht man die Via di Solestà hinauf, dann rechts zum Palazzetto Longobardo, der im 12. Jh. im Stil der lombardischen Romanik erbaut wurde. Nebenan steht die Torre Ercolani, mit 40 m der höchste erhaltene Geschlechterturm der Stadt.

Westliche Stadtteile

Ganz im Westen der Stadt, bei der Piazza Cecco d'Ascoli, erinnert das Doppeltor Porta Gemina aus dem ersten vorchristlichen Jahrhundert an die römische Vergangenheit Ascoli Picenos. Etwa 100 m weiter, an der Via Ricci, sieht man am Hang noch die Grundmauern des römischen Theaters. Von hier kann man auf den im Süden aufragenden Hügel mit den mächtigen Resten römischer Bauten und der Kirche des ehemaligen Konvents SS. Annunziata hinaufsteigen. Noch schöner ist der Blick von der Fortezza Pia (1543). Östlich unterhalb des Hügels (vom Viale della Rimembranza geradeaus) ist die kleine Kirche S. Gregorio zu finden, die im 13. Jh. über und mit den Resten eines römischen Tempels erbaut wurde.

Piazza Arringo, *Pinacoteca

Der zweite Teil des Stadtrundgangs beginnt auf dem anderen Hauptplatz der Stadt, der Piazza Arringo. Er ist benannt nach den Volksversammlungen (arengo), die hier abgehalten wurden. Im Palazzo Arengo an der Platzsüdseite hat die Städtische Kunstsammlung ihren Sitz (geöffnet tgl. 9^{00} – 13^{00} Uhr), nach der Galerie in ▶ Urbino die zweite bedeutende Gemäldesammlung in den Marken. Glanzpunkt dieses Museums sind die Tafelbilder des Venezianers Carlo Crivelli (▶ Berühmte Persönlichkeiten), der 1469 nach Ascoli kam und in der Region zahlreiche Werke hinterlassen hat. Außerdem zu sehen sind Bilder von Crivellis Schüler Pietro Alamanno, Cola dell'Amatrice, Guido Reni, Guercino, Tizian und ein von Papst Nikolaus IV. 1288 dem Dom vermachtes Pluviale sowie Werke von Künstlern des 19. und 20. Jh.s. Im Bischofspalast nebenan befindet sich das ebenfalls sehenswerte Diözesanmuseum.

Ein Ensemble, das zum Schwärmen einlädt: Um die Piazza del Popolo mit ihrem parkettartigen Travertinboden sind Arkadenhäuser, der Palazzo dei Capitani del Popolo und eine stolze Kirche versammelt.

Duomo S. Emidio

Die gesamte Ostseite des Platzes nimmt der ursprünglich frühromanische, später mehrfach veränderte Dom ein. Die an antiken Triumphbögen orientierte Renaissancefassade von 1539 wird Cola dell'Amatrice zugeschrieben. Unbedingt anschauen sollte man sich in der Sakramentskapelle rechts den wunderbaren Flügelaltar von Carlo Crivelli (1473). Im Mittelpunkt des 3,6 x 2,8 m großen Altars sitzt, von einer gemalten Maßwerkarchitektur eingefasst, die Madonna mit dem Kind. In der Krypta befindet sich der Sarkophag des hl. Emidius, des ersten Bischofs der Stadt. Links neben dem Dom steht das achteckige romanische Baptisterium aus dem 12. Jh., das sein ursprüngliches Aussehen bis heute bewahren konnte.

*Flügelaltar

Ascoli Piceno (Fortsetzung), Archäologisches Museum

Das dritte Museum an der Piazza Arringo ist das Archäologische Museum im Palazzo Panichi (18. Jh.) an der Nordseite des Platzes. Es zeigt u. a. Funde zur Kultur der Picener sowie römische Skulpturen und Mosaikfußböden von Ausgrabungen im Stadtzentrum.

Ponte Maggiore

Von der Piazza Arringo verläuft der Corso Vittorio Emanuele am Stadtgarten entlang zur Brücke Ponte Maggiore; hier blickt man auf die Reste des römischen Ponte di Cecco, der wie der Ponte Maggiore im Zweiten Weltkrieg von deutschen Soldaten zerstört wurde, und das Forte Malatesta (1348).

Colle S. Marco, *Monte Piselli

Ein Ausflug nach Süden führt zunächst hinauf zum Colle San Marco (12 km; 694 m), einem Balkon über dem Piceno, und weiter zur Talstation (1105 m) der Kabinenbahn auf den 1676 m hohen Monte Piselli, der an klaren Tagen eine herrliche Aussicht bis zur dalmatinischen Küste bietet.

Umgebung, *Civitella del Tronto

Der Ort, 15 km südlich von Ascoli Piceno oberhalb des Tronto-Tals gelegen, wird von einer der größten Festungsanlagen Italiens überragt, die im 16./17. Jh. von den spanischen Königen Neapels auf einem schmalen Felsplateau errichtet wurde. Die beeindruckende, nahezu einen halben Kilometer lange Wehranlage kann besichtigt werden.

Ripe

Bei Ripe (südwestlich des Ortes) liegen die Grotta S. Angelo und die Gola del Salinello, eine der faszinierendsten Schluchten der Abruzzen. Nach weiteren 20 km erreicht man Teramo (▶ Giulianova).

Bibione

O 4

Region: Venetien · Veneto
Einwohnerzahl: 2700

***Badeparadies**

Bibione, ▶ Lignano und Lido di ▶ Jesolo – diese drei Badeorte stehen für Strandleben pur an der Adriaküste zwischen Venedig und Triest. Bibione liegt auf einer Halbinsel an der Mündung des Tagliamento-Flusses, der die Grenze bildet zwischen Venetien und Friaul-

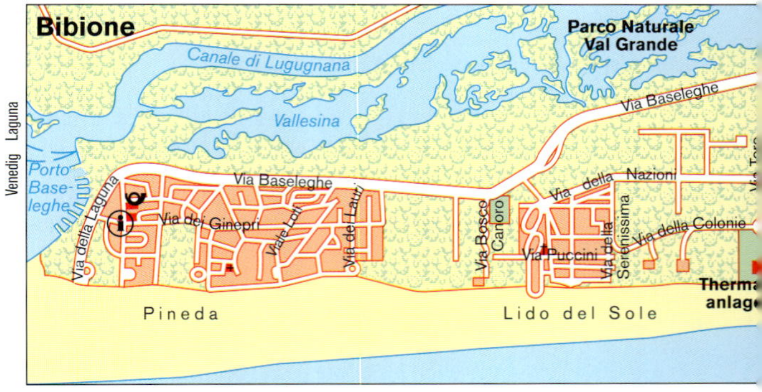

Badeparadies (Fortsetzung)

Julisch Venetien. Der lang gestreckte Ort, der sich hinter dem Strand und einem Pinienwald entlangzieht, ist kein gewachsenes Seebad, sondern eine großzügig angelegte Reißbrettstadt, die ausschließlich für die Bedürfnisse des Badetourismus konzipiert wurde. Vor allem auf Familien ist das populäre Seebad mit dem extrem breiten, etwa 8 km langen Sandstrand bestens eingerichtet. Der Urlauber hat die Qual der Wahl zwischen unzähligen Ferienappartements, Hotels nahezu aller, vor allem aber der Drei- und Vier-Sterne-Kategorien, Pensionen und vier Campingplätzen. Zwischen Juni und August sind die rund 80 000 Gästebetten nahezu alle belegt. Die verkehrsberuhigte Haupteinkaufs- und Flaniermeile, Via Aurora, verströmt mit ihren Rabatten und Hecken und den Sitzbänken unter Schatten spendenden Bäumen eine freundliche Atmosphäre.

In Bibione wird es den Kleinen bestimmt nicht langweilig, denn die Strände sind sehr kinderfreundlich.

**Strand

Der 8 km lange Strand von Bibione imponiert vor allem durch seine enorme Breite, die zwischen 200 und 450 m variiert! Auch bei kompletter "Bestuhlung" bleibt immer noch viel Platz für Aktivitäten am Strand. Der Sandstreifen fällt sehr flach zum Meer ab – ideal für kleine Kinder. Am Strandabschnitt zwischen den Ortsteilen Spiaggia und Lido del Sole liegt das moderne Thermalzentrum, das Kuranwendungen, Schönheitspflege und Fitnesseinrichtungen anbietet. Am östlichen Rand von Bibione, zwischen den letzten Häusern und dem Leuchtturm, gibt es einen "wilden" Strand, an dem auch Hunde erlaubt sind. Zum Leuchtturm kommt man auch auf einem landeinwärts gelegenen, fürs Fahrrad gut geeigneten Alleenweg, der durch ein landwirtschaftliches Gut führt. Vom Leuchtturm ist es dann nicht mehr weit zu den Sanddünen am Tagliamento-Fluss.

Caorle N 4

Region: Venetien · Veneto
Einwohnerzahl: 12 000

***Badeort und Hafenstädtchen**

Ein malerischer Fischerhafen, lange Sandstrände mit allen dazugehörigen Freizeiteinrichtungen und eine kleine, gemütliche Altstadt – diese Mischung macht das an der Mündung des Livenza-Flusses, etwa rund 80 km östlich von ▶ Venedig gelegene Caorle zu einem der schönsten und beliebtesten Badeorte an der nördlichen Adriaküste. Im flachen Hinterland von Caorle kann man – am besten vom Boot aus oder mit dem Fahrrad – eine ruhige, unberührte Lagunenlandschaft genießen, der Ernest Hemingway in seinem Buch “Über den Fluss und in die Wälder” ein literarisches Denkmal gesetzt hat.

Fast wie eine Puppenstube: Die kleine, verwinkelte Altstadt von Caorle bietet mit ihren pastellfarbenen Häusern ein charmantes Bild.

Sehenswertes in der *Altstadt

Der erste Eindruck, den man von Caorle bekommt, wird von dem hübschen Kanalhafen Darsena dell’ Orologico bestimmt. Am interessantesten und buntesten ist es hier nachmittags, wenn die Fischerboote zurückkehren und der Tagesfang von Bord gebracht wird. Zu kaufen gibt es den frischen Fisch in der Peschiera direkt am Hafen. Die winzige Altstadt mit ihren winkligen Gassen und den pastellfarben leuchtenden Häusern ist eine einzige Fußgängerzone. Überragt wird das Häusergewirr von dem runden, 48 m hohen Backsteincampanile, der zum Dom San Stefano Protomartire gehört. Neben dem Portal der um 1040 begonnenen Basilika sind byzantinische Reliefs aus dem 12. Jh. in die Mauer eingelassen. Ein

Blick ins Innere lohnt sich wegen der Fresken aus dem 14. und 15. Jh., vor allem aber wegen des Pala d'Oro am Hauptaltar. Die kostbaren Silbertreibarbeiten dieses Altarschmucks stammen aus Byzanz und Venedig.

Altstadt (Fortsetzung)

Der 15 km lange Strand von Caorle teilt sich in die Spiaggia di Ponente und die etwas breitere, in einem sanften Bogen angelegte Spiaggia di Levante. Mit dem Jachthafen in Porto S. Margherita (südwestlich des Zentrums), Surf- und Segelschulen, Sportzentrum sowie einem 9-Loch-Golfplatz bei Duna Verde (Golf Club Pra' delle Torri) ist Caorle auf sportliche Gäste eingestellt.

*Strand, Sportmöglichkeiten

Im Hafen von Caorle starten während der Sommermonate Motorboote zu Ausflügen in die Lagune von Caorle. Die flachen Seen und verschilften Uferzonen entlang der Kanäle und Flüsse sind ein Vogelparadies. Bei den meisten Ausflügen wird auch eine der typischen Fischhütten (casoni) angesteuert, in denen sich die Gäste bei einem (Fisch-)Imbiss stärken können.

Ausflug in die *Lagune

Portogruaro und Umgebung

Portogruaro, 26 km nördlich von Caorle, zwischen der SS 14 und der Autobahn A 4 Venedig – Triest gelegen, gehört zu jenen Städtchen im Hinterland, an denen man gerne vorbeifährt. Schade, denn das an der Lemene gelegene und als römischer Flusshafen gegründete Portogruaro, das von 1420 an zur Republik Venedig gehörte, besitzt ein kleines, aber hübsches historisches Zentrum mit venezianischem Flair und angenehmer Atmosphäre.

Allgemeines

Die überschaubare Altstadt von Portogruaro ist von schmalen Flussarmen durchzogen, in denen das Wasser träge dahinfließt. Wunderschöne, teils bereits renovierte, teils noch etwas vernachlässigte Palazzi mit Laubengängen und Fassaden, die den Übergang von der Gotik zur Renaissance widerspiegeln, prägen das Bild der beiden Hauptstraßen Corso Martiri della Libertà und Via Seminario.

*Stadtbild, Laubenhäuser

Mittelpunkt der Altstadt ist die schöne Piazza della Repubblica mit ihren Palmen, dem Denkmal für die Gefallenen des Ersten Weltkrieges und dem zinnenbewehrten Palazzo Comunale an der Stirnseite. Der breite Backsteinbau mit seinen venezianischen Fenstern ist gotischen Ursprungs, wurde aber später mehrfach ergänzt und umgebaut.

*Piazza della Repubblica

Ein Stück weiter folgt der Domplatz mit dem 1833 an der Stelle eines Vorgängerbaus geweihten Dom Sant'Andrea. Sein 59 m hoher Kampanile gehörte schon zur ersten Bischofskirche und stammt aus dem 12./13. Jahrhundert. Wer sich bei seinem Anblick irgendwie an den schiefen Turm von Pisa erinnert fühlt, liegt nicht falsch: Durch die Absenkung der Fundamente hat der Kampanile tatsächlich Schieflage!

Duomo

Wenige Schritte westlich vom Dom, wo die Via Roma den Fluss überquert und sich zwei alte Mühlen im Wasser drehen, bietet Portogruaro ein besonders romantisches Bild.

*Via Roma, Mühlen

Portogruaro bei Caorle (Fortsetzung)

Interessante Funde aus dem römischen Portogruaro und dem benachbarten Concordia Sagittaria, darunter Grabsteine, Architekturfragmente sowie Teile eines Mosaikbodens mit einer Darstellung der drei Grazien, gibt es im Museo Nazionale Concordiese in der Via Seminario 22 zu besichtigen (geöffnet täglich 9^{00} – 20^{00} Uhr).

Umgebung, Concordia Sagittaria

Knapp 3 km südlich von Portogruaro liegt der Ort, der um das Jahr 40 v. Chr. als Julia Concordia aus der Taufe gehoben wurde. Den Beinamen Sagittaria ("Schützin") erhielt die ehemalige römische Kolonie im 19. Jh. – eine Anspielung auf die Pfeile, die in Julia Concordia hergestellt wurden. Die Reste der römischen Soldatenstadt – Theater, Soldatenfriedhof, Brunnen, Straßenpflaster, Teile einer Brücke u. a. – verteilen sich auf mehrere Stellen im Ort. Den Platz der romanischen Basilika nahm in etwa eine frühchristliche Basilika ein, die Ende des 4. Jh.s erbaut und 589 vermutlich durch eine Überschwemmung zerstört wurde. Von dieser Basilika konnten Teile eines Bodenmosaiks gerettet werden. Neben der heutigen Basilika wurden die Grundmauern eines weiteren frühchristlichen Gebäudes mit drei Absiden freigelegt, das sog. Trichora Martyrium. Im Battisterio neben dem Dom, einem kreuzförmigen Zentralbau aus dem 11. Jh., blieben mittelalterliche Fresken erhalten.

Cesena — J 13

Region: Emilia-Romagna
Einwohnerzahl: 88 000

Allgemeines

Gemüse- und Obstanbau prägen die Umgebung von Cesena, das 16 km südwestlich von ▶ Cesenatico im Hinterland liegt und zusammen mit Forlì Provinzhauptstadt ist. Angeblich kommen die besten italienischen Pfirsiche und Erdbeeren aus dieser Region. Cesena blickt auf eine lange Geschichte zurück, vermutlich reichen die Anfänge bis in etruskische Zeit. Im Mittelalter war die Stadt immer wieder Zankapfel zwischen den mächtigen oberitalienischen Signorien, bis sie der Papst Ende des 14. Jh.s den Malatesta (▶ Baedeker Special S. 26) übergab. Aus der Zeit der Malatesta besitzt die Stadt einige herausragende Denkmäler wie z. B. die Rocca oder die Biblioteca Malatestiana, aber auch die guten Einkaufsmöglichkeiten machen Cesena zu einem lohnenden Ausflugsziel.

> *Baedeker* TIPP **Pasta fresca**
>
> Garantiert selbst gemacht sind die Nudeln bei Pasta Fresca Biguzzi, Corso Sozzi 49. Der winzige, herrlich altmodische Tante-Emma-Laden verlockt zu Vorratskäufen!

Sehenswertes in Cesena

Stadtrundgang, Dom

Die Altstadt von Cesena bildet ein mauerumgürtetes Dreieck. Betritt man sie von Nordosten her, durch das Tor am Viale Carducci, dann ist der Corso Sozzi der kürzeste Weg ins Zentrum. Die Piazza Pia beherrscht der Dom, ein schlichter, aber wuchtiger Backsteinbau mit offenem Dachstuhl. Für Theaterliebhaber empfiehlt sich von hier ein kurzer Abstecher zum Teatro Bonci an der Piazza Guidazzi, das 1846 eröffnet wurde und auch heute noch bespielt wird.

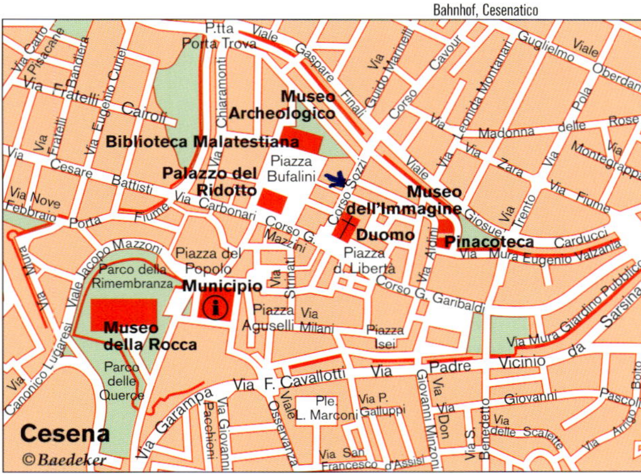

***Biblioteca Malatestiana**

Folgt man dem Corso Mazzini nordwestwärts, so steht man bald an der Piazza Fabbri mit dem Palazzo del Ridotto (Städtische Kunstgalerie). Hinter dem Palast verbirgt sich die von den Malatesta ins Leben gerufene Biblioteca Malatestiana, eine der besterhaltenen humanistischen Bibliotheken in ganz Europa. 343 seltene Kodizes, zum Teil mit Miniaturmalereien, sind der Stolz dieser Kultureinrichtung. Der 1492 eingeweihte, dreischiffige Bibliothekssaal mit seinen Lesepulten, an denen die Bücher angekettet wurden, kann besichtigt werden (20. Juni bis 20. Sept. Mo.–Sa. 9^{30}–12^{30} und 16^{00}–19^{00}, So. und Fei. 10^{00}–12^{30}, sonst 9^{30}–12^{30} und 15^{00}–18^{00} Uhr). Im selben Gebäude untergebracht sind auch die Biblioteca Piana, die einstige Privatbibliothek von Papst Pius VII., der aus Cesena stammte, sowie die archäologische Sammlung der Stadt.

***Piazza del Popolo**

Zum Herz von Cesena, der Piazza del Popolo, führt die hübsche Via Zeffirino Re, unter deren Arkaden man auch bei schlechtem Wetter gerne flaniert. Arkadenhäuser auf der einen, das Rathaus, sprich der ehemalige Verwaltungssitz von Kardinal Albornoz, und die Burgmauer auf der anderen Seite sowie ein frühbarocker Brunnen (1589) verleihen dem kopfsteingepflasterten Hauptplatz sein städtisches Flair. Mittwochs und samstags wird hier Markt gehalten.

***Rocca Malatestiana**

Entweder über eine Treppe neben dem Rathaus oder durch den herrlichen Park (der Parkeingang liegt etwas weiter rechts) steigt man hinauf zur Burg der Malatesta. Die über der Altstadt thronende Festung gehört zu den imposantesten in der Emilia-Romagna. In der Burg ist das Museum der bäuerlichen Kultur untergebracht.

Umgebung von Cesena

Forlì

Knapp 20 km nordwestlich von Cesena, an der schnurgeraden Via Emiliana, liegt die Provinzhauptstadt Forlì (100 000 Einwohner). Ebenso wie Cesena ist Forlì, das schwere Kriegsschäden hinnehmen musste, Mittelpunkt eines agrarischen Umlandes.

Umgebung von Cesena (Fts.), Forlì

Am Südrand der Altstadt erhebt sich die von den einstigen Stadtherren, dem Geschlecht der Ordelaffi, erbaute Rocca. Das Zentrum des historischen Forlì ist etwa 500 m weiter nördlich, an der Piazza Aurelio Saffi erreicht, die ihren Namen einem Anführer des Risorgimento verdankt. Arkadenhäuser und stolze Palazzi wie zum Beispiel der Palazzo della Podestà aus dem 15. Jh. und der etwas jüngere Palazzo del Municipio rahmen den Platz. Aus rotem Backstein wurde hier Ende des 12. Jh.s die Basilica San Mercuriale errichtet, die ein mächtiger, 76 m hoher Kampanile überragt. Beachtenswert im Inneren der Kirche sind das Renaissancegrabmal der Barbara Manfredi und zu seinen Seiten die Gemälde des romagnolischen Renaissancemalers Marco Palmezzano. Etwa 200 m westlich der Piazza Saffi kommt man zum Dom S. Croce mit seiner klassizistischen Fassade. Die Innenausstattung lässt die lange Geschichte des Bauwerks Revue passieren, so das romanische Kreuz, der spätmittelalterliche Taufstein und das barocke Kuppelfresko mit der "Himmelfahrt Mariens".

Die wichtigsten Museen der Stadt sind bei den Istituti Culturali Artistici am Corso della Repubblica vereint. Neben der Gemäldegalerie mit Malerei des 14. bis 18. Jh.s gibt es dort auch ein interessantes Keramikmuseum.

***Faenza**

15 km weiter nordwestlich, an der SS 9, erreicht man die Kleinstadt Faenza, die auf eine etruskische Siedlung zurückgeht. Seit dem Mittelalter ist Faenza für die nach ihr benannten Fayencen bekannt, glasierte Tonwaren, die in einer ständigen Verkaufsausstellung an der Piazza Nenni zu sehen und in zahlreichen Keramikläden zu kaufen sind. Nachwuchstalente in der Kunst mit der Töpferscheibe treffen sich jedes Jahr zum Keramikwettbewerb in Faenza. Wer sich für die Geschichte der Fayencen interessiert, der sollte das sehenswerte Keramikmuseum (Museo Internationale delle Ceramiche) am nördlichen Altstadtrand besuchen (Viale Baccarini 19). Mittelpunkt der Stadt ist die lang gestreckte Piazza del Popolo/Piazza della Libertà, an der die beiden mit Laubengängen versehenen Palazzi del Podestà (12. Jh.) und del Municipio (13. – 15. Jh.) stehen. Der benachbarte Dom wurde im 15. Jh. von dem Florentiner Giuliano da Maiano im Stil der Frührenaissance erbaut.

Mit Pauken und Trompeten: Der Höhepunkt im Festkalender von Faenza ist der Palio del Niballo im Juni.

Umgebung von Faenza, Brisighella

Von Faenza lohnt ein Abstecher in das mittelalterliche Städtchen Brisighella (12 km südlich), das von einem Uhrturm aus dem 13. Jh. und der Rocca der Fürsten Manfredi aus dem 15. Jh. überragt wird. Die beste Zeit für einen Besuch von Brisighella ist der Juli, denn in diesem Monat (erste Hälfte) feiert der ganze Ort ein mittelalterliches Fest.

Cesenatico

Region: Emilia-Romagna
Einwohnerzahl: 20 000

"Radfahrerstadt"

Ein Fischerdorf ist Cesenatico schon lange nicht mehr, eher schon eines der größten und beliebtesten Seebäder an der italienischen Adriaküste. Das Dorf wurde im beginnenden 14. Jh. zum Hafen der landeinwärts gelegenen Stadt Cesena (s. o.) ausgebaut, und 1502 beauftragte Cesare Borgia das Allroundgenie Leonardo da Vinci mit Plänen für den Bau eines Kanalhafens, der heute zu den Besucherattraktionen der Badestadt gehört. Als Garibaldi in der Nacht des 2. August 1849 auf der Flucht von Rom nach Venedig in dem Hafenstädtchen Station machte, war das Seebad Cesenatico noch nicht geboren – das geschah erst 1878 mit der Eröffnung der ersten Badeanstalt. Seit Marco Pantani (▶ Berühmte Persönlichkeiten) 1998 die Tour de France gewann, kennt die Begeisterung für den Radsport in Cesenatico keine Grenzen mehr: Jedes Jahr treffen sich Radfans aus aller Welt zum Nove Colli, zum Rennen der neun Hügel.

Sehenswertes in Cesenatico

*** Stadtbild**

Schattige Alleen und stilvolle alte Villen gehören ebenso zum Bild von Cesenatico wie etwas in die Jahre gekommene Hotels aus der jüngeren Geschichte des Traditionsbades. Zwei markante Gebäude prägen die Piazzale Andrea Costa, den weitläufigen Hauptplatz direkt hinter dem Strand: das neobarocke Grand Hotel aus dem 19. Jh. und ihm gegenüber der angegraute Hochhauskomplex, der keinem Ort zur Ehre gereicht. Die meisten Geschäfte und Restaurants findet man in der Via Roma, der Verlängerung der Piazza Andrea Costa, und in der Viale Carducci, die parallel zum Strand verläuft. Der Porto Canale trennt den breiten Strand in die Spiaggia Levante (Oststrand), die bis nach Villamarina reicht, und die Spiaggia di Ponente (Weststrand), die sich bis zum Pinienwald von Zadina Pineta fortsetzt. Die Möglichkeiten für Wassersport sind in Cesenatico bestens – von Wasserski bis Surfen oder Katamaranfahren ist alles geboten. Wem eher nach Wasserspaß zumute ist, der kann sich im Parco Aquatico Atlantica vergnügen. Der Wasserpark liegt zwischen Cesenatico und Zadina Pineta und ist Juni bis September täglich 10⁰⁰ – 19⁰⁰ Uhr geöffnet.

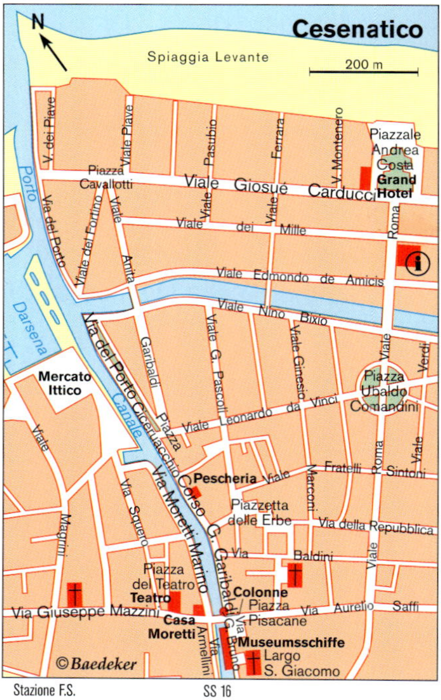

**Porto Canale

Der Kanalhafen ist heute das Herz des historischen Cesenatico und bei Tag und Nacht ein beliebter Treffpunkt. Die kleinen, bunt angestrichenen Häuser, die Fischerboote und Segeljachten, die im Kanal vor Anker liegen, vor allem aber die vielen Kneipen und Restaurants, die im Sommer draußen, direkt am Kai bewirten, verleihen dem Kanal eine besonders stimmungsvolle Atmosphäre. Die dortige Bar del Corso ist nicht nur das Stammlokal des Radklubs von Cesenatico, sondern mittlerweile auch ein bekannter Radtouristentreff. Hübsch renoviert präsentiert sich das alte Fischmarktgebäude, das täglich außer So. geöffnet ist. Wie man den Fisch auch ohne Kühlschrank zu konservieren wusste, ist an der Piazzetta Conserve zu sehen, wo einer der kegelförmigen Keller erhalten blieb, die man mit Eis und Schnee füllte. Ein Stück weiter am Ostufer des Kanals öffnet sich die Piazza Pisacane mit dem Denkmal für den Nationalhelden Garibaldi. Die Hauptattraktion am Kanal sind aber die großen, zwischen zwei Brücken festgemachten historischen Segelschiffe, die jahrhundertelang für den Fischfang und für den Seehandel benutzt wurden und heute das Museo della Marineria bilden. Ein Gebäude für das Museum ist zurzeit im Entstehen.

Baedeker TIPP **Mangelware**

Parkplätze sind Mangelware – in allen Seebädern an der Adriaküste. Je näher am Strand, umso schwieriger. Unser Tipp für Cesenatico: Via del Porto (am Kanal).

Gatteo a Mare, Bellaria Igea Marina

Nach Süden, zwischen Cesenatico und ▶ Rimini, reißt die Kette der Badeorte nicht ab. Auf Gatteo a Mare folgt die Doppelgemeinde Bellaria Igea Marina, die bereits zur Provinz Rimini gehört. In Bellaria führt die Bahnlinie, wie in vielen Bädern an der Adriaküste, mitten durch den Ort; der Strand- und Hotelbereich liegt östlich, das überschaubare, moderne Ortszentrum westlich der Gleise. Die Haupteinkaufsstraße und die zentrale Piazza Don Minzoni, wo man gemütlich unter Platanen sitzt, wurden zur Fußgängerzone umgestaltet. Kinder können in Bellaria Igea Marina völlig gefahrlos baden, denn der nur mäßig breite Strand ist durch Wellenbrecher geschützt. Und natürlich gibt es auch einen Wasserpark: Aquabell, 75 000 Quadratmeter Spiel und Spaß rund ums Wasser.

*Cervia Milano Marittima

Cervia

Rund 8 km nordwestlich von Cesenatico erreicht man die Doppelgemeinde, die sich aus Cervia und Milano Marittima zusammensetzt. Genau genommen beginnt die Badestadt bereits mit den beiden Ortsteilen Tagliata und Pinarella, die, wie der Name schon sagt, sich durch herrliche Pinienwälder hinter dem Sandstrand auszeichnen. Auch Cervia, ein bekannter Bade- und Thermalkurort, ist sehr grün und erholsam – selbst die Badeanstalten haben hier zum Teil Entrées, die an Vorgärten denken lassen. Damit sich am Lungomare Fußgänger, Fahrradfahrer und Autofahrer nicht ins Gehege kommen, hat jeder seine eigene “Fahrbahn”.

*Altstadt von Cervia

Cervia besitzt eine winzige, aber sehr hübsche Altstadt, die sich hinter einem Mauerkarree versteckt. Schon nach wenigen Schritten hinter dem Tor hat man den Stadtmittelpunkt erreicht, die großzügige Piazza Garibaldi, die von einheitlichen Häusern mit Arkaden

Altstadt von Cervia (Fortsetzung)

im Erdgeschoss gerahmt wird. Die Kathedrale aus dem 18. Jh. kommt mit ihrer Backsteinfassade schlicht daher. Ihr gegenüber, am Palazzo Comunale, dem Rathaus, findet sich eine Gedenktafel für Grazia Deledda. Die sardische Schriftstellerin, der man am Lungomare Deledda auch ein Denkmal gesetzt hat, kam mehr als 10 Jahre lang als Feriengast nach Cervia. Ein Durchgang im Rathaus verbindet den großzügigen Hauptplatz mit der intimen Piazza Pisacane, die direkt hinter dem östlichen Altstadttor liegt. Wer etwas über die lange Geschichte der Salzgewinnung in Cervia erfahren möchte, sollte das dortige Museo della Civiltà Salinara besuchen (geöffnet im Sommer Mi., Sa. und So. 19[30] – 23[00] Uhr).

Am Kanalhafen

Am Kanalhafen, der zwar nicht mit dem von Cesenatico konkurrieren kann, aber nach und nach verschönert wird, stehen noch zwei alte Salzlagerhäuser, das eine, bereits renovierte aus dem Jahr 1712, das andere von 1691.

Im Kanalhafen von Cesenatico, wo alte und neue Segelboote im Wasser liegen, trifft man sich zum Essen, Flanieren, Sehen und Gesehenwerden.

Milano Marittima

Jenseits des Kanalhafens (Porto canale) schließt sich Milano Marittima an, hübsch in einem Pinienwald gelegen und ebenfalls mit schönem Strand. Mittelpunkt des gepflegten Ortes ist die Rotonda Primo Maggio mit teuren Boutiquen und ansprechenden Cafés und Restaurants. In Milano Marittima gibt es auch Thermalbäder (Fango). Stattliche Ferienhäuser und Hotels auf großzügigen Waldgrundstücken bestimmen das Bild der “Gartenstadt”.

Riserva Naturale delle Saline

Jahrhundertelang war Cervia ein Zentrum der Salzgewinnung. Im Naturreservat Riserva Naturale delle Saline, im Südosten von Cer-

Riserva Naturale delle Saline (Fortsetzung)

via, werden die einstige Salzgewinnung sowie die kleine, noch heute betriebene Salina Camillone vorgeführt. Das Besucherzentrum vermittelt Führungen durch das Schutzgebiet.

Cesena

▶ dort

Chieti V 23

Region: Abruzzen · Abruzzo
Einwohnerzahl: 55 000

Provinzstadt mit Geschichte

Chieti, in 300 m Höhe über dem Pescara-Tal und rund 20 km südwestlich von ▶ Pescara gelegen, gehört zu den Städten, die durch ihre modernen Wohnsiedlungen zunächst nicht sehr einladend wirken. Nähert man sich der rund 55 000 Einwohner zählenden Provinzhauptstadt, so ist das Zentrum zunächst nicht sichtbar. Umso größer ist die Überraschung, wenn man den Wagen auf einem der Parkplätze am Rand der Altstadt abgestellt hat und zu Fuß ein hübsches, wenngleich nicht ganz so typisches Städtchen entdeckt. Ein weiterer Grund, nach Chieti zu fahren: Seit November 2000 besitzt die Stadt ein neues archäologisches Museum, La Civitella, das in der Region seinesgleichen sucht.

Sehenswertes in Chieti

Vom Dom zum Teatro Marrucino

Im Norden beginnt die Besichtigung auf der Piazza Vittorio Emanuele mit dem Rathaus (Palazzo Valignani, 1517), dem neoromanischen Justizpalast und der gotischen Kathedrale S. Giustino, an der zuletzt 1920 – 1936 gebaut wurde. Der schöne Kampanile entstand 1335 – 1498. Links vom Justizpalast bietet sich eine herrliche Aussicht, einerseits auf Meer, andererseits auf die Gebirgsketten von Gran Sasso und Maiella. Durch die Via Pollone erreicht man das gelb verputzte Teatro Marrucino aus dem Jahr 1813. In der benachbarten Via Cesare De Lollis, im Palazzo Martinetti-Bianchi, befindet sich die Gemäldegalerie Barbella.

***Corso Marrucino**

Vom Teatro Marrucino zieht sich der gleichnamige Corso, die Hauptachse der Altstadt, südwärts, gesäumt von stolzen Gebäuden in üppigem Neobarock wie dem der Banca d'Italia und der Prefettura. Unter den Arkaden der Prefettura hat seit 1900 das Caffè Vittoria seinen angestammten Sitz. Einzige Bausünde in dieser beinahe großstädtisch anmutenden Meile: das upim-Kaufhaus gegenüber vom Vittoria-Café.

***Archäologisches Museum**

Von der Piazza Trento e Trieste gelangt man südlich zur Villa Comunale in herrlicher Lage inmitten des parkartigen Stadtgartens. Das dort untergebrachte Museo Archeologico Nazionale di Antichità besitzt die für die Region Abruzzen bedeutendste Sammlung an Funden aus frühgeschichtlicher und römischer Zeit, u. a. die zierliche, wunderbar gearbeitete Bronzeplastik des "Sitzenden Herkules" aus Alba Fucens und den berühmten "Krieger von Capestrano", eine 2 m hohe Statue aus dem 6. Jh. v. Chr., die aus einem Block gehauen wurde (geöffnet Mo. – Sa. 9^{00} – 19^{00} Uhr).

Geht man von der Piazza Trento e Trieste die Via Vernia bergauf, so kommt man zum Areal des neu errichteten Museums La Civitella (Eingang in der Via G. Pianell; www.lacivitella.it). Chieti kann auf eine sehr lange Besiedlungsgeschichte zurückblicken. Bereits im dritten Jahrtausend war der Hügel bewohnt. Um 400 v. Chr. lebte hier das Volk der Marrucini, und in römischer Zeit war Chieti, das damalige Teate Marrucinorum, eine blühende, bedeutende Stadt mit drei Tempeln, Bädern, einer Nekropolis, einem Forum und einem Theater. Das römische Amphitheater, das neben dem Museumskomplex liegt, wurde mit einem Sportstadion überbaut und soll freigelegt werden.

Chieti (Fts.), **La Civitella

Der weitläufige, rund 4500 m^2 große Museumskomplex vermittelt ein umfassendes Bild von den Kulturen der Civitella. Die einzelnen Themen – von den Transportwegen und anderen Fragen zur Alltags- und Wirtschaftsgeschichte bis zu den religiösen Kulten – sind so aufbereitet, dass auch Kinder und Jugendliche Spaß an der Ausstellung haben dürften. Mit viel Aufwand wurden die imposanten Giebelfronten der drei Tempel von Teate in Originalgröße rekonstruiert (geöffnet täglich 9^{00} – 19^{30}, 12. – 31. August bis 23^{00} Uhr).

Umgebung von Chieti

Bucchianico

In Bucchianico, etwa 10 km südlich, wird vom Sonntag vor dem 23. Mai bis zum 26. Mai zur Erinnerung an die erfolgreiche Verteidigung gegen Chieti die prächtige "Sagra dei Banderesi" gefeiert.

*San Clemente a Casauria

Im Jahre 871 gründete Kaiser Ludwig II. diese Abtei bei Totte de'Passeri, etwa 25 km südwestlich von Chieti. Die romanisch-gotische Kirche, das bedeutendste Bauwerk seiner Art in den Abruzzen, erhielt im 12. Jh. nach zisterziensischem Ordensprinzip ihre heutige Gestalt. Herausragende Details sind vor allem das Bronzeportal mit 72 Bildfeldern aus dem Jahr 1109 und die freistehende, skulptierte Kanzel.

*S. Maria d'Arabona

Oberhalb von Manoppello Scalo, das ca. 14 km südwestlich von Chieti liegt, steht die erste Zisterzienserkirche der Abruzzen, S. Maria d'Arabona (1208). Im Inneren beachte man die Fresken im Altarraum (1373) und in der Cappella di S. Rocco den Osterleuchter (um 1300) und den Tabernakel. Östlich von Manoppello bei Serramonacesca liegt die beeindruckende romanische Kirche S. Liberatore a Maiella, die ab 1007 erbaut worden war.

Chioggia

J 6

Region: Venetien · Veneto
Einwohnerzahl: 54 000

**Klein-Venedig

Wer keine Lust auf die Touristenmetropole Venedig verspürt, aber dennoch mal gerne eine Lagunenstadt besichtigen möchte, sollte unbedingt Chioggia besuchen. Die zum Teil direkt ans Wasser gebauten alten Paläste, der Canale Vena mit seinen bunten Booten und den malerischen Steinbrücken und nicht zuletzt die Tauben auf dem Corso del Popolo – all das erinnert tatsächlich sehr an Ve-

Klein-Venedig (Fortsetzung)

nedig – nur, dass alles ein bisschen kleiner, intimer und weniger überlaufen ist. An Kunstdenkmälern kann Chioggia natürlich nicht mit der "großen Schwester" konkurrieren, doch dafür bietet es einen wunderbaren Mix aus romantischer, sehr venezianisch anmutender Kulisse und gänzlich untouristischem Alltagsleben. Das etwa 40 km südlich von ▶ Venedig, am Südende der Lagune gelegene Städtchen ist nämlich einer der wichtigsten Fischereihäfen der Adria. Überall, nicht nur in den Seitengassen, wo die Wäsche noch über der Straße trocknet, riecht es nach Fisch, den man fangfrisch auf dem Fischmarkt im alten Getreidespeicher (Grannaio) kaufen kann. Auch das Badevergnügen muss in Chioggia nicht zu kurz kommen. Dafür gibt es den kilometerlangen Sandstrand von Sottomarina, dem Seebad von Chioggia.

Die bunten Boote im Canale Vena sind keine romantische Attrappe, denn Chioggia ist tatsächlich eine Stadt, die vom Fischfang lebt.

Parken

Chioggias Altstadt liegt auf einer Insel, die durch Brücken mit dem Festland bzw. mit dem Seebad Sottomarina verbunden ist. Parken kann man am Campo Marconi vor dem südlichen Stadttor (dort halten auch die Busse nach Venedig oder Padua) oder, wenn man von Sottomarina kommt, auf dem großen Parkplatz auf der Insel Isola dell' Unione.

Ausflug nach Venedig

Von Chioggia ist man mit dem Boot in maximal 1 1/2 Stunden in Venedig; Abfahrt an der Piazzetta Vigo (mit dem Boot nach Pellestrina; von dort mit dem Bus nach Lido S. M. Elisabetta und mit dem Vaporetto zum Riva degli Schavoni). Die Tagesausflugsboote starten an der Brücke zwischen Sottomarina und Chioggias Altstadt.

Sehenswertes in Chioggia

Museo Civico della Laguna Sud

Wer sein Auto auf dem Campo Marconi geparkt hat, beginnt den Stadtrundgang am südlichen Stadttor. Noch vor dem Tor fällt der wuchtige Backsteinbau des ehemaligen Franziskanerklosters San Francesco ins Auge. Heute sind hier ein Museum sowie die Touristeninformation untergebracht. Das Museum widmet sich der Geschichte und Wirtschaftsgeschichte der südlichen venezianischen Lagune, von der Römerzeit bis ins 18. Jahrhundert (geöffnet Mo. bis Sa. 9^{00} – 13^{00}, Di. – Sa. 15^{30} – 19^{30}, im Sommer bis 23^{30} Uhr).

Duomo, Oratorio San Martino

Direkt hinter dem südlichen Stadttor steht der im 17. Jh. von Baldassare Longhena in einen schlichten Barockbau umgewandelte Dom S. Maria Assunta mit seinem 64 m hohen Kampanile aus dem 14. Jahrhundert. Zu den interessantesten Ausstattungsstücken gehören die Kanzel und das Taufbecken aus Marmor. Das gotische Oratorio San Martino direkt neben dem Dom birgt einen Flügelaltar von Paolo Veneziano aus dem Jahr 1349.

Duomo (Fts.)

**Corso del Popolo

Es gibt im Grunde nur einen großen "Laufsteg" in Chioggia, das ist der Corso del Popolo, der die Altstadt parallel zum Canale Vena durchzieht. Geprägt wird dieser Straßenzug, der die Breite und die Qualität eines Platzes hat, von den hübschen alten Palästen mit spitzbogigen venezianischen Fenstern und Balkonen und von den vielen Cafés, die zum Draußensitzen einladen.
Folgt man dem Corso in nördliche Richtung, sieht man rechter Hand, bei der Einmündung der Straße von Sottomarina, die barocke Kirche San Giacomo mit ihrem venezianischen Kirchturm. Wenige Schritte weiter, am Canale Vena, wurde der alte Kornspeicher, der Grannaio, renoviert, wo heute der tägliche Fischmarkt stattfindet. Ebenso wie San Giacomo ist auch Sant'Andrea, die nächste Kirche am Corso, ein barockes Bauwerk. Ihr Glockenturm allerdings stammt aus romanischer Zeit. Das nördliche Ende des Corsos bildet die Piazzetta Vigo mit dem ehrwürdigen Hotel Grande Italia an der Westseite. An der Piazzetta starten auch die Boote nach Venedig.

**Canale Vena

Gegenüber, an der Ostseite der Piazzetta, schwingt sich der hübsche Ponte Vigo mit einem elegantem Bogen über den Canale Vena. Der von mehreren Brücken überspannte Hauptkanal von Chioggia bietet von hier aus einen bezaubernden Anblick: Stattliche alte Häuser, an denen der Putz bröckelt, Marktstände unter den Arkaden am Wasser und zahllose bunte Boote mit Fischernetzen verleihen ihm seinen besonderen Reiz.

San Domenico

Überquert man auf dem Ponte Vigo den Kanal und geht hinüber zur Isola San Domenico, so kommt man zur gleichnamigen Kirche, die ein Altarbild von Carpaccio ("Heiliger Paulus") zu ihren wenigen Highlights zählt. Interessanter als die Kirche ist das Ambiente,

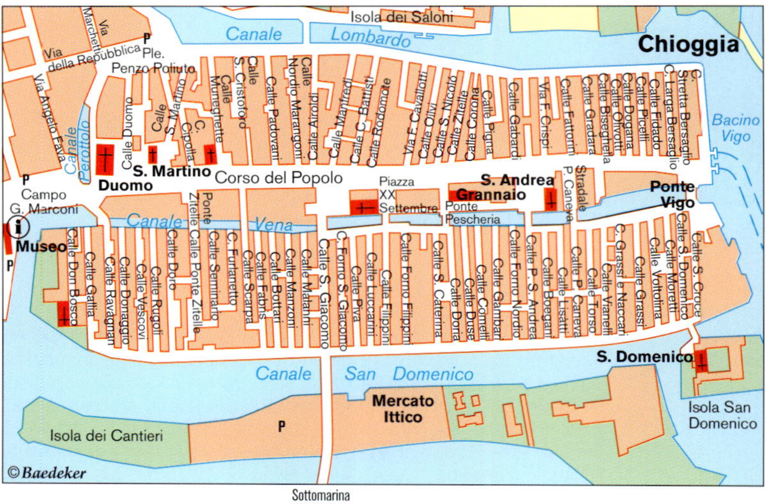

San Domenico (Fortsetzung)

denn San Domenico liegt am gleichnamigen zweiten Kanal von Chioggia, wenn man so will, die weniger feine "Rückseite" des Städtchens. Hier reparieren die Fischer ihre Netze, entladen ihre Boote oder treffen sich nachmittags auf einen Café in der Bar nebenan. Wer etwas vom Alltagsleben in Chioggia kennen lernen möchte, sollte an diesem Kanal und dann durch eine der engen, Calli genannten Gassen zum Corso del Popolo zurückspazieren.

Sottomarina

Eine 800 m lange Brücke, an der auch die Ausflugsschiffe nach Venedig bzw. zu den Inseln in der Lagune ablegen, verbindet die Altstadt von Chioggia mit dem viel besuchten Seebad Sottomarina, das ebenfalls auf einer (wenngleich wesentlich größeren) Insel liegt. Hinter dem breiten Sandstrand mit seinen endlos langen Reihen von kleinen Badekabinen verläuft die vierspurig ausgebaute Uferstraße. Die meisten Hotels sind hinter dem Lungomare, mit Blick auf das Strandgeschehen, aneinander gereiht. Am südlichen und nördlichen Strandende gibt es Campingplätze.

Die Auswahl auf dem Fischmarkt in Chioggia ist hervorragend.

Umgebung von Chioggia

Rosolina Mare, Isola Albarella

12 km südlich von Chioggia, am Adige-Fluss, erreicht man die Abzweigung nach Rosolina Mare, ein Feriendorf auf einer schmalen, flachen Halbinsel. Sie gehört zum Parco Riserva Naturale Bocche di Po (► Comacchio, Umgebung). Das Landschaftsbild des zum Naturpark erklärten Po-Deltas bestimmen flache Seen und Salzwasserbecken, Wasserstraßen und Pinienwälder. Touristisch erschlossen ist auch die südlich anschließende Insel Albarella. Auf der Insel

selbst geht es nur mit dem Fahrrad oder per Boot weiter (regelmäßiger Bootstransfer ab Marina di Albarella). Das exklusive Feriendorf Albarella verfügt über hervorragende Sportmöglichkeiten, u. a. einen Jachthafen und einen 18-Loch-Golfplatz.

Isola Albarella (Fortsetzung)

Etwa 25 km südwestlich von Chioggia liegt Adria, das Städtchen, dem der Meeresarm seinen Namen verdankt. Sehenswert in Adria ist die interessante Sammlung des Museo Archeologico, das die einstige Bedeutung der von Etruskern, Griechen und Römern besiedelten Stadt anschaulich vermittelt.

Adria

Civitanova Marche — S 18

Region: Marken · Marken
Einwohnerzahl: 37 000

Seebad

Civitanova Marche besteht im Grund aus zwei Gemeinden, der jungen Stadt am Meer und dem alten Ort, der sich etwa 4 km landeinwärts auf einer Hügelkuppe ausbreitet. Picener sollen die Siedlung am Meer gegründet haben, deren Bewohner sich später auf die sichereren Hügel zurückzogen und von diesen aus wieder die Küste in Besitz nahmen. Dort entwickelte sich die moderne Stadt, die sowohl von der Fischerei und Industrieansiedlungen – vor allem Schuhfabriken – als auch vom Badetourismus lebt. Der breite Strand wird von einer nicht weniger breiten Promenade begleitet und durch den Jacht- und Fischereihafen in einen Nord- und einen Südstrand geteilt.

Civitanova Alta

Oben auf dem Hügel thront Civitanova Alta, umgeben von einer alten Stadtmauer mit eindrucksvollen Toren. Um die zentrale Piazza della Libertà sind das Rathaus, die Kirche San Paolo und die ehemalige Franziskanerkirche versammelt.

Umgebungsziele an der Küste

Porto Potenza Picena

Etwa 6 km nördlich von Civitanova Marche, bei dem Badeort Porto Potenza Picena, kann man die Villa Buonaccorsi besichtigen, eine Residenz aus dem 18. Jh. mit Gartenanlage (nach Anmeldung beim Kustoden, ☎ 0733 68 81 89). Das etwa 7 km landeinwärts gelegene Potenza Picena besitzt noch einen historischen Ortskern.

Porto Sant' Elpidio

7 km südlich von Civitanova Marche erreicht die Küstenstraße Porto Sant' Elpidio. Auch hier gibt es Badestrände, Hotels und mehrere Campingplätze, wenngleich der Ort doch stark von Fischfang und Schuhfabrikation geprägt ist.

***Porto San Giorgio**

Porto San Giorgio war früher der Hafen von ▶ Fermo. Heute ist es ein angenehmes, noch sehr überschaubares Urlaubsstädtchen mit Jachthafen und langem, ca. 30 m breitem Sandstrand, der von Wellenbrechern geschützt wird. Nicht so sehr die Hotelbauten – die gibt es natürlich auch –, sondern eher bunt gestrichene Ferienhäuser und Villen mit gepflegten Gärten an der von Palmen und Pinien gesäumten Strandpromenade bestimmen das Bild des Badeor-

Mode am Fuß

Gibt es irgendwo in Europa größere Schuhliebhaber als in Italien? Wohl kaum. Egal, ob man durch ein Provinzstädtchen, ein Seebad oder eine Großstadt spaziert – nach einem Schuhgeschäft wird man mit Sicherheit nie, nein wirklich gar nie lange suchen müssen. Nicht nur die unglaubliche Dichte an Schuhläden ist beeindruckend, auch Design und Qualität lassen keinen Zweifel aufkommen, wer die Spezialisten für diesen Modeartikel sind.

Eine sanft gewellte Landschaft, Städtchen, die auf Hügeln hocken, hoch über den Tälern, in denen sich Flüsse im Zickzack ihren Weg suchen. Oberflächlich betrachtet bietet die Region mit dem Namen Marken ein beinahe rückständiges, für den, der hier durchfährt, auf alle Fälle ein idyllisches Bild. Wer würde an so einem Ort ein Zentrum der italienischen Schuhindustrie vermuten? Wohl niemand. Ist aber so: Rund ein Viertel der Schuhproduktion Italiens stammt aus den Marken, und davon wiederum werden zwei Drittel im Umkreis von Porto Sant'Elpidio südlich von Ancona hergestellt. Industriegebiete größeren Zuschnitts sucht man hier dennoch vergeblich, denn die meisten Unternehmen beschäftigen nicht mehr als 50 Mitarbeiter und sind spezialisiert auf ein paar wenige Produktionsschritte. Dass die Schuhherstellung hier eine so gewichtige Rolle spielt, ist kein Zufall, denn das Schuhmacher- und Gerberhandwerk hat in den Ortschaften dieser Gegend eine lange Tradition. Das Schuhmuseum in San Elpidio a Mare belegt diese Tatsache materialreich, wenn auch nicht unbedingt mit einer spannenden Präsentation. Aber was nicht ist, kann ja noch werden...

Feinste Handarbeit

Ganz in der Nähe von San Elpidio a Mare, in dem Straßendorf Casette d'Ete, gründete Dorino della Valle in den 1940er-Jahren ein Unternehmen, das heute zu den renommiertesten Schuhherstellern zählt. Den Aufstieg in die Weltklasse schaffte die Firma mit dem TODS-Schuh. Das Markenzeichen dieses Edelmokassins, dessen Design an den amerikanischen Carshoe der 1920er-Jahre anknüpft, sind die Gumminoppen an der Sohle, die auch das härteste Kopfsteinpflaster elegant abfedern. Einen Schuh, den man sieben Tage die Woche tragen kann, wollte Dorinos Sohn Diego, der bis heute das Unternehmen leitet, aus der Taufe heben, als er Ende der 1970er-Jahre den ersten TODS anfertigen ließ. Der handgefertigte Mokassin wurde ein Verkaufserfolg – trotz des stattlichen Preises, den man für einen echten TODS in Kauf nehmen muss (ab etwa 200 € aufwärts für ein Paar). Längst ist die italienische Kundschaft nur noch ein Abnehmer von vielen: Rund 45% der TODS werden in die USA, nach Deutschland und Frankreich exportiert.

tes. Hinter der Bahnlinie liegt das Zentrum von Porto San Giorgio, dessen Straßen und Plätze sich abends in einen Treffpunkt für Einheimische und Badegäste verwandeln. Die mittelalterliche Festung stammt noch aus der Zeit, als man sich gegen Feinde, die sich vom Meer her näherten, verteidigen musste. Die nahe der Burg gelegene Villa Caterina ließ sich 1826 Girolamo Bonaparte, König von Westfalen, erbauen, nachdem er sein Herz an die Marchese Anna Azzolino aus Fermo verloren hatte (keine Besichtigung).

Porto San Giorgio (Fortsetzung)

*San Elpidio a Mare

Hügelstädtchen

6 km landeinwärts kommt man in das 15 000 Einwohner zählende Hügelstädtchen San Elpidio a Mare, das mit einer geschlossenen, sehr stimmungsvollen Altstadt und ein paar wenigen, aber beeindruckenden Kunstschätzen überrascht. Irritierend ist, dass der Ort, obwohl er nicht am Meer liegt und auch nie am Meer lag, sich "a Mare" nennt. Des Rätsels Lösung: Der Zusatz bedeutet nicht "am Meer", sondern ist die Abkürzung für "Majore" und bezieht sich darauf, dass dieser ältere Ortsteil früher der größere der beiden San Elpidios war.

Sehenswertes

Die Altstadt liegt hinter einem intakten Mauerring mit einem stolzen Tor, der Porta Romana. Am Corso Baccio, der zur Piazza Matteotti auf der Spitze des Hügelgrats führt, stehen hübsche Backsteinhäuser, barocke Palazzi und Kirchen und sogar ein kleines Theater aus dem 19. Jahrhundert. Im Oratorio dei Filippini, neben der Chiesa San Filippo Neri auf der rechten Straßenseite, hat die Stadt im Jahr 2001 die Pinacoteca Comunale eröffnet. Ein Besuch lohnt sich allein schon wegen der beiden wunderbaren Gemälde von Vittore Crivelli aus dem späten 15. Jahrhundert. Vittore war der Bruder und Schüler von Carlo Crivelli (▶ Berühmte Persönlichkeiten), dem die Region wichtige künstlerische Impulse verdankt. Am schönen Hauptplatz von San Elpidio, der Piazza Matteotti, sind außer dem Rathaus und einem Uhrturm (den man besteigen kann) auch zwei Kirchen versammelt, die beide durchaus einen Blick lohnen. Die kleinere Basilica Lateranense della Misericordia aus dem 17. Jahrhundert besticht durch eine herrliche Ausstattung mit illusionistischer Deckenausmalung, Altären und zwei funktionstüchtigen Orgeln aus der Barockzeit. Gegen diese beiden Juwelen anzukommen, hat es das materialreiche, aber nicht sehr ansprechend gestaltete Schuhmuseum schwer, das wenige Schritte von der Porta Romana, in einem Palazzo am Viale Marconi, untergebracht ist.

Baedeker TIPP Calzature

Bei Gianluca Pollastrelli, in Cassette d'Ete, ca. 3 km nördlich von San Elpidio, kann man sich Schuhe nach Maß anfertigen lassen – natürlich zu einem entsprechenden Preis. Nicht ganz so individuell, aber dafür auch etwas günstiger, wird der Schuhkauf beim Outlet von Diego della Valle (TODS), ebenfalls an der Durchgangsstraße gelegen, in einem unscheinbaren Fabrikgebäude ohne Firmenschild!

Montappone

▶ Fermo

Comacchio H/J 9

Region: Emilia-Romagna
Einwohnerzahl: 22 000

**Lagunenstädtchen

Rund 30 km nördlich von ▶ Ravenna, 7 km westlich der SS 309, erreicht man das alte Städtchen, das ebenso wie ▶ Venedig und ▶ Chioggia auf mehreren Inseln erbaut wurde. Romantische Kanäle, von denen die meisten allerdings bereits trockengelegt wurden, bestimmen das Bild von Comacchio, das man auch mit dem Boot erkunden kann. Ursprünglich lag Comacchio am Meer, heute liegt es ein paar Kilometer landeinwärts am nördlichen Rand des riesigen Lagunensees Valli di Comacchio (s. u.). Die Bewohner leben hauptsächlich vom Fischfang. In der Spätantike gegründet, war es ein wichtiger Hafen an der Po-Mündung und ab dem 8. Jh. sogar Sitz eines Bischofs. Vor allem der Handel mit Salz machte die Stadt reich und mächtig. Doch bereits im Hochmittelalter ging die Bedeutung von Comacchio zurück – für den heutigen Besucher ein Glück, denn so blieb ein Städtchen erhalten, in dem die Zeit stillzustehen scheint.

Comacchio ist eine Stadt der Brücken und Kanäle. Am Ponte dei Trepponti, der elegantesten Brückenkonstruktion des Städtchens, laufen gleich mehrere Wege zusammen.

Sehenswertes

Das beliebteste Fotomotiv in Comacchio befindet sich gleich an einem der Hauptzugänge in die alte Stadt: Die Rede ist vom Ponte dei Trepponti, einer turmbekrönten Konstruktion aus mehreren Treppenbrücken, die 1634 Kardinal Giovan Battista Pallotta bauen ließ. Der Via Pescheria entlang kommt man zum Canala Maggiore, der von mehreren zierlichen Steinbrücken überspannt wird. Die barocken Brücken, Kirchen und Paläste verdankt Comacchio der Baufreude verschiedener Kardinäle. Am Kanal bzw. in den benachbarten Gassen stehen die wichtigsten Gebäude des Fischerstädtchens, u. a. der Palazzo Bellini, in dem das in der Lagune unweit von Comacchio gefundene Schiff aus der römischen Kaiserzeit mitsamt seiner Ladung ausgestellt wird (Museo della Nave Romana; Via della Pescheria 3), und der bischöfliche Palast aus dem Jahr 1745. An seiner Giebelfassade mit zwei Türmen erkennt man das Vecchio Ospedale San Camillo in der Via Ospedale, Ecke Via Agatopisto. Das 1784 vollendete Gebäude soll künftig das zweite Museum in Comacchio beherbergen, das sich mit der Alltagskultur im Po-Delta beschäftigt (Museo delle culture humane del delta del Po). Etwas abseits vom Kanal erreicht man an der Piazza XX Settembre den Dom, der von einem freistehenden Glockenturm begleitet wird.

Sehenswertes (Fortsetzung)

Etwa 5 km westlich von Comacchio wurde die im 6. Jh. gegründete Etruskerstadt Spina ausgegraben. Die Funde wanderten ins Museum nach Ferrara; vor Ort gibt es nichts zu besichtigen.

Spina

Valli di Comacchio

Bei der Bezeichnung "valle" denkt man zunächst einmal an ein Gebirgstal, doch das trifft auf diese Valli nicht zu. Vielmehr handelt es sich bei der riesigen Wasserfläche, die sich südlich von Comacchio auf rund 11 000 ha ausbreitet, um Süß- oder Salzwasserbecken, die zur Fischzucht angelegt wurden und für diesen Zweck auch noch genutzt werden. Das Sumpfland ist heute Teil des Naturparks Delta del Po (s. u.) und Nistplatz für zahlreiche Vogelarten, so z. B. den rosa- oder korallenfarbenen Gabbian, verschiedene Entenarten oder Reiher. Aufgrund des hohen Salzgehaltes können in der Umgebung der Valli, auf den Dämmen, den Lagunen und den flachen Inseln, nur bestimmte Pflanzen wachsen, die zu dieser besonderen Anpassung fähig sind.

Wasserbecken

Baedeker TIPP **Anguille**

In den flachen Seen und Flussarmen werden vor allem Aale gezüchtet und dann mit großen Netzen gefangen. Es wundert also nicht, dass Aale, Anguille, auch die kulinarische Spezialität schlechthin in Comacchio sind.

Am nördlichen Rand der Valli, etwa 4 km südlich von Comacchio und leicht mit dem Fahrrad zu erreichen, befindet sich das in der Casa di Vigilanza Foce untergebrachte Lagunenmuseum (Museo delle Valli di Comacchio), das über die Besonderheiten der Lagune und die traditionellen Fischfangmethoden informiert. Von hier aus kann man per Boot, Fahrrad oder im Rahmen von geführten Spaziergängen die Wasserlandschaft erkunden und eines der alten, strohgedeckten Fischerhäuser, casone genannt, besichtigen.

Lagunenmuseum

Lidi di Comacchio

Sieben Lidi gehören zu Comacchio, vom Lido di Volano ganz im Norden bis zum Lido di Spina im Süden. Breite, gepflegte Sandstrände und dahinter familienfreundliche, ruhige Feriensiedlungen unter Pinien sind typisch für die Lidi – wer das aufregende Nachtleben sucht, sollte besser in Rimini oder Jesolo seinen Urlaub

Seebäder

Lidi di Comacchio (Fts.)

buchen. In Lido degli Scacchi kann man noch die Sanddünen bewundern, die früher am Meer lagen und heute ca. 300 m von der Küste entfernt sind.

Porto Garibaldi

Zwei Kilometer südlich von Lido degli Scacchi erreicht man den Fischereihafen Porto Garibaldi. Der Hafenort erhielt seinen Namen von dem italienischen Freiheitskämpfer, der sich in dem undurchdringlichen Sumpfland der Valli di Comacchio vor seinen Verfolgern versteckte. Von Porto Garibaldi starten Ausflugsboote ins Delta und Schiffe nach Rovigno oder Pula (Kroatien) ans gegenüberliegende Ufer der Adria. Für Sportfischer werden Motorbootausflüge ins Delta organisiert.

***Lido di Spina**

Der südlichste und für viele auch der charmanteste der sieben Lidi ist Lido di Spina, der den Namen der alten Etruskerstadt bei Comacchio trägt. Ein ungewöhnliches Museum erwartet den Besucher in dem erholsamen Ferienort: das Museo Alternativo Remo Brindisi. Die hochkarätige Sammlung moderner Kunst (Malerei, Skulptur und Grafik, u. a. mit Werken von Modigliani, De Chirico oder Chagall) wurde von Remo Brindisi zusammengetragen und in einer vom Bauhaus inspirierten Villa untergebracht.

Umgebung von Comacchio

****Abbazia S. Maria di Pomposa**

Die berühmte Abtei, unmittelbar an der SS 309, etwa 15 km nördlich von Comacchio gelegen, ist eines der bedeutendsten Kunstdenkmäler im weiten Umkreis. Nachdem Benediktinermönche das sumpfige Umland urbar gemacht hatten, gründeten sie im 7. Jh. das Kloster Santa Maria di Pomposa (geöffnet tgl. 8^{00} – 12^{00}, 14^{00} bis 19^{30} Uhr). Im Mittelalter spielte das Kloster im Kultur- und Geistesleben eine wichtige Rolle – so erfand hier im 11. Jh. der Mönch Guido von Arezzo die heute noch gebräuchliche Notenschrift.

Besonders schön ist die frühromanische Klosterkirche S. Maria Pomposa, ein Backsteinbau mit Vorhalle aus dem 7. bis 9. Jahrhundert, der von einem stolzen Kampanile mit Rundbogenfenstern überragt wird. Im Innern der dreischiffigen Kirche blieb ein Fußbodenmosaik aus dem 11. Jh. erhalten. Die Rundbogenarkaden ruhen auf Säulen mit korinthischen Kapitellen, vermutlich antike Spolien, und die Langhauswände darüber bedecken herrliche Fresken aus dem 14. Jahrhundert. Nicht weniger beeindruckend sind die Fresken im Kapitelsaal und vor allem im Speisesaal des Klosters, wo u. a. dargestellt ist, wie Abt Guido von Pomposa Wasser in Wein verwandelt. Ein Meister aus Rimini, möglicherweise ein Schüler von Giotto, soll das Fresko gemalt haben. Etwas entfernt vom Klosterkonvent steht der Palazzo della Ragione, ein zweigeschossiges Gebäude mit Loggien, ehemals Sitz der Klosterverwaltung und Rechtsprechung. Der romanische Bau (11. Jh.) wurde im 19. Jh. stark restauriert.

Comacchio

Mesola

11 km nördlich von Pomposa, in Mesola, hatte Alfonso II., der letzte Herzog von Ferrara, eine Renaissanceburg mit vier wuchtigen Ecktürmen bauen lassen. Außer der Burg selbst kann man auch in die alten Pferdeställe und in die ehemaligen Gesindewohnungen einen Blick werfen.

***Naturpark Delta del Po**

Comacchio und die Lidi di Comacchio eignen sich bestens als Ausgangspunkt für Ausflüge ins Po-Delta, das größte Feuchtgebiet Italiens, von dem große Teile unter Naturschutz gestellt und zum Parco Nazionale del Delta del Po ausgerufen wurden. Der längste Fluss Italiens (652 km) mündet hier zusammen mit seinen aus den Alpen und aus dem Apennin zuströmenden Nebenflüssen ins Meer. Die unregelmäßige Wasserführung der Zuflüsse führte immer wieder zu Hochwasser, das man durch Dämme, Kanäle und andere Regulierungen zu beherrschen versuchte. Typisch für das Landschaftsbild des Deltagebiets sind der fließende Übergang von Wasser und Land, die schmalen Landzungen und Inseln, breite Schilfgürtel, Brackwasserseen, Sanddünen, Salinen und Pinienwälder. Mit Booten, zu Fuß, mit dem Fahrrad oder auch zu Pferd lässt sich die Deltalandschaft entdecken. Von der Vielfalt der im Po-Delta heimischen Pflanzen kann man sich im botanischen Garten am Rand des Bosco Mesola, einem naturgeschützten Waldgebiet bei dem Ort gleichen Namens, einen Eindruck verschaffen. Informationszentren zum Park gibt es u. a. in der Abtei von Pomposa, in Cervia, in Goro oder in Comacchio. Informationen über den Naturpark erhält man aber auch über das Internet unter www.parks.it/parco.delta.po.er.

◂ **Fischerhütten vor der Küste von Comacchio**

Region: Marken · Marche
Einwohnerzahl: 54 000

"Stadt des Glücks"

Ein Tempel für die römische Göttin des Glücks, Fanum Fortunae genannt, gab der Hafenstadt ihren Namen. Fano, 12 km südöstlich von ▶ Pesaro gelegen, ist heute ein beliebter Ferienort mit einem mehr als 18 km langen Sand- bzw. Kiesstrand, der lediglich vom Hafen und einem Kanal unterbrochen wird und im Südosten bis Marotta reicht. Die lange Geschichte Fanos bleibt dem Besucher nicht verborgen. Die markantesten Spuren verweisen auf die Römer, genauer: auf Kaiser Augustus, der die Kolonie Fano gegründet hatte. Ihm zu Ehren wurde das große, dreibogige Stadttor erbaut, und auch von der Mauer, mit welcher der erste römische Kaiser die Stadt eingrenzen ließ, sind noch eindrucksvolle Reste erhalten geblieben. Im Laufe der Jahrhunderte entstand dann die Mittelalter- und Renaissancestadt Fano mit einer romanischen Kathedrale, dem imposanten Bürgermeisterpalast, den Festungsanlagen der Malatesta und stolzen Palazzi.

Grazile Konstruktion: der zweigeschossige Innenhof der Logge di San Michele

Trotz seiner Baudenkmäler und seiner Vorzüge als Badeort gehört Fano noch nicht zu den überlaufenen Touristenhochburgen. Zum Flanieren und Shoppen eignet es sich besser als viele andere Städte: Es gibt erstaunlich viele edle Geschäfte und Boutiquen und die meisten Straßen und Gassen in der überschaubaren Altstadt mit ihrem rechtwinkeligen Straßennetz sind den Fußgängern vorbehalten, allenfalls Waren werden mit dem Auto angeliefert.

Sehenswertes in Fano

Arco d'Augusto, *Logge di San Michele

Den Eingang in die Römerstadt bildete das für Kaiser Augustus im Jahre 9 n. Chr. errichtete monumentale Stadttor. An die Innenseite des travertinverkleideten Bogens wurde im 15. Jh. die Logge di San Michele angebaut. Hinter den zierlichen Arkaden der Logge verbirgt sich ein Renaissancegebäude um einen hübschen, zweigeschossigen Innenhof.

Via Arco d'Augusto

Die Via Arco d'Augusto ist die Fortsetzung der berühmten Via Flaminia, die von Rom durch das mittelitalienische Berg- und Hügelland, über Pässe und durch Schluchten zur Adria führt. Wer sich auf ihr vom Stadttor aus weiter in Richtung Altstadt und Meer hält, gelangt nach wenigen Hundert Metern zur Via Giacomo Matteotti, welche die Via Arco d'Augusto im rechten Winkel schneidet. Wenn man sich nun nach rechts wendet, erreicht man alsbald den Mittelpunkt Fanos, den Platz des 20. September (Piazza XX Settembre).

Neben der hübschen Fontana della Fortuna, dem Glücksbrunnen von 1593, ist es vor allem der wuchtige Palazzo della Ragione, der die Blicke auf sich zieht. Der älteste Palazzo in Fano wurde 1299 erbaut und 1845 – 1863 von Luigi Poletti als Theater eingerichtet. Im Norden stößt der Palazzo Malatesta an den Platz (15. / 16. Jh.), in dessen schönem Hof (Corte malatestiana) im Sommer Musik- und Theaterveranstaltungen stattfinden. Im Palazzo selbst sind das Städtische Museum (Archäologie und Numismatik) und die Pinakothek untergebracht. Vertreten sind in der Gemäldesammlung auch Giovanni Santi, Vater des berühmten Raffael, sowie die Barockmaler Guido Reni, Guercino und Domenichino. Hinter dem Palazzo della Ragione liegt der Obst- und Gemüsemarkt.

Fano (Fts.), *Piazza XX Settembre

Südlich der Piazza XX Settembre sind in der Kirche S. Maria Nuova Werke von Perugino zu sehen, u. a. eine “Madonna mit Kind und Heiligen”, eine Pietà und Szenen aus dem Marienleben. Die Werke entstanden im späten 15. Jahrhundert.

S. Maria Nuova

Der schnellste Weg in die beiden Städtchen führt über den Badeort Marotta 12 km südlich von Fano. Von dort fährt man durch das Tal des Cesano auf der SS 424 landeinwärts. Bei S. Michele zweigt eine Straße ab nach Mondavio hinauf, wo sich 1492 Giovanni della Rovere die Rocca Roveresca hatte bauen lassen. Im Burgmuseum gibt es u. a. eine Waffensammlung und nachgestellte Alltagsgeschichte zu besichtigen. Auf der anderen, südlichen Seite des Cesano-Tals sitzt auf einem Hügelkamm das pittoreske Mittelalterstädtchen Corinaldo. Berühmt ist Corinaldo für seine gut erhaltene Stadtmauer, auf der man – zumindest ein Stück weit – über den Dächern der Stadt spazieren kann.

Umgebung, Mondavio, *Corinaldo

Fermo

S 19

Region: Marken · Marche
Einwohnerzahl: 36 000

Nur 6 km von der Adriaküste entfernt, bei Porto San Giorgio (▶ Civitanova Marche, Umgebung), liegt das sehenswerte Städtchen Fermo auf dem 319 m hohen Tuffsteinhügel Girfalco. Der Ort wurde von den alten Römern Firmum Picenum genannt und ist auf mehreren Ebenen angelegt. Der steile Weg nach oben lohnt sich, denn spätestens auf der Piazza del Popolo wird unmissverständlich klar, dass Fermo ist ein architektonisches Schmuckstück ist.

***Stadtbild**

Baedeker TIPP **Schnäppchen**

Edlen Trödel kann man im Juli und August jeden Donnerstag auf der Piazza del Popolo finden, wo der Antiquitätenmarkt bis in die späte Nacht Käufer anlockt (17^{00} bis 24^{00} Uhr). Für jede Geldbeutelgröße ist etwas dabei!

Sehenswertes in Fermo

Am östlichen Ortsrand befindet sich die Minoritenkirche S. Francesco (13. – 15. Jh.) mit dem mächtigen Grabmal von Sansovino (1527). Hier sind auch Reste der römischen Stadtmauer noch gut erhalten.

S. Francesco, *Römische Zisternen

Am steilen Hang: Wohnhäuser in Fermo

Weiter geht es durch steile Gassen über das charakteristische Straßenpflaster der Via Don Minzoni aus dem 15. Jh. hinauf zur Via Aceti, wo der Eingang zu den großen römischen Zisternen liegt. Sie wurden zwischen 40 und 60 n. Chr. angelegt und sind ein außerordentliches technisches Meisterwerk der Antike, einzig in ihrer Art in Italien und vorzüglich erhalten. Dreißig riesige unterirdische Räume in drei parallelen Reihen, die miteinander verbunden sind und insgesamt eine Fläche von 2500 m^2 beanspruchen, sammelten das Regen- und Quellwasser, das nach der Reinigung zur Versorgung der Stadt und der Flotte diente (Führungen nur nach Voranmeldung unter ☎ 07 34 21 71 40, montags geschlossen).

**Piazza del Popolo

An der Kirche San Domenico (1233) vorbei gelangt man zum Prunkstück von Fermo, der Piazza del Popolo. Die mächtigen Gebäude, die diesen charmanten Platz säumen, wurden insbesondere im 15. und 16. Jh. nach und nach umgebaut, bis der Platz schließlich seine heutige Gestalt annahm. Unter den hohen, vornehmen Arkaden treffen sich die Bewohner von Fermo gern zu einem Schwätzchen.

Palazzo Priori

Am nördlichen Ende der Piazza liegt der prächtige Palazzo Priori, von dessen Portalloggia Papst Sixtus V. grüßt. Er war 1571 bis 1577 Bischof in Fermo. Im zweiten Stock ist seit 1986 die Pinacoteca Civica untergebracht. Über fünf Säle verteilt sind Gemälde und Fresken aus allen Epochen zu sehen, u. a. ein Polyptychon von Jacobello del Fiore ("Martyrium der hl. Lucia", 1410) sowie ein Jugendwerk von Peter Paul Rubens ("Anbetung der Hirten", 1608).

Palazzo degli Studi, *Bibliothek

Links davon befindet sich der Palazzo degli Studi mit der Stadtbibliothek, die mit über 400 000 Bänden zu den zehn größten Bibliotheken Italiens gehört. Der prachtvolle Globus-Saal ist der schönste Raum der Bibliothek: Der große Globus in der Saalmitte wurde 1722 von dem berühmten venezianischen Kosmographen Amanzio Moroncelli geschaffen. Eine Besichtigung nach Voranmeldung ist möglich (☎ 07 34 28 43 10).
Südlich der Piazza del Popolo beherbergt ein Gebäude aus der römischen Kaiserzeit das Archäologische Museum.

Dom

Auf dem höchsten Punkt der Stadt breitet sich die Piazza Girfalco mit dem Dom aus, dessen eigenartig asymmetrische comaskische Fassade noch aus dem 13. Jh. stammt. Der Bau selbst entstand 1781 – 1789. In der Vorhalle beachte man das gotische Grabmal des Giovanni Visconti (1366) von Bonaventura da Imola. Im Presbyterium sind Reste eines frühchristlichen Mosaiks aus dem 5. Jahrhundert zu sehen.

Umgebung von Fermo

Montappone

Ein Ausflug in den kleinen Ort Montappone, das Zentrum der Hutindustrie in den Marken, lohnt sich auf jeden Fall. Montappone liegt ca. 20 km westlich von Fermo (erst auf der SS 210 bis Croce di Via, dann über Montegiorgio und Falerone nach Montappone). Wie der Kopfschmuck auch heute noch in Handarbeit hergestellt wird, erfährt man sehr anschaulich im dortigen Hutmuseum. Besonders stolz ist das Museum auf ein Modell, das Federico Fellini bis kurz vor seinem Tod getragen hat. Bevor man zu dem Ausflug startet, sollte man unbedingt vorher im Museum anrufen und sich nach den Öffnungszeiten erkundigen oder besser noch einen Termin mit Mario Ercoli vereinbaren, der mit großem Wissen das Handwerk erläutert (☎ 07 34 76 04 26, 8 00 – 13 30 Uhr).

Giulianova

T 29

Region: Abruzzen · Abruzzi
Einwohnerzahl: 25 000

Allgemeines

Giulianova ist der Mittelpunkt der nördlichen Adriaküste der Region Abruzzen zwischen Alba Adriatica und Roseto degli Abruzzi. Die Stadt besteht, wie viele Küstenorte, aus einem verhältnismäßig jungen Seebad am Meer und einem auf den Hügeln gelegenen alten Ortskern.

*Giulianova Lido

Mit einem langen Sandstrand, einem Jachthafen und vielen Wassersportangeboten verwöhnt Giulianova Lido seine Badegäste. Palmen und Oleanderbüsche, dazwischen halbrunde, terrassenartige Ausbuchtungen mit Sitzbänken prägen den breiten, neu angelegten Lungomare in Giulianova Lido. Fußgänger und Radfahrer kommen hier gleichermaßen zu ihrem Recht, sprich zu ihrem Fuß- oder Radweg.

Giulianova Alta

Römischen Ursprungs ist das etwa 1 km landeinwärts gelegene Giulianova Alta. Der Ort wurde 1470 wieder besiedelt – unter dem Herzog von Atri, Giulio Antonio Acquaviva, dessen Namen das Städtchen erhielt. An der Piazza Vittorio Emanuele sollte man das Auto abstellen, den Blick von der Terrasse des dortigen Cafés genießen und anschließend durch den kleinen Ort schlendern. Die Hauptsehenswürdigkeit von Giulianova Alta ist zweifelsohne der Dom San Flaviano, den man leicht an seiner mächtigen Kuppel erkennt. Der Renaissancebau entstand um 1470 zu Ehren des heiligen Flavianus, der im 5. Jh. als Patriarch von Konstantinopel in Ungnade gefallen und auf dem Weg in die Verbannung gestorben war. Sein Leichnam wurde angeblich an der Küste von Giulianova an Land gespült.
Wer Sinn hat für kleine, skurrile Museen, sollte auch der Pinacoteca einen Besuch abstatten. Vertreten sind hier vor allem abruzzische Künstler des 19. Jh.s, die der Landschaftsmalerschule “Scuola di Posilipo” angehörten. Zusammengetragen wurden die Gemälde und Zeichnungen von dem heimischen Kunstsammler Vincenzo Bindi, in dessen Wohnhaus mit originalen Möbeln aus dem 19. Jh. die Werke heute gezeigt werden (geöffnet Mo. – Fr. 9 00 – 12 00 und 15 00 bis 18 30 Uhr).

Umgebung von Giulianova

Teramo

Die Provinzhauptstadt liegt ca. 25 km landeinwärts zu Füßen der einsamen Monti della Laga und des Gran Sasso. Dafür, dass sie als römisches "Interamnia" eine lange Geschichte hat, gibt es verhältnismäßig wenig zu sehen. Bedeutend ist der romanisch-gotische Dom S. Bernardo (1158 – 15. Jh.), insbesondere das Portal eines Künstlers namens Meister Deodatus aus Rom (1332). Ein Blick in das Kircheninnere lohnt sich wegen des silbernen Altarvorsatzes mit 35 Bildfeldern von Nicola da Guardiagrele aus dem 15. Jahrhundert – von ihm stammen auch die Säulenfiguren des Portals – und wegen des herrlichen Polyptychons (um 1420) von Iacobello da Fiore. Neben dem Dom steht der Bischofspalast aus dem 15. Jh., wenige Schritte südöstlich sind die Reste eines römischen Theaters zu erkennen. Teile eines riesigen römischen Amphitheaters sind in der linken Domflanke zu sehen. Die jüngsten Ausgrabungen eines römischen Hauses und einer Basilika am Largo di Torre bruciata werden im Laufe des Jahres 2002 zur Besichtigung geöffnet. Über die Frühgeschichte der Stadt informiert außerdem das Archäologische Museum in der Via Delfico 30. Eine gute Adresse für Einkäufe ist der Corso San Giorgio, der von der neu gepflasterten Piazza dei Martiri della Libertà zum Stadtpark führt.

****Gran Sasso d'Italia**

Atemberaubende alpine Bilder vermittelt das Kalkmassiv des Gran Sasso d'Italia ("Großer Fels von Italien"), des mit 2912 m höchsten Gebirges der Apenninenhalbinsel. Es ist von Teramo auf der A 24 schnell zu erreichen, gut erschlossen und ein beliebtes Ausflugsziel und Wintersportgebiet. Besonders schön: Eine Fahrt auf die Hochebene Campo dell'Imperatore, entweder mit der Seilbahn ab Fonte Cerreto (Abzweigung von der A 24 direkt hinter dem Tunnel), oder auf der 28 km langen Serpentinenstraße. Vom Albergo Campo dell'Imperatore steigt man in 45 Minuten zum Rifugio Duca degli Abruzzi auf dem Portella-Grat (2381 m) und in weiteren 3 – 3 1/2 Std. zum Gipfel des Corno Grande. Von dort blickt man über ganz Mittelitalien.

***L'Aquila**

Eine Stadt mit großem Charme und regem kulturellem Leben ist L'Aquila, die Hauptstadt der Region Abruzzen und nach ► Pescara auch ihr zweites Wirtschaftszentrum. Die über dem Aternotal südlich des Gran Sasso d'Italia gelegene Stadt wurde nicht von Friedrich II., wie oft zu lesen, sondern 1254 von dessen Sohn Konrad IV. gegründet, und zwar als Bollwerk gegen den Kirchenstaat.

Sehenswertes

Hauptachse und Flaniermeile der Stadt ist der von Arkaden gesäumte Corso Federico II/Vittorio Emanuele mit dem Domplatz in der Mitte. Der Dom S. Massimo aus dem 13. Jh. besitzt einen Sarkophag aus dem 7. – 9. Jh. und das großartige Renaissancegrabmal des Kardinals Amico Agnifili (1480). Ebenfalls am Corso Vittorio Emanuele liegt das 1530 – 1549 erbaute imposante Kastell mit dem Nationalmuseum der Abruzzen, das Malerei und Skulptur, Kunstgewerbe, paläontologische und archäologische Funde zeigt. Südlich unterhalb des Kastells steht S. Bernardino. Die Renaissancefassade der Kirche entstand 1527, das großartige Innere um 1730. Grandios sind die bemalte Holzdecke sowie die Orgel, sehenswert auch die Kapelle mit dem Mausoleum des Bernardino di Siena (1505), der 1444 in L'Aquila starb. Nicht nur wegen ihrer herrlichen, rot-weiß gemusterten Fassade verdient auch die Basilika S. Maria di Collemaggio südöstlich vor der Stadt einen Besuch. Am Westfuß des Stadthügels steht der "Brunnen der 99 Röhren" (1272), wo aus Menschenköpfen das Wasser sprudelt. Die Legende besagt, dass L'Aqulia aus 99 Burgen entstand, tatsächlich waren es 86 befestigte Dörfer.

L'Aquila (Fortsetzung)

Grado

Q 3

Region: Friaul-Julisch Venetien · Friuli-Venezia Giulia
Einwohnerzahl: 10 000

***Badeort mit Fischereihafen**

Grado, etwa 50 km westlich von ▶ Triest auf einer Lagunenhalbinsel gelegen, ist einer der hübschesten Badeorte an der nördlichen Adriaküste, eine gelungene Mischung aus Fischereihafen – einem der größten an der italienischen Adria –, modernem, ständig wachsendem Bade- und Thermalkurort und mittelalterlichem Städtchen mit bedeutender Vergangenheit.

Für Fischer- und Sportboote: der Hafen von Grado

Geschichte

Der Name Grado leitet sich vom römischen *gradus* ab, was so viel wie "Ausgang zum Meer" bedeutet. War Grado also der Meerhafen von ▶ Aquileja? Die Frage lässt sich nicht eindeutig beantworten, da Aquileja selbst einen großen Flusshafen besaß. Als Aquileja 452 zerstört wurde, floh die Bevölkerung nach Grado, der Bischof von Aquileja siedelte in das dortige Castrum über. Später kam es zu einer Spaltung des Patriarchats von Grado-Aquileja, auf die zahlreiche kriegerische Auseinandersetzungen folgten. 1266 übernahm Venedig die Verwaltung von Grado, das fortan das Schicksal der Lagunenstadt teilte. Erst der Tourismus machte aus Grado wieder eine blühende Stadt: Am 25. Juni 1892 erklärte Kaiser Franz Joseph Grado zum offiziellen Kurort der Habsburgischen Monarchie.

Sehenswertes in Grado

Hafen, *Altstadt

Von Aquileja kommend, erreicht man das Städtchen über den Straßendamm, der Grado mit dem Festland verbindet. Der erste Eindruck wird bestimmt von dem Hafenbecken mit dem bunten Gewirr der Fischerboote in einem Seitenarm und den Segelbooten im anderen. Nur wenige Schritte von hier, zwischen Hafen und dem Uferdamm, den die Österreicher im 19. Jh. zum Schutz des Städtchens angelegt hatten, liegt das alte Zentrum von Grado, das man nur zu Fuß erkunden kann. Für Autos wäre auch kein Platz in den engen, winkeligen Gassen oder auf den winzigen, wohnzimmergroßen Plätzen wie zum Beispiel dem Campo S. Niceta, auf dem im Sommer bis spät am Abend die Gäste der angrenzenden Restaurants sitzen.

In der Altstadt von Grado

S. Maria delle Grazie, *Sant' Eufemia

Zwei gut erhaltene mittelalterliche Kirchen besitzt Grados Altstadt: Santa Maria delle Grazie, die man vom Hafen kommend als erste passiert, und, bedeutend größer, Sant' Eufemia mit ihrem venezianischen Kampanile und dem angrenzenden Friedhof. S. Eufemia wurde 579 über einem Vorgängerbau errichtet und ist damit eine der wenigen Kirchen, die aus der Völkerwanderungszeit erhalten geblieben sind. Ebenso wie im benachbarten ▶ Aquileja war Grado Sitz eines Patriarchen und Sant' Eufemia Bischofskirche. Die heilige Eufemia wählte man vermutlich ganz bewusst als Titelheilige, denn sie war auch die Schutzherrin eines Konzils, auf dem die Zweinaturenlehre beschlossen worden war – eine Lehre, die der Papst ablehnte, der Bischof von Grado aber anerkannte. Die äußerlich eher schlichte, dreischiffige Basilika birgt im Innern einen interessanten Mosaikfußboden aus der Erbauungszeit. Von der Ausstattung beachte man besonders die Kanzel aus dem 13./14. Jh., die von antiken Säulen gestützt wird, sowie den silbernen Altaraufsatz, den 1372 ein venezianischer Künstler anfertigte. Der Domschatz wird in der Kapelle südlich der Apsis aufbewahrt. Aus dem späten 5. Jh. stammt das achteckige Baptisterium neben der Kirche.

Piazza Marin

An der Piazza Marin beginnt der neue Teil von Grado. Hier wurden vor ein paar Jahren die unterhalb des heutigen Straßenniveaus liegenden Mauerreste eines römischen Gebäudes sowie die Grundmauern und das Bodenmosaik einer Aula aus dem 4. Jh. und die Mauern einer dreischiffigen Basilika aus dem 5./6. Jh. freigelegt und zugänglich gemacht. Abends wird die Ausgrabungsstätte beleuchtet.

Viale Europa Unità

Dem Largo S. Grisogono folgend kommt man zu dem dreieckigen, begrünten Platz, an dem die beiden Haupteinkaufs- und Flanierstraßen der Badestadt Grado zusammenlaufen, Viale Europa Unità und Via Dante. Hier findet man die meisten Geschäfte, Restaurants und Cafés.

Viale Europa Unità (Fts.)

Der lange Hauptstrand von Grado erstreckt sich östlich der Altstadt. Er ist nicht sehr breit, sehr gepflegt und fest in den Händen der Badeanstalten, die Sonnenschirme und Liegestühle verleihen. Die Thermal- und Kuranlagen liegen direkt hinter dem Strand. Der mit Salzen angereicherte Sand von Grado wird bei Rheumaerkrankungen für Sandbäder genutzt. Die jüngste Attraktion am Strand ist der Thermalwasserpark (Parco termale aquatico) mit einem Meerwasserschwimmbecken, Hydromassageanlage, Wasserrutschen, künstlichen Wasserfällen, einem Gegenstromschwimmkanal und anderen Vergnügungen rund ums Wasser. Gebührenfrei und ohne jede Form der Animation baden kann man am zweiten Strand von Grado, der westlich der Altstadt liegt und sich gut für ein spätnachmittägliches Bad eignet.

Strände, Thermalanlagen

Baedeker TIPP Abendsonne

Der Uferdamm, der in einem weiten Bogen die Altstadt vom Meer abschirmt, ist heute eine beliebte Flaniermeile – und die großen Steine dort sind der beste Ort für ein Sonnenbad in der milden Abendsonne.

Wer gern im Grünen wohnt, sollte sich in Grado Pineta, ca. 3 km östlich vom Stadtzentrum, ein Quartier suchen. Der Ortsteil liegt in einem Pinienwald, und fast alle Hotels, Pensionen und Ferienhäuser haben schattige Gärten. Der Strand ist keine Amüsier- und Flaniermeile, sondern vor allem zum Baden und Sonnenbaden da. Kurz vor dem Ortseingang liegt der Golfclub von Grado mit einem Golfplatz und Hotel.

Grado Pineta, Golfplatz

Meer und Land sind mit Hingabe und Leichtigkeit verschmolzen… so beschrieb Biagio Marin, der Dichter der Grado-Insel, die Lagunenlandschaft, die man bei einer Bootsfahrt kennen lernen kann. Die unberührte Wasserlandschaft ist Teil eines Naturschutzgebietes und Lebensraum von selten gewordenen Schwimmvögeln. Auf den kleinen Inseln sieht man ab und zu auch noch eine der strohgedeckten Hütten der Fischer, *casoni* genannt.

Laguna di Grado

Jesi

P 16

Region: Marken · Marche
Einwohnerzahl: 40 000

Die zentrale Piazza in Jesi war am 26. Dezember 1194 Schauplatz eines außergewöhnlichen Ereignisses: Die 40-jährige Konstanze von Hauteville, Gemahlin von Kaiser Heinrich IV., brachte hier in einem Zelt – coram publico, um Zeugen zu haben – den späteren Kaiser Friedrich II. zur Welt. Einem breiteren Publikum ist die Stadt, die knapp 30 km südwestlich von ▶ Ancona oberhalb des Esino-Tals liegt, durch den Verdicchio dei Castelli di Jesi bekannt, einen trocken-aromatischen Weißwein, der in schlanken, amphorenförmigen Flaschen verkauft wird.

"Stadt des Verdicchio"

Jesi (Fts.)
Sehenswertes

Die ganz von mittelalterlichen Mauern umgebene Stadt liegt auf einem schmalen Bergrücken. Das Teatro Pergolesi (1796) an der Piazza del Popolo ist benannt nach dem berühmten Sohn der Stadt, dem Komponisten Giovanni Battista Pergolesi (1710–1736). Zwischen Palazzo Ricci und dem Rathaus hindurch gelangt man zum stattlichen Palazzo della Signoria, einem 1498 vollendeten Frührenaissancebau mit schönem Loggienhof und Stadtmuseum. Weiter nordöstlich mündet die Via Pergolesi in die noble Piazza Federico II mit dem Dom, den barocken Palazzi Balleani (links) und Ripanti sowie dem Diözesanmuseum rechts vom Dom.

***Pinacoteca Civica**

Unbedingt besuchen sollte man die Pinacoteca Civica im stimmungsvollen Rokokopalazzo Pianetti-Tesei westlich des Teatro Pergolesi (Via XV Settembre), die hervorragende Werke des venezianischen Renaissancemalers Lorenzo Lotto zeigt.

Umgebung, **Grotta di Frasassi

Etwa 30 km südwestlich von Jesi liegt in der gleichnamigen Felsenschlucht der Eingang in eines der sensationellsten Höhlensysteme Italiens – 13 km lang, von denen etwa 1,5 km für Besucher zugänglich sind. Besonders beeindruckend ist die 200 m hohe und fast genauso lange Halle direkt hinter dem Eingang. Riesige Stalagmiten und Stalaktiten bilden hier eine ganz eigene, phantastische Welt. Besichtigungen sind nur im Rahmen von Führungen möglich. Dauer der Führung etwa 70 Minuten (geöffnet Nov.–Feb. an Werktagen 11^{00}–16^{30}, sonst 9^{30} bis 18^{00}, März–Okt. tgl. 9^{30}–18^{00}, Aug. 8^{30}–18^{30} Uhr). Für Entspannung nach dem Höhlenbesuch sorgt ein Bad im Thermalschwimmbad im benachbarten San Vittore Terme.

> *Baedeker* TIPP **Höhlengänge**
>
> Erstens sollte man die Frasassi-Höhlen, wenn möglich, nicht am Wochenende besuchen, zweitens nicht ohne Jacke oder Pullover – Temperatur in der Höhle 14 °C –, und drittens kann man es vom 17. Juli bis 22. August auch zu spätabendlicher Stunde tun: um 21^{00} und um 22^{30} Uhr.

Lido di Jesolo — L/M 4/5

Region: Venetien · Veneto
Einwohnerzahl: 23 000

***Badeort der Superlative**

Der schmale Festland-Streifen östlich von ▸ Venedig zwischen Cortellazzo im Osten und der Mündung des Sile-Flusses im Westen ist einer der bekanntesten Lidi an der Adria, ein Badeort der Superlative: Rund 15 km Liegestuhlreihen am feinen Sandstrand, mehr als 400 Hotels, mehrere Campingplätze, unzählige Restaurants, Cafés, Bars und Discos sowie Sportangebote von Surfschulen über Basket-, Volleyball- Tennis- und Reitplätze bis zu Gokartpisten und Radwegen, kurzum für beinahe jeden Geschmack etwas. Um auch weiterhin für Urlauber attraktiv zu bleiben, baut die Gemeinde ihre touristische Infrastruktur ständig aus: Die Strandpromenade wird verschönert, die Plätze in der Stadt werden neu gestaltet, der Hafenbereich soll erweitert werden, und 2002 wird ein Golfplatz an der Pista Azzurra eröffnet. Abendlicher Treffpunkt der lang gezogenen Badestadt ist die parallel zum Strand verlaufende Haupteinkaufsstraße, die Via Andrea Bafile. Während der Hauptsaison wird sie ab 20^{00} Uhr für den Verkehr gesperrt und so zu einer ca. 10 km langen

Flaniermeile für Fußgänger, Skater und Fahrradfahrer. Seit 2001 gibt es auch wieder eine regelmäßige Bootsverbindung nach Venedig durch die Linie Alisea.

Badeort der Superlative (Fts.)

Jesolo

Ein paar Kilometer landeinwärts liegt das Landstädtchen Jesolo, das dem weitaus berühmteren Badeort den Namen gab. In römischer Zeit ein Hafenort, wurde Jesolo im frühen Mittelalter von Mönchen besiedelt und entwickelte sich zu einem Zentrum christlicher Kultur. Drei Klöster und 40 Kirchen erinnern noch daran. Die wohlhabende Stadt wurde jedoch zu Gunsten Venedigs aufgegeben.

Umgebung von Lido di Jesolo

*** Eraclea Mare**

Die flache Umgebung von Jesolo lässt sich gut mit dem Fahrrad erkunden. Vom Ort Jesolo aus kann man beispielsweise zu einer Fahrt in die Lagunenlandschaft starten, reizvoll ist aber auch eine Radtour von Lido di Jesolo an der türkisfarbenen Piave entlang nach Eraclea oder nach Eraclea Mare, einem ebenfalls sehr beliebten Badeort inmitten von Pinienwäldern etwa 12 km nordöstlich.

Litorale del Cavallino, Punta Sabbioni

Die 15 km lange und sehr schmale Landzunge westlich von Lido di Jesolo, Litorale del Cavallino, ist mit ihren Sandstränden und Kiefernwäldern ein hervorragendes Camping- und Baderevier. Sie reicht fast bis auf die Höhe von ▶ Venedig. Von Punta Sabbioni verkehren Boote nach Venedig, den Wagen kann man auf einem der gebührenpflichtigen Parkplätze abstellen.

Zwischen Juni und August ist hier kaum ein freies Plätzchen zu ergattern, obwohl der Strand von Jesolo sehr breit ist.

Region: Friaul-Julisch Venetien · Friuli-Venezia Giulia
Einwohnerzahl: 6000

*"Strand total"

Lignano ist neben ▶ Lido di Jesolo und ▶ Bibione die dritte "Badestadt" an der nördlichen Adria und nicht zuletzt deshalb sehr beliebt, da von Norditalien und Österreich aus schnell erreichbar. Die Zahl der Gästebetten hat in Lignano das Zehnfache der Einwohnerzahl bereits überschritten, und in den Sommermonaten kommen zu den Urlaubern noch zahlreiche Tagesgäste hinzu – Strandeinsamkeit ist also mit Sicherheit nicht angesagt! Das Motto des benachbarten Bibione "Spiaggia tuttaspiaggia" – Strand total – trifft auch auf Lignano zu: Badevergnügen ist am endlos langen Sandstrand garantiert, und mit den unzähligen Bars, Ristoranti und Cafés sowie rund einem Dutzend Diskotheken kann man sicher sein, dass auch die Abende nicht langweilig werden und das Nachtleben nicht zu kurz kommt.

Drei Ortsteile

Das moderne Seebad, das sich auf dem östlichen "Arm" der Nehrung ausbreitet, auf der auch Bibione liegt, besteht aus drei Ortsteilen: Riviera, Pineta und Sabbiadoro. Riviera mit vielen Ferienhäusern im Grünen, einem Jachthafen und einem großen, schattigen Campingplatz (Camping Pino Mare) wird nach Westen durch den Tagliamento-Fluss begrenzt. Nach Osten geht es nahtlos über in Pineta, das, wie der Name schon sagt, von einem dichten Pinienwald bestanden ist. Das Besondere an Pineta sind die spiralförmig um einen zentralen Platz angelegten Straßen. Am ehesten den Charak-

Eis am Strand: Wer kann zu einem Gelato schon nein sagen?

ter einer Stadt hat das am östlichen Ende der Landzunge gelegene Sabbiadoro mit seinem großen Jachthafen, der Seebrücke und einigen belebten Plätzen mit Eiscafés, Restaurants und schicken Geschäften unter Schatten spendenden Pinien. Breite, von Blumenrabatten, Palmen und Oleanderbüschen gesäumte Straßen und gepflegte Hotels unter Pinien gehören aber auch zum Bild dieses angenehmen Stadtteils.

Drei Ortsteile (Fortsetzung)

Baedeker TIPP Jazz oder House?

Das ist nicht die Frage in Lignano, denn für jeden Musikgeschmack findet sich etwas. Leckere Cocktails und gute Barmusik bis morgens um 3^{00} Uhr – gelegentlich auch live gespielt – gibt es im sympathischen Café Ara d'Oro (Via Friuli 20 – 22, ☎ 0431 73670), Housemusic zum Abtanzen in der Diskothek im Kursaal im Stadtteil Pineta.

Strände, Freizeitmöglichkeiten

Fast 10 km lang ist der Strand von Lignano, extrem breit und überwiegend mit Badeanstalten belegt. Im Stadtteil Riviera gibt es einen "wilden" Strandabschnitt, wo man einen Liegestuhl mieten kann, aber nicht muss. Der Pinienwald dahinter lädt zu einem Picknick ein. Auch in Sabbiadoro beim Leuchtturm kann man sich ohne Liegestuhl in die Sonne legen.
Die Sportmöglichkeiten in Lignano reichen von Golf über Tennis bis zu Radfahren, Windsurfen und Segeln. Und da heute fast kein Seebad mehr ohne Wasservergnügungspark auskommt, hat auch Lignano einen solchen: Aquasplash heißt das 5000 m² große Areal an der Viale Europa.

Loreto

▶ Ancona, Umgebung

Macerata

Q 18

Region: Marken · Marche
Einwohnerzahl: 43 000

***Universitätsstädtchen mit berühmter Opernarena**

Auf einem Bergrücken zwischen den Flüssen Chienti und Potenza macht sich die schöne Provinzhauptstadt Macerata schon von weitem bemerkbar. Majestätisch lockt sie aus der Ferne. Sie ist möglicherweise aus der zerstörten römischen Stadt Helvia Recina entstanden, wahrscheinlicher ist jedoch, dass die Anfänge von Macerata im Frühmittelalter zu suchen sind. Hinter einer völlig intakten Stadtmauer aus dem 14./15. Jh. verbirgt sich ein beeindruckendes, historisches Zentrum und ein lebhaftes Universitätsstädtchen. Zur Attraktivität von Macerata tragen auch die jährlich von Mitte Juli bis Mitte August stattfindenden internationalen Opernfestspiele in der Arena Sferisterio bei, die sich mit jedem Jahr größerer Beliebtheit erfreuen.

Sehenswertes in Macerata

****Sferisterio**

Der Stolz der Stadt ist diese ungewöhnliche Arena am südöstlichen Altstadtrand neben der Porta Picena (geöffnet tgl. 10^{30} – 12^{30} und 17^{00} – 19^{30} Uhr). Erbaut wurde das klassizistische Stadion 1820 – 1829 für ein Ballspiel, das vom 15. Jh. bis um die Mitte des 19. Jh.s in den Marken sehr beliebt war, inzwischen aber in Vergessenheit geraten ist. Der aus Recanati stammende Dichter Giacomo Leopardi schrieb auf dieses Spiel sogar eine Ode! In Macerata entstand nach den Plänen des jungen Architekten Ireneo Aleandri aus San Severino ein Amphitheater mit 52 Logen auf zwei Geschossen. Das dritte Geschoss bestand aus einer geräumigen Terrasse, in der Mitte lag das große Spielfeld, von einer hohen Mauer umschlossen. 1966 nahm die Stadtverwaltung zahlreiche Änderungen am Sferisterio vor und wandelte es in ein Freilichttheater um. Heute wird das 7000 Zuschauer fassende Bauwerk für Konzerte und Opern genutzt und ist einer der bedeutendsten Opernfestspielplätze Italiens. Karten für die Festspiele, die im Juli und August stattfinden, gibt es ab etwa 13 Euro unter ☎ 07 33 23 07 35, Fax 07 33 26 15 70 oder im Internet unter www.maceratаopera.org.

Duomo und Basilica della Misericordia

Vom Sferisterio geht es durch schmale Gassen in den Nordosten der Stadt, zum Dombezirk mit dem 1771 begonnenen und 1790 vollendeten Dom und einem Kampanile aus dem Jahr 1478. Im Inneren beachte man das Gemälde von Allegretto Nuzi, eine “Madonna con Bambino” (1369). Kunsthistorisch interessanter ist die Basilica della Misericordia links neben dem Dom, die 1736 Luigi Vanvitelli an der Stelle einer Kapelle errichtete. Vanvitelli entwarf auch die reich geschmückten, spätbarocken Innenräume, die in edlem Marmor und schönem Stuck schwelgen.

***Piazza della Libertà**

Durch die Via Don Minzoni, vorbei an schönen, geschichtsträchtigen Universitätsgebäuden, erreicht man das Herz der Stadt, die annähernd dreieckige Piazza della Libertà. Die Nordseite des charmanten Platzes nimmt der Palazzo della Prefettura ein, in dem einst der päpstliche Statthalter residierte. Sein Portal stammt aus dem Jahr 1509. In der Nordwestecke sticht die elegante doppelstöckige Loggia dei Mercanti ins Auge, die um 1505, während der wirtschaftlichen Blütezeit des Städtchens, erbaut wurde. Links von ihr steht der Palazzo dei Priori aus dem 17. Jh., in dessen Hof Reste des römischen Helvia Recina gezeigt werden. Wer die 216 Stufen der Torre Civica ersteigt, wird mit einem weiten Ausblick auf die Sybillinischen Berge und die Adria belohnt (Besichtigung Mitte Juli bis Mitte August Sa. und So. 18^{00} – 21^{00} Uhr oder nach telefonischer Voranmeldung unter ☎ 07 33 23 07 35/23 35 08). Das graziöse Teatro Lauro Rossi (1767 – 1772) neben dem Stadtturm kann leider nur im Rahmen einer Veranstaltung besichtigt werden. Zwischen dem Theater und der wuchtigen Kirche San Paulo, die zwischen 1623 und 1655 nach Plänen des mailändischen Padre Ambrogio Mazenta erbaut wurde, liegt die 1540 gegründete Universität.

S. Giovanni, Museen

Der Corso della Repubblica führt zur angenehmen Piazza Vittorio Veneto, die von der barocken Kirche S. Giovanni (1621) beherrscht wird. Neben der Kirche, in einem ehemaligen Jesuitenkloster, befinden sich heute die Gemäldegalerie, in der u. a. auch der berühmte

Carlo Crivelli mit Werken vertreten ist, sowie das Stadtmuseum. Letzteres umfasst neben archäologischen Funden aus der Region auch eine sehenswerte Sammlung von Kutschen (geöffnet Di.–Sa. 9⁰⁰ bis 13⁰⁰ und 16⁰⁰–19³⁰, So. 9⁰⁰–13⁰⁰, Mo. 16⁰⁰–19³⁰ Uhr). **S. Giovanni, Museen (Fts.)**

Umgebung von Macerata

***S. Claudio al Chienti, *Santa Maria a Piè di Chienti**

Etwa 9 km südöstlich von Macerata, in der Ebene, aber dennoch auf einer leichten Anhöhe, thront wie ein kleines Kastell die romanische Kirche S. Claudio al Chienti. Der ungewöhnliche, in seiner Region beispiellose Bau aus dem 11./12. Jh. besteht aus zwei im Grundriss identischen, übereinander liegenden Kirchen. Sie haben einen quadratischen Grundriss und drei Apsiden. Wer Lust auf eine weitere romanische Kirche verspürt, sollte der Landstraße 485 in Richtung Küste folgen. Nach etwa 10 km erreicht man Santa Maria a Piè di Chienti, ebenfalls eine romanische Doppelkirche mit einem stimmungsvollen Innenraum.

Chiaravalle di Fiastra

11 km südwestlich von Macerata, auf der anderen Talseite, erreicht man die 1142 gegründete Abbazia di Chiaravalle di Fiastra, heute ein viel besuchtes Pilgerzentrum. Chiaravalle war eines der drei Zisterzienserklöster in Italien, die von Clairvaux aus ins Leben gerufen wurden. Erhalten sind außer der Kirche ein schöner Kreuzgang, der Kapitelsaal und das Refektorium.

***Tolentino**

Rund 10 km westlich der Abbazia Chiaravalle di Fiastra liegt das Städtchen Tolentino, ebenfalls ein Wallfahrtsort. Ziel der Pilger ist

Gebaut wurde das Sferisterio als Stadion für Ballspiele, doch für Opernaufführungen und klassische Konzerte eignet es sich ebenso.

Tolentino (Fortsetzung)

die Basilica San Nicolà, Grablege des 1305 in Tolentino verstorbenen hl. Nikolaus. Unbedingt sehenswert ist der an das nördliche Seitenschiff angebaute Cappelone di San Nicolà wegen seines herrlichen Freskenzyklus aus dem 14. Jh., das Werk eines unbekannten Meisters. Dass die Tolentiner Sinn für Humor haben, beweist das Museo internazionale della caricatura im Palazzo Sangallo, das der Geschichte der Karikatur gewidmet ist.

Padua · Padova — F/G 5

Region: Venetien · Veneto
Einwohnerzahl: 212 000

****Universitäts stadt mit Kunstschätzen**

Die alte Universitätsstadt ist neben Verona und nach Venedig die größte und wichtigste Stadt des Veneto, außerdem Hauptstadt der Provinz Padua. Sie liegt am Rand der Euganeischen Hügel, 30 km landeinwärts von Venedig. Durch das Stadtgebiet fließt der Bacchiglione, der über Kanäle mit Brenta, Etsch und Po verbunden ist. Die beiden wichtigsten Sehenswürdigkeiten liegen nördlich und südlich des ausgedehnten Stadtzentrums, die Cappella degli Scrovegni mit einem herrlichen Freskenzyklus von Giotto und die Basilica di Sant'Antonio, eine der berühmtesten Pilgerstätten Italiens. Das eigentliche Stadtzentrum erstreckt sich zwischen den großzügigen Plätzen Cavour, dell'Erbe und della Frutta. Hier bestimmen lange Arkadengänge und eindrucksvolle Gebäude das Stadtbild. Vor allem die Piazza dell'Erbe und die Piazza della Frutta sind abends beliebte Treffpunkte. Nach guten Geschäften hält man am besten Ausschau in der Via S. Fermo, in der Galleria Borromeo und in der Via S. Lucia. Alle drei liegen nah beieinander im Stadtzentrum. Auch die bekanntesten italienischen Modedesigner wie Gucci oder Versace sind hier vertreten.

Nein, das ist nicht Venedig, sondern Padua...

Geschichte

Laut Homer wurde die Stadt von dem mythischen Helden Antenor nach dem Fall seiner Heimatstadt Troja gegründet. Tatsächlich war sie eine Siedlung der Veneter. Mit Beginn der Kaiserzeit war das römische Patavium eine der reichsten Städte Italiens, hier lebte Titus Livius († 7 n. Chr.), der Hofhistoriker von Augustus. Allerdings erinnert heute nur wenig an diese Zeit, da die Stadt 452 von den Hunnen und 601 von den Langobarden zerstört wurde. Vom 11. bis zum 13. Jh. war Padua ein freier Stadtstaat. 1222 öffnete die nach Bologna zweitälteste Universität ihre Tore. Hier lehrten u. a. der hl. Albertus Magnus und Galileo Galilei. 1405 fiel die Stadtregierung an die Republik Venedig, bei der sie bis 1797 verblieb. Künstler schufen hier hervorragende Kunstwerke, u. a. Giotto und Andrea Mantegna, der als Neuerer in der Darstellung der Perspektive gilt.

Sehenswertes in Padua

*Chiesa degli Eremitani

Der Stadtrundgang beginnt im Norden der Altstadt, bei der großen Kirche der Augustiner-Eremiten. Die im 13. Jh. erbaute Kirche degli Eremitani wurde im Zweiten Weltkrieg stark zerstört. Betroffen waren auch die Fresken in der Ovetarikapelle von Andrea Mantegna, von denen nur zwei Bilder teilweise erhalten sind. Auch die Chorkapelle ist herrlich ausgemalt; die Fresken werden Guariento zugeschrieben, einem Schüler Giottos.

Museo Civico Eremitani

Im benachbarten (ebenfalls rekonstruierten) Kreuzgang befindet sich das Museo Civico, zu dem u.a. das Archäologische Museum und die Pinakothek gehören. Letztere zeigt venezianische und flämische Malerei des 15. bis 18. Jh.s. Unter den Hauptwerken sind Bilder von Giotto, Guariento, Bellini, Veronese und Tintoretto.

**Cappella degli Scrovegni

Über das Museum gelangt man in die Cappella degli Scrovegni, die nach der Örtlichkeit auch Arenakapelle genannt wird (geöffnet tgl. 9^{00} – 19^{00} Uhr). Sie entstand 1303 – 1305 auf dem Gelände des römischen Amphitheaters (Arena) als Hauskapelle eines später abgerissenen Palastes. Auftraggeber war Enrico Scrovegni. Dante hatte in seinem "Inferno" geschrieben, dass er den durch Wuchergeschäfte reich gewordenen Reginaldo Scrovegni in der Hölle getroffen habe, und sein Sohn Enrico Scrovegni habe diese Hauskapelle als Sühne für die Sünden seines Vaters bauen lassen. Für die Ausmalung im Innern wurde der damals als sehr "modern" geltende Giotto aus Florenz geholt. In einem einzigartigen Freskenzyklus schildert er die Lebensgeschichte Marias und Jesu in einem dramatischen, gleichwohl wirklichkeitsnahen Stil. Besonders eindrucksvoll sind in der dritten Reihe, wo die Leidensgeschichte dargestellt wird, der "Judaskuss" und die "Beweinung". Die Madonnenstatue am Altar schuf Giovanni Pisano im Jahr 1306.

Baedeker TIPP Padova Arte

Mit der Sammelkarte Padova Arte kann man mehrere Monumente und Museen zum Sonderpreis von nur 15 000 Lire besuchen. Die Karte gilt für folgende Sehenswürdigkeiten: Palazzo della Ragione, Eremitani-Museen, Battistero des Doms, Scolleta del Santo, Antoniani-Museen, Botanischer Garten und Scrovegni-Kapelle. Die Besichtigung der Scrovegni-Kapelle muss unbedingt rechtzeitig, mindestens einen Tag vor der geplanten Besichtigung, vorbestellt werden, die Buchung kostet extra, ☎ 04 98 20 45 50 13.

*Caffè Pedrocchi

Folgt man dem Corso Garibaldi stadteinwärts, so kommt man am berühmten Caffè Pedrocchi vorbei. Das 1831 in klassizistischem Stil erbaute Kaffeehaus ist eine Institution in Padua und eines der traditionsreichsten und stilvollsten in ganz Italien.

Università

Noch einen Häuserblock weiter liegt die Università (16. Jh.). Im schönen Hof sieht man Wappen berühmter Gelehrter und Studenten. Sehenswert ist das so genannte Teatro anatomico, ein Vorlesungssaal für die angehenden Mediziner. Anlässlich einer gründlichen Renovierung der Universität 1936 – 1942 wurden auch zahlreiche Wände mit Fresken geschmückt, und in einigen Räumen hängen Werke zeitgenössischer Künstler, u. a. in dem so genannten Appartamento del Rettor.

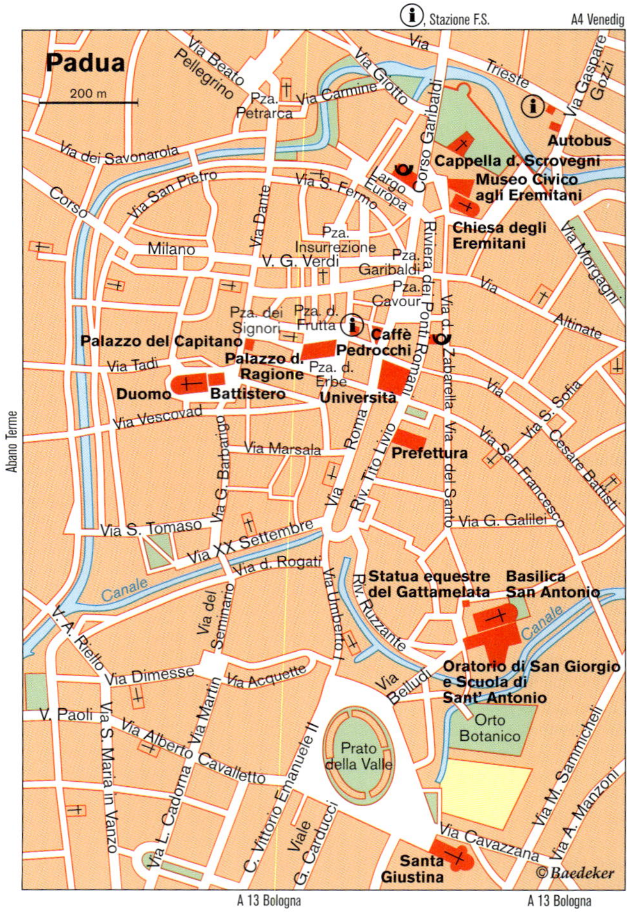

***Palazzo della Ragione**

Etwa 100 m westlich vom Caffè Pedrocchi erreicht man die beiden schönen Plätze Piazza della Frutta und Piazza dell'Erbe, die den eigentlichen Mittelpunkt der Stadt bilden. Hier findet täglich Paduas Obst- und Gemüsemarkt statt. Zwischen den Plätzen liegt der 1218 als Gerichtssitz erbaute Palazzo della Ragione mit zwei stämmigen Arkadenreihen und einem auffälligen Kielbogendach. Die Wände des Salons im ersten Stock sind mit Fresken aus dem 15. Jh. bedeckt. Im Osten schließt der Palazzo Comunale (13. und 16. Jh.) an, im Mittelalter Sitz des Bürgerrats, heute Rathaus.

Piazza dei Signori

Noch etwas weiter im Westen liegt die Piazza dei Signori, wo einst der Palazzo der Carrara stand. Nach deren Sturz errichteten die Venezianer die Säule mit dem Markuslöwen. Die Piazza wird von eleganten Gebäuden aus dem 16. Jh. gesäumt.

Südwestlich der Piazza dei Signori erhebt sich der Dom Santa Maria Assunta. Das im 9. Jh. begründete Gotteshaus wurde 1582 nach vollständiger Erneuerung geweiht. Direkt daneben steht das kleine romanische Baptisterium (12./13. Jh.), das von den Carrara zum Familiengrab umgewandelt wurde. Im Innern ist es mit schönen Fresken des Florentiner Malers Giusto de' Menabuoi (um 1375) ausgeschmückt.

Dom, *Baptisterium

Die von den Paduanern meist nur kurz "Il santo" genannte Kirche Sant'Antonio steht im Süden Paduas. Alljährlich im Juni pilgern Hunderttausende Gläubige aus aller Welt zum Grab des hl. Antonius. Der 1195 in Lissabon geborene Franziskaner und berühmte Kirchenlehrer lebte in Padua, wo er 1231 auch starb. Mit dem Bau seiner Grabeskirche war schon ein Jahr nach seinem Tod 1232 begonnen worden. Mit ihrer breiten Eingangsfront, sechs Kuppeln, minarettartigen Türmen und zierlichen Blendarkaden unter den Traufen ist sie eine phantastische Mischung aus romanischen, gotischen und byzantinischen Stilformen.

**Sant'Antonio

Die Kirche ist mit bemerkenswerten Kunstwerken ausgestattet: Im linken Querschiff befindet sich die Cappella dell'Arca del Santo, die Grabkapelle des Heiligen mit neun Hochreliefs aus dem 16. Jahrhundert. Der Hochaltar ist in großen Teilen so rekonstruiert, wie Donatello ihn 1446 – 1450 geschaffen hatte, auch die Bronzeskulpturen sind von ihm. Die Cappella Luca Belludi, links vom Hochaltar, ist mit Fresken von Giusto Menabuoi geschmückt, die Fresken in der Cappella di San Felice im rechten Querschiff sind von Altichieri (1372 – 1377). In einem Ausbau des Chorumgangs, der Cappella del Tesoro von 1690, auch Cappella delle Reliquie genannt, befinden sich kostbare Goldschmiedearbeiten und Reliquien, südlich stoßen an die Kirche vier schöne Kreuzgänge an (13. – 16. Jh.).

Das Museo Antoniano im Innern der Basilika birgt Werke von Tiepolo, Tizian, Mantegna und Studien Donatellos.

Museo Antoniano

Auf dem Platz vor Sant'Antonio steht das mächtige Reiterdenkmal des Gattamelata. Donatello schuf die erste freistehende Statuengruppe dieser Art seit der Antike. Auftraggeber war der venezianische Söldnerführer Erasmo da Narni, der wegen seiner Verschlagenheit und Geschicklichkeit den Namen Gattamelata ("gefleckte Katze") trug.

**Reiterdenkmal des Gattamelata

An der Südseite der Piazza del Santo befindet sich die Scuola del Santo. Im ersten Stock sind in 18 Fresken die Wunder des hl. Antonius dargestellt, drei der Fresken stammen von Tizian (1511). Im Oratorio San Giorgio (1377) erzählen Fresken von Altichieri und Avanzo verschiedene religiöse Szenen.

Scuola del Santo

Im 18. Jh. wurde an der Stelle, wo sich in römischer Zeit Circus und Theater befanden, der Prato della Valle angelegt. Die kleine Grünanlage wird von einem Kanal umschlossen, auf dessen Brüstung 87 Statuen verdienter Paduaner stehen.

Prato della Valle

Die mächtige Kirche Santa Giustina – zu erkennen an ihren acht großen Kuppeln – ist ein Renaissancebau aus dem 16. Jahrhundert, in den ältere Teile, d. h. der Chor aus dem 15. Jh. sowie die Capella di San Prodoscimo und die Capella di San Luca, integriert wurden.

Santa Giustina

Der Prato della Valle war in römischer Zeit eine Arena für Wagenrennen, heute ist er eine Grünanlage mit ovalem Wassergraben.

S. Giustina (Fortsetzung)

Im Innern befindet sich ein Gemälde von Paolo Veronese ("Marter der hl. Justina"; um 1575). In einem Korridor des alten Benediktinerklosters, den man hinter dem rechten Querschiff der Giustina findet, trifft man auf die Grablege der Venezianer Nonne Lucrezia Cornelia Piscopia, der ersten weiblichen "Dottoressa" der Welt, die 1684 an der Paduaner Universität promovierte.

***Orto Botanico**

Zwischen Sant'Antonio und dem Prato della Valle erstreckt sich der 1545 zum Studium der Heilpflanzen angelegte Botanische Garten Paduas, wohl der älteste seiner Art in Europa.

Umgebung von Padua

***Colli Euganei**

Südwestlich von Padua ragen aus der Po-Ebene recht unvermittelt die bis zu 600 m hohen Euganeischen Hügel empor. An den Hängen werden Wein und Obst angebaut. Heilquellen haben Abano Terme, Montegrotto Terme, Battaglia Terme und Galzignano Terme zu viel besuchten Kurorten mit gepflegten Kurhotels und Parkanlagen gemacht. Sie liegen alle am Fuße der Hügel.

***Abbazia di Praglia**

Die 4 km westlich von Abano gelegene Abbazia di Praglia geht auf eine im 11. Jh. gegründete Benediktinerabtei zurück. Die heutige Kirche entstand 1490 – 1560. Die hier lebenden Mönche sind auf die Restaurierung alter Handschriften und Bücher spezialisiert.

Arquà Petrarca

Der 1304 in Arezzo geborene Humanist und Dichter Francesco Petrarca zog sich im Alter in das beschauliche Arquà Petrarca zurück. In dem hübschen Ort steht noch das Haus, in dem er 1374 starb. Sein Marmorsarkophag befindet sich vor der Kirche.

Monselice, Este

Im Süden der Euganeischen Hügel liegen die hübschen mittelalterlichen Städte Monselice und Este. In Monselice lohnt das mit Möbeln aus dem Mittelalter und der Renaissance eingerichtete Castello Ca' Marcello einen Besuch (12./15. Jh.). Este war neben Padua einst das bedeutendste Zentrum der Veneter. Es hat sich seinen mittelalterlichen Stadtkern und Reste des Kastells der Familie Carrara bewahrt. Auf dem Gelände der Burganlage liegt der Palazzo Mocenigo, Sitz des Museo Nazionale Atestino mit einer interessanten vorgeschichtlichen und römischen Sammlung. Ein Altarbild der hl. Thekla von Tiepolo (1759) schmückt den Dom S. Tecla (um 1700).

Polésine

Das südliche Ende des Veneto zwischen den Euganeischen Hügeln und dem Po wird Polésine genannt, hier bestimmen Kanäle, verlassene Gehöfte und kleine Dörfer die flache weite Landschaft.

* Brentakanal (Naviglio di Brenta)

Trotz viel befahrener Uferstraßen und starker Zersiedelung lohnt die Fahrt von Padua nach Venedig mit dem Auto oder mit dem Ausflugsschiff auf bzw. an dem kanalisierten Seitenarm der Brenta, der ca. 6 km südlich von Mestre in die Lagune von Venedig mündet. Allein an diesem Abschnitt liegen rund 70 Villen, die sich reiche Venezianer zwischen dem 16. und 18. Jh. als Sommersitze errichten ließen. Eine der prächtigsten ist die Villa Pisani, auch als Villa Nazionale bekannt, die am Ortsende von Stra in einem Park steht (Abb. S. 46). Die fünfflügelige Anlage mit über 100 Räumen entstand bis 1756 für den Dogen Alvise Pisani, der als venezianischer Gesandter in Frankreich gelebt und sich für seine Villa Inspiration vom französischen Schlossbau geholt hatte. Die schön ausgestatteten Innenräume, darunter der herrliche Ballsaal mit einem Deckenfresko von Tiepolo, können nur im Rahmen einer Führung besichtigt werden. In Dolo baute Vincenzo Scamozzi, ein Schüler Palladios, 1596 die Villa Ferretti-Angeli. Die Villa Contarini dei Leoni in Mira, dem Hauptort am Brentakanal, beherbergt u. a. die Stadtbibliothek. Die Villa Barchessa Valmarana, ebenfalls in Mira, ist mit Fresken von Michelangelo Schiavoni geschmückt. Ihr gegenüber steht die Villa Widmann aus dem 18. Jh. mit Fresken von Angeli und Zanchi. In Malcontenta bei Mestre baute Palladio 1550 – 1560 die Villa Foscari.

Anglerglück am Brentakanal

Pesaro

N 14

Region: Marken · Marche
Einwohnerzahl: 95 000

Rossini-Geburtsstadt

Pesaro, die Hauptstadt der Provinz Pesaro e Urbino, ist eine unaufgeregte, sympathische Stadt und zugleich ein Badeort mit weniger Glamour, aber auch weniger Remmidemmi als das 40 km entfernte ▶ Rimini. In Pesaro wurde der Komponist Gioacchino Rossini (▶ Berühmte Persönlichkeiten) geboren, zu dessen Ehre und Gedenken

Rossini-Geburtsstadt (Fortsetzung)

hier jeden August ein Opernfestival stattfindet. Die Stadtränder in südöstlicher wie nordwestlicher Richtung schmiegen sich an kleinere Berge, nach Westen und Süden zu breitet sich die hügelige Landschaft der Marken aus. Bekannte italienische Adelsfamilien wie die Sforza oder Malatesta machten die Stadt zu einem Zentrum der Kunst und der Majolikaproduktion.

Sehenswertes in Pesaro

Piazza del Popolo

Wie bei so vielen Orten in der Region liegt die Altstadt etwas zurückversetzt, einige Straßenzüge vom Meer entfernt. Zur Strandpromenade und den Badeeinrichtungen sind es gleichwohl nur wenige Schritte. Zentrum Pesaros ist die ausladende Piazza del Popolo. Hier sind der Palazzo Ducale, 1450 von den Sforza begonnen und im 16. Jh. von den Della Rovere vollendet, der Palazzo della Paggeria (16. Jh.) und das neoklassizistische Postgebäude vereint.

Rossini-Geburtshaus

Im Haus Nr. 34 der zum Meer führenden Via Rossini, eine Fußgängerzone, wurde am 29. Februar 1792 Gioacchino Rossini geboren. Das Geburtshaus des Komponisten beherbergt heute ein Museum mit Drucken aus dem 19. Jh., die den Maestro selbst und seine damaligen Interpreten und Schüler zeigen.

Dom

Wenige Meter entfernt steht der Dom, in dem sich romanische und gotische Elemente mischen. Erbaut wurde er auf den Ruinen eines spätrömischen Hauses zwischen dem 9. und dem 13./14. Jh. Etwa 1,50 m unter dem heutigen Bodenniveau wurden Mosaiken aus dem 5./6. Jh. freigelegt. Sie zeigen u. a. die Rückkehr von Helena

Rocca Costanza

und Menelaos nach Griechenland. Östlich des Doms steht die Ende des 15. Jh.s für Costanzo Sforza errichtete Rocca Costanza.

Pinakothek, *Keramiksammlung

Auf der gegenüberliegenden Seite der Via Rossini, in der Via Mazzolari, finden sich die Städtischen Museen im Palazzo Toschi Mosca: die Pinakothek mit Gemälden des großen venezianischen Malers Giovanni Bellini (u. a. das riesige Altarbild “Pala di Pesaro”) und Guido Reni sowie die ausgezeichnete Keramiksammlung, die einige der bedeutendsten europäischen Majoliken aus dem 16. Jh. besitzt.

Im Südwesten

Von der Piazza del Popolo führt die Via Branca nach Südwesten. Am Postgebäude an der Ecke blieb die schöne Fassade der Kirche San Domenico mit einem wunderbaren gotischen Portal (1395) erhalten. Weiter westlich sind das Conservatorio Rossini (wo Original-Partituren des Komponisten bewundert werden können) und das Museo Archeologico Oliveriano zu finden. Letzteres zeigt Stelen aus der Nekropole von Novilara, Zeugnisse der Picenerkultur des 8.–5. Jh.s v. Chr., sowie Funde aus spätrömischer Zeit.

Strandbereich

Direkt am Meer liegt die runde, bei Spazier- und Müßiggängern beliebte Piazza della Libertà. In der Mitte des Platzes hat sich ein neues Wahrzeichen Pesaros etabliert: die große Kugel von Arnaldo Pomodoro, ein gefeiertes Werk der zeitgenössischen Kunst. Unter den vielen schönen Villen in Strandnähe sticht besonders die nahe der Piazza gelegene Villa Ruggeri, ein Jugendstilgebäude mit reichhaltigen Ornamenten wie aus Zuckerguss, ins Auge. Die etwas neueren

Straßenzüge nahe der Adria sind schachbrettartig angelegt, zwischen den Häusern und Villen ist viel Grün, was den freundlichen Gesamteindruck von Pesaro prägt.

Strandbereich (Fortsetzung)

Umgebung von Pesaro

**Panoramastraße, Gabicce Mare

Von Pesaro aus folgt eine kleine kurven- und vor allem aussichtsreiche Straße, die Strada Panoramica Adriatica, in nordwestlicher Richtung der Küste, die hier verhältnismäßig steil abfällt. Zwei alte Dörfer Fiorenzuola Focara und Casteldimezzo liegen auf der rund 28 km langen Strecke zwischen Pesoro und Gabicce Monte. Zu Füßen der mittelalterlichen Ortschaft herrscht reger Badebetrieb in Gabicce Mare, der nördlichste Badeort der Region Marken, von der Nachbarstadt Cattolica (▶ Rimini) nur durch den Fluss Tavollo getrennt. Immer wieder kann man auf der auch bei Radfahrern beliebten Strecke herrliche Aussichten genießen – auf die am Fuße des Berges liegenden Städte, auf die Dörfer, die zumeist auf Hügeln und kleinen Bergrücken liegen, aufs fruchtbare Hinterland und natürlich auf tiefblaues Meer. Der Küstenabschnitt gehört zum 1600 ha großen Naturpark San Bartolo und steht damit unter besonderem Schutz. Der Monte San Bartolo und der südöstlich von Pesaro sich anschließende Monte Ardizio sind für diejenigen, die von Norden kommen, von den Küstenorten der Emilia-Romagna, die ersten Erhebungen. Angesichts der Schönheit dieses Naturparks ist es kein Wunder, dass sich hier berühmte und weniger berühmte Zeitgenossen einen Zweitwohnsitz erstanden oder erbaut haben.

Villa Imperiale

Nach knapp 6 km Fahrt auf der Panoramastraße erreicht man die herrliche gelegene, von einem Park umgebene Villa Imperiale (Privatbesitz). Der repräsentative Landsitz wurde Ende des 15. Jh.s von Alessandro Sforza errichtet und Mitte des 16. Jh.s erweitert. Bewohnt wurde er u. a. von den Della Rovere und den Gonzagas.

*Gradara

Wenige Kilometer südlich von Gabicce, direkt oberhalb der Autobahn Bologna – Ancona, liegt Gradara, eine trutzige Festung mit angrenzendem Städtchen, eine italienische Miniaturausgabe von Rothenburg ob der Tauber. Die Hauptstraße, die Via Umberto I., führt vom mächtigen Stadttor, das gleichzeitig ein Uhrturm ist, und der Piazza V. Novembre steil bergauf zur Burg. Links und rechts finden sich Touristenlokale und die unvermeidlichen Andenkenläden.

Steil geht es hinauf zur Burg von Gradara.

Burg

Eine besondere Bedeutung kommt der Burg von Gradara zu, weil Dante hier die tragische Liebesgeschichte von Paolo und Francesca ansiedelte. Francescas Ehemann, Gianciotto Malatesta, überraschte die beiden und tötete sie. Der Burgfried stammt

Gradara (Fortsetzung)

aus dem 12. Jahrhundert. Er wurde von den Brüdern De Grifo erbaut. Nach ihnen errichtete die Familie Malatesta (▶ Baedeker Special S. 26) die Festungsanlagen aus und richtete zugleich ihren herrschaftlichen Wohnsitz in Gradara ein. In den 60er-Jahren des 15. Jh.s kamen die Sforza in den Besitz der Burg und verwandelten sie mit einer breiten Treppe, dem Bogengang, der Loggia, einer Altartafel von Della Robbia und den mit Freskenmalereien verzierten Sälen, darunter dem Salon der Lucrezia Borgia, in eine elegante Renaissanceresidenz. Später war Gradara noch im Besitz der Della Rovere sowie des Kirchenstaats, bevor 1920 ein Mailänder Ingenieur die gesamte Anlage kaufte und restaurierte. Heute ist die Burg öffentliches Eigentum.

Historisches Museum

Gradara lädt zu kleinen Spaziergängen außer- oder innerhalb der Stadtmauern ein. Eine Attraktion der schauerlichen Art ist das Historische Museum in der Via Umberto, das neben altertümlichen Waffen und Gerätschaften sowie Darstellungen der Tragödie von Francesca und Paolo einige Folterinstrumente beherbergt.

Umgebungsziele

Wer nach Zielen sucht, die noch nicht überlaufen sind, wird südlich von Gradara und Pesaro allenthalben fündig: Kleine Städte und Dörfer wie Tavullia, Colbordolo, Mombaroccio, Montelabbate, Sant'Angeolo in Lizzola oder Monteciccardo, ebenfalls auf Hügeln gelegen, haben alte Stadtmauern, Burgruinen und Kirchen zu bieten, ohne dass man hier mit vielen Mitbesuchern rechnen muss.

Pescara

V 23

Region: Abruzzen · Abruzzo
Einwohnerzahl: 160 000

Regionshauptstadt mit Strandleben

Pescara ist die Hauptstadt der Region Abruzzen sowie das wirtschaftliche und kulturelle Zentrum der gleichnamigen Provinz. Doch nicht nur das: Die an der Küste gelegene Industriemetropole, Geburtsstadt des exzentrischen Dichters Gabriele D'Annunzio (▶ Berühmte Persönlichkeiten), lockt mit einem großen Jachthafen, vor allem aber mit ihren Sandstränden von mehr als 10 km Länge auch viele Badetouristen an. Im Juli pilgern Musikfreunde zum renommierten Jazzfestival nach Pescara, das bereits Jazz-Größen wie Ella Fitzgerald oder Louis Armstrong zu seinen Gästen zählte.

Sehenswertes in Pescara

Stadtbild

Die im Zweiten Weltkrieg großenteils zerstörte und danach planlos wieder aufgebaute Stadt besitzt verhältnismäßig wenig Atmosphäre und nur eine Hand voll Sehenswürdigkeiten. Nördlich des Pescara-Flusses, zwischen Bahnhof und Strand, liegt das moderne Pescara, das sich hauptsächlich für einen Einkaufsbummel anbietet – z. B. auf dem Corso Umberto oder dem Corso Vittorio Emanuele.

Altstadt

Interessanter ist ein Spaziergang durch die alte Stadt, die sich südlich des Pescara-Flusses auf einige wenige historische Straßenzüge zwischen der Via delle Caserme und der Kathedrale San Cetteo beschränkt. Von der Neustadt kommend überquert man auf dem Ponte Risorgimento den Fluss und biegt an der Piazza dell'Unione nach rechts. Gleich am Beginn der Via delle Caserme befindet sich das Museo delle Genti d'Abruzzo.

Altstadt (Fortsetzung)

***Geburtshaus von Gabriele D'Annunzio**

Parallel zur Via delle Caserme verläuft der enge Corso Manthonè, eine typische Straße des alten Pescara, die zurzeit Haus für Haus renoviert wird. Im Haus Nr. 101 wurde am 12. März 1863 Gabriele D'Annunzio (1863 – 1938) – Literat, Dandy, Kriegsheld und Anhänger Mussolinis – geboren. Bereits in den 1920er- und 1930er-Jahren ließ der eitle Dichter sein Elternhaus im Stil der Neorenaissance umgestalten, die jüngste Instandsetzung des Gebäudes erfolgte Anfang der 1990er-Jahre. Die überwiegend originale Möblierung aus dem 19. Jh. vermittelt einen Eindruck von der Wohnkultur des 19. und frühen 20. Jh.s. Mit Hilfe von Büchern, Fotos und Schrifttafeln (allerdings nur auf Italienisch) werden Stationen seines Lebens dokumentiert (geöffnet Mo. – Sa. 9 00 – 13 30, So. 9 00 – 12 30 Uhr).

San Cetteo

Wenige Schritte von D'Annunzios Geburtshaus und der Piazza Garibaldi entfernt steht die Kathedrale San Cetteo. Der spröde, an die abruzzische Romanik angelehnte Bau aus den 1930er-Jahren lohnt allenfalls wegen dem Gemälde "Betender hl. Franziskus" von Guercino aus dem 17. Jh. einen Besuch. Links vom Hauptaltar wurde die Mutter von D'Annunzio, der den Bau finanziell unterstützt hatte, beigesetzt.

Weitere Museen

Das Geburtshaus von D'Annunzio ist sicher das interessanteste, wenn auch nicht das einzige Museum in Pescara. An der Via Marconi (Nr. 45), ebenfalls auf der südlichen Seite des Flusses, gibt es das

Weitere Museen (Fortsetzung)

Museo Cascella, das dem Maler, Grafiker und Keramikkünstler Basilio Cascella und seinen Söhnen gewidmet ist. Cascella, 1860 im benachbarten Ortona geboren, war ein Zeitgenosse D'Annunzios und in seiner zweiten Heimat Pescara eine bekannte Persönlichkeit. In der Neustadt, in der Via Paolucci, nahe dem Porto Canale, befindet sich das Museo delle Meraviglie Marine, das früher Museum für Fischkunde hieß.

*Atri

Allgemeines

Kurvenreich geht es hinauf nach Atri, das ca. 35 km nordwestlich von Pescara und nur 10 km von der Küste entfernt, aber aussichtsreich in mehr als 400 m Höhe liegt. Das atmosphärereiche Städtchen wurde auf römischen Ruinen erbaut. Für eine Stadt ihrer Größe besitzt Atri viele Kirchen, vor allem eine großartige Kathedrale (S. Maria Assunta), die allein schon den Ausflug rechtfertigt.

Sehenswertes, *Dom

Am schönsten zu genießen ist die Domfassade im weichen, warmen Abendlicht, möglichst bei einem Cappuccino im Café direkt gegenüber der Kathedrale. Mit dem Bau des mächtigen Gotteshauses wurde 1268 begonnen. Auffällig sind der 54 m hohe Kampanile und die eigenartige Rechteck-Fassade aus rosarotem istrischen Stein. Im Inneren sollte man sich den großen, um 1480 entstandenen Renaissance-Freskenzyklus von Andrea de Litio, den marmornen Altarvorsatz aus dem 13. Jh. und das Taufbecken des Comasken Paolo de Garviis (1503) genauer ansehen. Im Kreuzgang ist das Dommuseum untergebracht. Die Krypta des Doms wurde in eine römische Zisterne gebaut.

Calanchi heißen die furchenartigen Erosionsformen, die man in der Umgebung von Atri sehen kann.

Der zweite große Platz in Atri ist die Piazza dei Duchi d'Aquaviva mit dem Palazzo del Comune und der Touristeninformation. Sie liegt noch weiter oben und ist mit dem Domplatz durch den Corso Adriano verbunden. Auf dem Weg dorthin kommt man auch an der hübschen Chiesa S. Francesco aus dem 18. Jh. vorbei, deren Treppenaufgang mit barocker Inszenierungslust gestaltet wurde.

Nur wenige Schritte sind es von der Piazza dei Duchi d'Aquaviva zu der Aussichtsterrasse am nördlichen Altstadtrand (ausgeschildert mit "belvedere"). Von dort bietet sich ein herrlicher Blick bis hinüber zum Meer, vor allem aber auf die tiefen, Calanchi genannten Erdfurchen, eine für die Umgebung von Atri typische und ebenso bizarre Erosionslandschaft.

Loreto Aprutino, Penne

Zwei weitere mittelalterliche Orte, die sich für einen Ausflug von der Provinzhauptstadt anbieten, sind Loreto Aprutino und Penne (25/32 km westlich von Pescara). Beeindruckend ist von beiden der

Loreto Aprutino, Penne (Fortsetzung)

Blick zum Gran Sasso hinüber. Bei Loreto ist die Zisterzienserkirche Santa Maria in Piano mit dem Fresko "Jüngstes Gericht" aus dem 14. Jh. zu beachten.
Östlich von Loreto Aprutino stehen zwei bedeutende romanische Kirchen: Santa Maria del Lago bei Moscufo und Santa Maria Maggiore bei Pianella, beide mit herrlichen Kanzeln ausgestattet, die 1159 bzw. Ende des 12. Jh.s gefertigt wurden.

Chieti

▶ dort

*Ortona

Bei Ortona, ca. 20 km km südlich von Pescara, reichen die Ausläufer des Apennin bis an die Küste. Unten am Meer ist nur Platz für einen Hafen, das alte Städtchen selbst liegt malerisch oben am Hang bzw. auf mehrere Hügel verstreut. Im Zweiten Weltkrieg verlor Ortona viele Gebäude, großartige Sehenswürdigkeiten gibt es nicht, aber dafür ein Städtchen mit typisch italienischem Flair. Schön ist der Weg durch den schmalen Corso Giacomo Matteotti von der Piazza zum trutzigen Castello (das von Ferdinand von Aragonien erbaut wurde und zurzeit noch renoviert wird), noch schöner, da von herrlichen Ausblicken auf das Meer und die Küste begleitet, ein Spaziergang entlang der Stadtmauern. Der Badestrand von Ortona liegt in einer Bucht ca. 5 km nördlich der Stadt (Abfahrt von der SS 16) und heißt Lido Riccione. Er ist allerdings nicht besonders breit, aber auch nicht so überfüllt wie viele andere Strände.

Umgebung von Ortona, Lanciano

Die lebhafte Kleinstadt, die ca. 10 km landeinwärts liegt, besitzt einige sehenswerte Kirchenbauten. Die Kathedrale S. Maria del Ponte, an der vom 14. Jh. bis ins 18. Jh. gebaut wurde, steht auf einer Brücke aus der Zeit Diokletians. Die nahe, 1258 begonnene Bettelordenskirche S. Francesco besitzt eine schöne Barock-Kanzel und -Orgel sowie eine verehrte Blutreliquie. Im Stil der burgundischen Zisterzienser wurde im 13. Jh. die gotische Kirche S. Maria Maggiore erbaut; außer dem Hauptportal von 1317 – dem linken in der Doppelfassade – ist das Prozessionskreuz (1422) von Nicola da Guardiagrele zu beachten. Von der Stadtbefestigung sind u. a. die Torri Montanare erhalten.

Ravenna

J 11

Region: Emilia-Romagna
Einwohnerzahl: 140 000

**Stadt der Mosaiken

Die neben Mailand zweite antike Kaiserstadt Oberitaliens und heutige Provinzhauptstadt Ravenna liegt knapp 10 km von der Adriaküste entfernt, im äußersten Südosten der Oberitalienischen Tiefebene. Ursprünglich direkt am Meer, ist sie heute durch den Canale Candiano mit dem Hafen Porto Corsini und dem Seebad Marina di Ravenna verbunden. Wie Venedig ist Ravenna durch ansteigendes Grundwasser und Überflutung durch Meerwasser gefährdet. In

Baedeker TIPP Mit dem Radl

Italien hat das Fahrrad entdeckt. Ein Beweis von vielen: In der Touristeninformation in der Via Salara kann man Fahrräder für die Stadtbesichtigung ausleihen – kostenlos!

Stadt der Mosaiken (Fortsetzung)

100 Jahren senkte sich die Stadt um etwa 80 cm. Bis in die 1950er-Jahre lebten die Bewohner von Ravenna vor allem von der Landwirtschaft, seit der Entdeckung riesiger Erdgasfelder hat sich um Ravenna eine ausgedehnte Industriezone entwickelt. Eine wichtige Rolle spielt auch der Fremdenverkehr. Weltberühmt ist die Stadt wegen der Vielzahl frühchristlicher Kirchen, die sich dort erhalten haben, und besonders für deren außergewöhnlich reiche Ausstattung mit Mosaiken, die den Geist des frühen Christentums mit römischen Kunstformen sowie Einflüssen aus dem östlichen Mittelmeerraum verbinden. Aber auch die eher ruhige Altstadt mit ihren Plätzen und schönen alten Palazzi ist einen Besuch wert.

Geschichte

Ravenna war zur Zeit der Umbrer und Etrusker eine Lagunenstadt wie Venedig. Aufgrund der strategisch günstigen Lage galt es als uneinnehmbar. So ließ Augustus im 1. Jh. n. Chr. hier den Kriegs- und Handelshafen Portus Classis errichten, der zum Angelpunkt für die Beherrschung der Adria wurde. Als Kaiser Theodosius das Römische Reich unter seinen Söhnen teilte, wählte Honorius 395 Ravenna zur Hauptstadt. Damals begann die Blütezeit der Stadt. Während die Stürme der Völkerwanderung das übrige Italien verwüsteten, bauten Honorius und seine Schwester Galla Placidia (425 – 450 Regentin) Ravenna zur neuen Kaiserresidenz aus. Im Jahr 476 zwang der germanische Heerführer Odoaker den letzten Kaiser zur Abdankung und regierte als König von Ravenna aus ganz Italien. Das Oströmische Reich schickte den Ostgoten Theoderich nach Italien. Drei Jahre lang belagerte er Odoaker, bezwang ihn 493 und ermordete ihn schließlich. Theoderich (493–526) brachte neuen Glanz nach Ravenna. 539 eroberte Kaiser Justinian (482 bis 565) Italien für Ostrom zurück, Ravenna wurde Sitz eines byzantinischen Statthalters und erlebte eine dritte Blütezeit. 751 machten die Langobarden dem Exarchat und damit Ravennas Glanzzeit ein Ende. Später fiel die Stadt an Venedig und 1509 an den Kirchenstaat, bei dem Ravenna bis 1859 verblieb.

Geschichte (Fortsetzung)

Sehenswertes in Ravenna

Stadtbild

Ravenna ist eine Stadt, die vor allem, aber nicht nur zum Kunstgenuss einlädt. Treffpunkte in der Altstadt sind die Piazza del Popolo und die benachbarte Piazza Garibaldi. Während man hier zwischen mehreren Cafés und Restaurants wählen kann, sind es in der verkehrsberuhigten Via Cavour und in ihren malerischen Seitengassen vor allem die vielen Geschäfte, die zu einem Besuch einladen.

Museo Nazionale

Der nachfolgende Stadtrundgang beginnt im Nordwesten der Altstadt, hinter der Porta Adriana, beim Museo Nazionale. Es wurde in den Kreuzgängen eines Benediktinerklosters eingerichtet und zeigt antike und frühchristliche Kunst.

**San Vitale

Durch das ehemalige Kloster betritt man auch eine der Hauptsehenswürdigkeiten Ravennas, die Kirche San Vitale (geöffnet tgl. 9^{00} bis 17^{30} Uhr). Baubeginn war 526, das Todesjahr Theoderichs, die Weihe fand im Jahr 547 unter seinem Nachfolger Justinian statt. Von außen ist San Vitale ein schmuckloser achteckiger Zentralbau aus Backstein. Das Innere – bis auf die Kuppelfresken der Barockzeit von späteren Zufügungen befreit – wird durch acht Pfeiler in einen Mittelraum und einen Umgang geteilt. Den Hauptschmuck der Kirche bilden die Mosaiken im byzantinischen Stil aus dem 6. Jahrhundert. Links und rechts des Altars zeigen sie die neuen Herrscher Ravennas, Kaiser Justinian und seine Gemahlin Theodora mit ihrem Ge-

Stimmungsvoll: San Vitale bei Nacht

Die Kunst der Steine

Der Ruhm des Römischen Reiches war bereits am Verblassen, als Ravenna, Reichshauptstadt und Vorposten von Byzanz, zu leuchten begann. Die schönsten Zeugnisse dieser Epoche sind die Mosaiken seiner Kirchen, die zu den Höhepunkten spätantiker Baukunst gehören.

Die reiche Ausschmückung der Kirchen Ravennas fällt in eine Zeit, als darüber gestritten wurde, ob gemalte oder plastische Darstellungen menschlicher Personen im religiösen Gebrauch überhaupt zulässig seien. Die Gegner beriefen sich u. a. auf das Alte Testament, das die Verehrung von Bildnissen ausdrücklich verbot. Die Befürworter argumentierten, dass Bilder und Plastiken in Kirchen diese nicht nur schmückten, sondern vor allem Analphabeten die Episoden der heiligen Geschichte erklärten. Dafür mussten die Darstellungen aber möglichst einfach und auf die wesentlichen Aussagen beschränkt sein. Ein besonders gelungenes Beispiel hierfür ist die Kirche Sant'Appolinare Nuovo. Die Ausschmückung mit Mosaiken erfolgte um 580 n. Chr. Vielleicht wirkt ihre klare Gestaltung etwas steif und ungelenk, sie dient jedoch vor allem der Verständlichkeit, und die Feierlichkeit der in weißgrau, grün, blau, rot und gold dargestellten Szenen spricht für die tiefe Bedeutung, die die Künstler den Geschichten beimaßen. Der Bilderschmuck ist in drei Zonen verteilt: Die unterste zeigt zwei Prozessionen, die sich auf den Altar zubewegen, in der zweiten Zone zwischen den Fenstern stehen 32 Apostel und Propheten, und in der obersten Wandzone sieht man Szenen aus dem Neuen Testament. Ungewöhnlich ist ihre Platzierung, nehmen diese Bilder doch häufig einen zentralen Platz ein.

Leuchtendes Glas

Die reiche Farbigkeit und die Leuchtkraft verdanken die Mosaiken dem Material: Glas. Im geschmolzenen Zustand werden ihm Metalloxyde beigegeben, die für eine reiche Farbskala sorgen. Die Farbsättigung reichte von beinahe glasklar bis zu einem undurchsichtigen Dunkel. Mit einem Hammer wurden kleine Würfel (Tesserae) aus dem erkalteten, scheibenförmigen "Glaskuchen" geschlagen. Für Gold- und Silbertesserae wurden Metallfolien auf eine Glasscheibe aufgetragen und mit Glas überfangen. Aber auch andere Materialien kamen zum Einsatz: So wurden z. B. der weiche, kreideweiße Schleier und der Kopfputz der Jungfrauen auf der linken Mittelschiffwand in Sant'Appolinare Nuovo durch große, raue Marmortesserae erzielt, und die Wirkung von Perlen erhielt man, indem man große Perlmuttstücke verwendete – zu sehen beim Schmuck und den Gewändern der Justinian- und Theodoramosaiken in San Vitale. Möglicherweise sind ursprünglich auch Halbedelsteine verarbeitet worden, die man jedoch später durch Glassteine ersetzte. Wollte man die Leuchtkraft noch steigern, wurden die Tesserae schräg versetzt, so dass sie das Licht reflektierten. Vor Beginn der Arbeiten musste allerdings die Wand gründlich vorbereitet werden: Zuerst wurde die Mauer mit einer Teer- oder Harzmischung gegen Feuchtigkeit isoliert. Auf diese Schicht warf man erst eine grobe, dann weitere feinere Mörtelschichten. Das eigentliche, häufig eingefärbte Mörtelbett konnte nur als Tagwerk aufgetragen werden, denn der Kalk sollte noch feucht und weich sein, damit sich die Tesserae tief in den Mörtel hineindrücken ließen. Die Steinsetzer arbeiteten nach Vorzeichnungen auf der Mörtelschicht, wichen allerdings auch oft von diesen ab. Der Grund dieser Programmänderung ist jedoch nicht mehr auszumachen.

Handwerkskunst

Man weiß nicht genau, woher die in Ravenna tätigen Handwerker kamen. Aufgrund stilistischer Vergleiche vermutet man, dass römische Handwerker die frühen Mosaikzyklen – also auch die in Sant'Apollinare Nuovo – angefertigt hatten oder zumindest die führenden Meister in Rom geschult worden waren, da sich in Santa Maria Maggiore in Rom Teile einer vergleichbaren Bildordnung erhalten haben. Die Handwerker aus Byzanz verfügten allerdings über einen technischen Vorsprung, der nicht nur auf profunder Materialkenntnis und handwerklicher Überlegenheit, sondern auch auf einer anderen, arbeitsteiligen Werkstattorganisation beruhte. In jeder Arbeitsgruppe gab es Spezialisten, die für bestimmte Details zuständig waren. So zum Beispiel für die feineren Partien wie Köpfe und Gesichter, die mit besonders kleinen Tesserae ausgeführt wurden.

Byzanz als Vorbild

Über die stilistische Entwicklung der Mosaikkunst im 6. Jh. kann man sich in Ravenna einen hervorragenden Überblick verschaffen. Die Mosaiken im Mausoleum der Galla Placidia und im Baptisterium der Orthodoxen folgen einer lebendigeren, von der Antike durchdrungenen Formauffassung: Die Figuren sind plastisch durchgestaltet und bewegt, durch Licht und Schatten und durch die Andeutung von Perspektive erhalten die Landschaftsdarstellungen einen realistischen Charakter. Eine erste Hinwendung zum Stil von Byzanz ist in den frühen Szenen der Mosaiken von Sant'Apollinare Nuovo zu sehen, der in den späten Werken derselben Kirche und in den Mosaiken von San Vitale und Sant'Apollinare in Classe seine klarste Ausprägung fand: Der gesamte Grund ist goldunterlegt, auf dreidimensionale Darstellung wird konsequent verzichtet. Strenge, Ernst und Würde sind den Figuren eigen, ihre Gebärden sind kontrolliert. Häufig sind sie isoliert und frontal zum Betrachter gestaltet, anekdotische Zusammenhänge fehlen gänzlich.

Auf jeden Stein kommt es an: Detail aus den Mosaiken im Mausoleum der Galla Placidia

San Vitale (Fortsetzung)

folge; neben dem Kaiser steht der Erzbischof Maximian; oben Christus auf der Weltkugel, links der hl. Vitalis, rechts der hl. Ecclesius.

****Mausoleo di Galla Placidia**

Hinter San Vitale liegt das kleine Mausoleum der Galla Placidia (▶ Berühmte Persönlichkeiten), der letzte Rest des verschwundenen Palastbezirks. Es wurde um 440, noch zu ihren Lebzeiten, über kreuzförmigem Grundriss erbaut. Das Innere ist mit schönen Mosaiken aus dem 5. Jh. geschmückt, die rund 100 Jahre älter sind als die von San Vitale. Die Wände und das Gewölbe erstrahlen im Dunkelblau der späten Kaiserzeit. Im warmen Licht, das durch die Alabasterfenster fällt, sieht man das Kreuz, Evangelistensymbole, Apostelfiguren und über der Tür Christus als "guten Hirten". Im Zentrum und in den beiden Querarmen befinden sich Marmorsarkophage, angeblich die der Galla Placidia und der beiden Kaiser Constantius III., ihres zweiten Gemahls, und ihres Sohnes Valentinian III. Galla Placidia liegt jedoch nicht hier, sondern im Petersdom in Rom begraben, wo sie 450 starb.

Ideal für eine Pause vom Kunstgenuss: die Straßencafés an der Piazza del Popolo im Herzen von Ravenna

***Piazza del Popolo**

Mittelpunkt des Centro Storico ist die malerische Piazza del Popolo. Dort stehen der Palazzo Comunale (1681), davor zwei von den Venezianern 1483 errichtete Granitsäulen mit Stadtheiligen und der Palazzo Veneziano aus dem 15. Jahrhundert. An vier der acht Kapitellen ist das Monogramm Theoderichs angebracht.

Duomo Sant'Orso

Der Dom wurde um 1740 an der Stelle der von Bischof Ursus gegründeten ältesten Kirche Ravennas errichtet. Vom Originalbau sind noch der Turm aus dem 10. Jh. und die Krypta erhalten. Die Marmorkanzel im Mittelschiff rechts ist aus Marmortafeln mit Tierszenen (6. Jh.) zusammengesetzt. In der zweiten Kapelle rechts und im rechten Querschiff sieht man schöne frühchristliche Sarkophage.

Duomo Sant'Orso (Fts.)

Nördlich neben dem Dom befindet sich das Baptisterium der Orthodoxen, ein achteckiger Backsteinbau aus dem 5. Jh. mit Marmorintarsien an den Innenwänden und prachtvollen Mosaiken, die wohl um 450 geschaffen wurden und zu den ältesten Ravennas gehören. Das Kuppelmosaik zeigt die Taufe Christi – ein antiker Flussgott reicht ihm freundlich ein Handtuch.

*Battistero Neoniano

Das Erzbischöfliche Museum südöstlich hinter dem Dom zeigt den so genannten Cattedra di Massimiliano. Der Bischofsstuhl ist eine ägyptische Schnitzarbeit aus Elfenbein aus dem 6. Jh., auf dem Szenen aus dem Alten und Neuen Testament dargestellt werden. In der kleinen Kapelle Sant'Andrea zeigen Mosaiken u. a. Christus als Legionär im römischen Waffenrock.

Museo Archivescovile

Im Osten der modernen Piazza dei Caduti per la Libertà erhebt sich die im 5. Jh. gegründete Klosterkirche S. Francesco mit ihrem romanischen Glockenturm. Im Innern beachte man die schönen Säulen aus griechischem Marmor und den Hauptaltar aus dem 5. Jahrhundert. Aus dem 9./10. Jh. stammt die Krypta. Neben der Kirche steht das klassizistische Grabmal Dantes (1780). Der Dichter starb 1321 in Ravenna im Exil, nachdem er 1302 aus Florenz verbannt worden war. In Ravenna verfasste er auch sein Hauptwerk "Die Göttliche Komödie". Mehr über ihn erfährt man in dem kleinen Dantemuseum im Kloster San Francesco.

San Francesco

Tomba di Dante

Die im 5. Jh. erbaute Hofkirche Theoderichs steht an der belebten Via di Roma. Die Vorhalle stammt aus dem 16. Jh., als auch der Fußboden um 1,30 m angehoben wurde. Je 12 byzantinische Marmorsäulen aus Konstantinopel unterteilen den Kirchenraum in drei Schiffe. Die Obergadenwände schmücken herrliche, in drei Streifen angeordnete Mosaiken, die bereits den byzantinisch beeinflussten Stil ankündigen (▶ Baedeker Special S. 120/121). Beachtung verdienen auch die Marmorkanzel aus dem 6. Jh. und verschiedene antike Steinmetzarbeiten.
Unweit südlich von Sant'Apollinare sieht man an der Ecke der Via Alberoni Reste vom so genannten Palast des Theoderich (7./8. Jh.); auffallend ist die reich gegliederte Fassade mit vorspringendem Mittelbau.

*Sant' Apollinare Nuovo

Die Pinacoteca Comunale zeigt Bilder der romagnolischen Schule vom 14. bis 18. Jh. und die Grabskulptur des jungen Ritters Guidarello Guidarelli von Tullio Lombardo (1525).

Pinacoteca

Das achteckige Baptisterium der Arianer entstand unter Theoderich. Im Zentrum des Kuppelmosaiks steht – wie auch im Baptisterium der Orthodoxen – die Taufe Christi. Die benachbarte Santo Spirito war einst die Kathedrale der Arianer. Aus der Zeit Theoderichs ist nur die Kanzel erhalten.

Battistero degli Ariani

Rund 1 km nördlich außerhalb des Stadtzentrums steht das Grabmal des Theoderich, das sich der Gotenkönig vermutlich noch zu

*Mausoleo di Teodorico

Mausoleo di Teodorico (Fortsetzung)

Lebzeiten errichten ließ. Der monumentale Rundbau besteht aus Quadern istrischen Kalksteins, die ohne Mörtel zusammengesetzt wurden. Die Kuppel (11 m Durchmesser; ca. 300 t schwer) ist aus einem einzigen Kalksteinblock gehauen. Das Grabmal erinnert mehr an syrische als an römische Vorbilder. Die Verzierungen (Zangenfries u.a.) zeigen allerdings deutlich germanischen Einfluss. Das untere Geschoss ist ein tonnengewölbter Raum in Form eines griechischen Kreuzes. Im oberen Geschoss steht ein antiker Porphyrsarkophag, der allerdings nicht, wie man vielleicht vermuten könnte, Theoderichs Leichnam birgt.

Umgebung von Ravenna

**Sant' Apollinare in Classe

5 km südlich von Ravenna, an der SS 16 nach Rimini, steht die Kirche Sant'Apollinare in Classe, die nach dem längst verlandeten Hafen der Römerstadt benannt ist. Mit dem Bau der Kirche wurde um 535 vor den Toren der damaligen Stadt begonnen, 549 wurde sie geweiht. Der runde Glockenturm folgte im 11. Jh. Byzantinische Marmorsäulen unterteilen den Innenraum. Die Medaillonbildnisse an den Wänden sind aus dem 18. Jh., die Sarkophage in den Seitenschiffen aus dem 5. bis 8. Jh. Die hervorragenden Mosaiken in der Apsis und am Triumphbogen stammen aus dem 6./7. Jh. In der Apsiskuppel ist Christus als der "gute Hirte" (Kreuz mit 99 Sternen), darunter der Kirchenpatron mit den Gläubigen (als Schafe dargestellt) zu sehen; über dem Triumphbogen Christus als Pantokrator, umgeben von Schafen, welche die zwölf Apostel symbolisieren. In der Nähe der Kirche werden Grabungen durchgeführt.

*Mirabilandia

Etwa 15 km südlich von Ravenna, bei Savio, zwischen der E 45 und der SS 16 Richtung Rimini, liegt Mirabilandia, einer der größten Freizeitparks Italiens. Vor allem Familien sollen hier ihren Spaß haben – Kinder unter 1 m Größe dürfen deshalb umsonst in den Park. Die Palette der Attraktionen reicht von unterschiedlichen Karussells für die Kleinsten (Città Bimbopoli) über die Holzachterbahn Sierra Tonante, Riesenrad, Wildwasserfahrten und Labyrinthgängen bis zu Zeitreisen in die Welt der Mayas (La Città di Sian Kaan) und virtuellen Ausflügen im 4D-Kino. Seinen Hunger kann man in diversen Restaurantketten stillen, und im Piratendorf gleich am Eingang in den Park warten zahlreiche Spielzeug- und Souvenirshops auf Kundschaft (geöffnet Juli – 9. Sept. 10^{00} – 23^{00}, April – Juni, 10. – 30. Sept. und 6./7. Okt. bis 18^{00} Uhr; www.mirabilandia.it).

Marina di Ravenna

Neun Badeorte, die meisten in den 1970er-Jahren entstanden, gehören zu Ravenna, von Casalborsetti im Norden (mit einem großen Angebot an Campingplätzen) bis zum Lido di Savio kurz vor Milano Marittima (▶ Cesenatico). Typisch sind die Pinienwälder hinter den Sandstränden. Der größte Küstenort ist Marina di Ravenna, rund 11 km nordöstlich. Er besitzt auch einen Jachthafen mit 800 Liegeplätzen und Punta Marina Terme ein Thermalbadezentrum.

Riccione

▶ Rimini

Rimini

Region: Emilia-Romagna
Einwohnerzahl: 130 000

**Bekanntestes Seebad an der Adria

Rimini ist für viele der Inbegriff des Adria-Seebades, ein Dorado der Sonnenanbeter, Wassersportler und Vergnügungshungrigen. Von Juni bis September verwandeln sich die Strände der "Badehauptstadt" in exakt ausgerichtete Sonnenschirmkolonien, an denen man nur schwerlich ein freies, geschweige denn ein ruhiges Plätzchen ergattern kann. Hier scheiden sich die Urlaubsgeschmäcker – den einen ist der Rummel schlicht zu viel, andere hingegen kommen gerade deshalb hierher. Rimini besteht aus zwei ungleichen Teilen: der 2 km landeinwärts gelegenen, sehr eleganten Altstadt und dem turbulenten Seebad, das sich zwischen der Bahnlinie und dem Meer erstreckt und mit den Vororten fast 20 km die Küste entlangzieht.

Geschichte

Bereits 268 v. Chr. hatten die Römer am südöstlichsten Küstenzipfel der Po-Ebene den wichtigen Verkehrsknotenpunkt Ariminum gegründet. Ihre größte Blüte erlebte die Stadt von 1295 bis 1503 unter der Adelsfamilie Malatesta (▶ Baedeker Special S. 26), deren Mitglieder so grausam und skrupellos wie gebildet waren und bedeutende Künstler an ihren Hof holten. Am 30. Juli 1843, mit der Einweihung der ersten Badeanstalt, begann für Rimini ein neues Zeit-

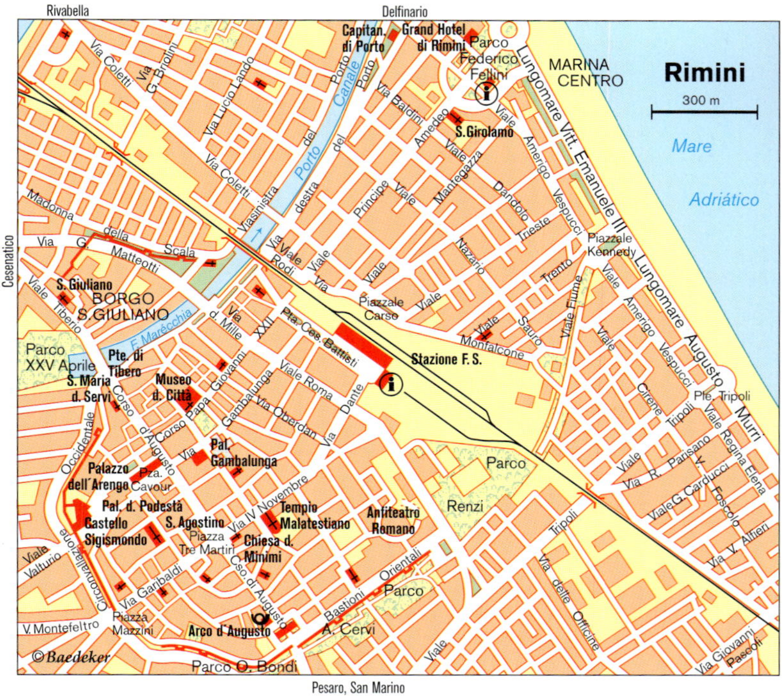

Geschichte, (Fortsetzung)

alter. Bereits um die Jahrhundertwende konnte der Besucher zwischen rund 100 Unterkünften wählen. In den 1960er-Jahren entdeckten auch deutsche und österreichische Urlauber die Badestadt – Riminis unaufhaltsamer Aufstieg zum beliebtesten Adria-Seebad hatte begonnen. Am 20. Januar 1920 kam in Rimini Federico Fellini (▶ Berühmte Persönlichkeiten) zur Welt. Der berühmte Regisseur ist auf dem Friedhof im Ortsteil Rivabella beigesetzt.

Einkaufen, Ausgehen

Rimini hat für alle Einkaufsbedürfnisse etwas. Schöne, aber auch teure Boutiquen sowie die bekannten Ketten (Esprit, Benetton etc.) findet man in der weitgehend autofreien Innenstadt, insbesondere auf dem Corso Cavour und an der Piazza Tre Martiri. Schnäppchenjäger sollten sich Sa. oder Mi. auf den Markt auf der Piazza Cavour und der Piazza Malatesta begeben. Wenn in der Innenstadt die Läden bereits geschlossen haben, kann man immer noch am Viale Vespucci einkaufen, der ersten Parallelstraße hinter dem endlos langen Lungomare von Rimini. Das Angebot ist riesig, bei genauem Hinsehen allerdings wenig abwechslungsreich. Bis 23^{00} Uhr sind die Geschäfte im Sommer hier geöffnet, danach kann man sich gleich ins Nachtleben stürzen, das (zumindest während der Saison) nicht nur an der Adriaküste seinesgleichen sucht. Der Viale Vespucci ist auch hier die beste Adresse. Speziell für Nachtschwärmer wurde sogar eine extra Buslinie eingerichtet: Auf dem Viale Vespucci pendeln die ganze Nacht Busse der Linea Blue (Nr. 11) zwischen Rimini und den Küstenvororten.

> *Baedeker* TIPP **Alltägliches**
>
> Keine Schickimickiszene, sondern gutes Gemüse aus dem Umland, an kleinen Marktständen von Bauersfrauen angeboten, findet man auf dem Lebensmittelmarkt, der samstags nahe beim Tempio Malatestiano, hinter einem Durchgang am Corso Clementini, abgehalten wird.

Sehenswertes in Rimini

***Arco d'Augusto**

Der Stadtrundgang durch die verkehrsberuhigte Altstadt beginnt im Südosten, am Arco d'Augusto. Der 27 v. Chr. erbaute Triumphbogen – der älteste Italiens übrigens – bildete den Endpunkt der Via Flaminia von Rom und das südliche Eingangstor ins römische Ariminum.

Piazza Tre Martiri, **Tempio Malatestiano

Ein idealer Platz für einen Cappuccino ist die stilvolle Piazza Tre Martiri mit ihren Straßencafés. Biegt man hier rechts in den Corso IV Novembre, erreicht man nach wenigen Metern das kunstgeschichtlich interessanteste Bauwerk von Rimini, den Tempio Malatestiano. Die schlichte gotische Bettelordenskirche aus dem 13. Jh. ließ sich Sigismondo Malatesta 1447 – 1460 im Frührenaissancestil zu einem Grabmal für sich und seine vierte Ehefrau Isotta umbauen. Den Außenbau, der die Formen eines römischen Triumphbogens zitiert, aber unvollendet blieb, entwarf der Florentiner Architekt Leon Battista Alberti. Im Innern beachte man vor allem den herrlichen bauplastischen Schmuck (u. a. von dem Florentiner Renaissancebildhauer Agostino di Duccio) sowie das Fresko von Piero della Francesca, auf dem der Bauherr Sigismondo Malatesta vor dem hl. Sigismund kniend dargestellt ist. Im Chor hängt außerdem ein bemerkenswertes, großes Kruzifix aus der Schule von Giotto. Der berühmte Meister hielt sich um 1300 ein paar Jahre in Rimini auf und beeinflusste die dortige Malerei nachhaltig.

Tempio Malatestiano (Fortsetzung)

Piazza Cavour

Der nächste Platz an Riminis Hauptachse, dem Corso d'Augusto, ist die Piazza Cavour. Von Riminis kurzer Phase als freie Stadtrepublik kündet noch der 1204 aus Backsteinen erbaute Palazzo dell'Arengo, der mit dem nebenstehenden Palazzo del Podestà (14. Jh.) und dem Palazzo Comunale (16. Jh.) den Platz beherrscht. Samstag- und Mittwochvormittag wird hier und auf der angrenzenden Piazza Malatesta ein Markt abgehalten. Zu kaufen gibt es dort v. a. günstige Kleider, Schuhe und Lederwaren.

***Castello Sigismondo**

In den Kämpfen um die Stadtherrschaft Ende des 13. Jh.s behauptete sich die Familie Malatesta. Ihr berühmtester Spross, Sigismondo – über den Jacob Burckhardt schrieb: "Frevelmut, Gottlosigkeit, kriegerisches Talent und höhere Bildung sind niemals so in einem Menschen vereinigt gewesen" –, ließ das mächtige Castello an der Piazza Malatesta errichten (15. Jh.), das nach grundlegendem Umbau voraussichtlich Mitte 2002 wieder zu besichtigen sein wird.

Baden hat hier Tradition: Rimini ist mit seinem eleganten Grand Hotel das älteste unter den Adriabädern in der Emilia-Romagna.

***Ponte di Tiberio, Borgo San Giuliano**

Der Corso d'Augusto endet im Westen am Ponte di Tiberio, der gut erhaltenen alten Römerbrücke (Abb. S. 10/11) über den Fluss Marecchia. Die wuchtige, fünfbogige Brücke wurde 20 n. Chr. unter Kaiser Tiberius vollendet. Auf der anderen Seite der Marecchia liegt das Fischerviertel Borgo San Giuliano. Es lohnt sich, einen Blick in die

Italia in Miniatura, einer von vielen Freizeitparks in und um Rimini

dortige, dem hl. Giuliano geweihte Kirche im Viale Tiberio zu werfen – nicht so sehr wegen des Sarkophages mit den Gebeinen des Heiligen, sondern wegen des schönen Altarbildes des venezianischen Malers Paolo Veronese.

Museo della Città
In der Via Tonnini (Nr. 1), neben der Chiesa del Suffragio mit ihrer eigenwilligen Backsteinfassade, ist das Museo della Città beheimatet. Es birgt viele Zeugnisse – von römischen Ausgrabungsfunden über Kunstwerke aus dem Mittelalter bis ins 19. Jh. – aus der langen Vergangenheit Riminis (geöffnet Di.–So. 8^{30}–12^{30} und 17^{00}–19^{00}, So. 16^{00}–19^{00} Uhr).

***Viale Principe Amadeo**
Man kommt auf unterschiedlichen Wegen vom Zentrum zum Strand (nicht zuletzt auch mit dem Bus), für einen Spaziergang (ca. 20 Minuten) bietet sich besonders der Viale Principe Amadeo an, der noch einen Eindruck vom eleganten Seebad Rimini vermittelt: Die Straße wird von breiten Gehwegen und Kastanien gesäumt, links und rechts liegen großzügige Gärten mit stattlichen alten Villen, die meisten davon in Privatbesitz. Die Alleenstraße mündet in den Parco Fellini mit dem noblen Grand Hotel an der Nordseite.

Viale Vespucci, *Lungomare

Hinter der Bahnlinie beginnt das Seebad Rimini, das auch wiederum sehr unterschiedliche Facetten aufweist. Die vornehmsten und teuersten Hotels liegen natürlich in der ersten Reihe zwischen Piazza Parco Fellini und Piazza Tripoli, die Mehrzahl der Dreisternehäuser dann hinter dem Viale Vespucci, wo sich Restaurants, Geschäfte, Spielhallen, Nachtklubs und Diskotheken aneinander reihen. Je näher man der Bahnlinie kommt, umso grüner wird es. Wer keinen Wert auf absolute Nähe zum Strand legt, kann in der “Gartenstadt” von Rimini ruhig und günstig wohnen.

***Strände, **Freizeitmöglichkeiten**

Am Strand von Rimini ist nichts, aber auch gar nichts dem Zufall oder der Willkür des Badegastes überlassen. Der kilometerlange, sehr gepflegte Sandstreifen ist bis auf ein kleines Stück zwischen Delfinario (s. u.) und Hafen fest in der Hand der Bagni, die mit allem ausgestattet sind, was man am Strand brauchen könnte: natürlich endlose Reihen von Liegestühlen und Sonnenschirmen, Bootsverleih, Imbissstände, Cafés, Kinderspielplätze, Toiletten, Duschen, Sandplätze für Ballspiele, Tennisplätze, ein Minigolfplatz (am Lungomare Tintori), Rollerskatebahnen (am Lungomare Tintori und am Lungomare Muri) und natürlich viele Möglichkeiten zu Wassersport. Die gut sichtbare Nummerierung der Badeanstalten am Lungomare erleichtert die Orientierung. Kuranwendungen und Schönheitspflege gibt es im Institut für Thalassotherapie im südlichen Ortsteil Miramare, direkt am Strand (www.riminiterme.com). Ein 18-Loch-Golfplatz befindet sich etwa 15 km außerhalb der Stadt, in Villa Verucchio (an der Straße nach Verucchio).

Freizeitmöglichkeiten (Fts.)

*Vergnügungsparks

In und um Rimini sorgen einige Vergnügungsparks für die Unterhaltung der Badegäste. Im Delphinarium in Rimini (Lungomare Tintori 2) als auch im benachbarten Riccione (Lungomare della Repubblica) kann man Delphinen bei ihren Tauch- und Schwimmkünsten zusehen. Mit über 270 Sehenswürdigkeiten aus Italien und Europa im Maßstab 1:25 oder 1:50 wie zum Beispiel dem Petersplatz von Rom, Schloss Neuschwanstein oder dem Trocadero in Paris sowie mit unterschiedlichen Karussells wirbt "Italia in Miniatura". Zu den Attraktionen gehört auch eine Fahrt mit dem Boot durch eine Minireplik von Venedig. Der in Stiefelform angelegte Vergnügungspark liegt direkt an der SS 16, beim Stadtteil Viserba, 8 km nordwestlich von Rimini (geöffnet April, Mai, Juni 9[00] – 20[00], Juli, Aug. bis 24[00] Uhr, sonst bis Sonnenuntergang). Speziell an die kleinen Gäste gerichtet ist der Fiabilandia-Park, in dem u. a. der Grand Canyon oder das Schloss des Zauberers Merlin nachgebaut wurden. Er liegt im Ortsteil Rivazzurra, ebenfalls an der SS 16 (geöffnet täglich 10[00] – 24[00] Uhr).

Riccione

*Elegantes Seebad

Würde es keine Ortsschilder geben, man würde vermutlich nicht merken, wo Rimini aufhört und Riccione anfängt. Riccione, eine Kleinstadt mit 34 000 Einwohnern, ist der erste Badeort, den man auf der Fahrt nach Süden, 8 km von Riminis Zentrum entfernt, erreicht. Das rund 100 Jahre alte Seebad ging aus einem Fischerdorf hervor und machte schnell Karriere als elegante Alternative zum benachbarten Rimini. Heute manifestiert sich dies vor allem in den vielen alten Gärten und schönen Alleenstraßen, die den gepflegten Ort so angenehm machen. So manche stattliche alte Ferienresidenz hat sich auch erhalten, so beispielsweise im Viale Milano die Villa Antolini, die in den 1920er-Jahren im Jugendstil erbaut wurde. Abends ist nicht der Strand, sondern die Fußgängerzone Viale Ceccarini der Mittelpunkt der Badestadt. Ähnlich wie am Viale Vespucci in Rimini geht man hier einkaufen, essen und bummeln – mit dem Unterschied, dass man nicht mit Schnäppchen, sondern eher mit Hochpreisigem rechnen muss.

Man spricht Deutsch: Die Bagni in Riccione sind auf deutsche Gäste eingestellt.

*Strand und Freizeit

Das riesige Unterhaltungs- und Verpflegungsangebot am knapp 8 km langen Strand entspricht in etwa dem in Rimini.

Dolce far niente

Reiseziele erleiden bisweilen dasselbe Schicksal wie Miniröcke oder Schlaghosen: Eine Zeitlang sind sie der absolute Renner, dann kommen sie – aus welchen Gründen auch immer – aus der Mode, um dann einige Jahre oder Jahrzehnte später ihre Auferstehung zu feiern. Ein bisschen erging es der italienischen Adriaküste auch so, zumindest was ihre auswärtigen Besucher, insbesondere die aus Deutschland betrifft: In den ersten Nachkriegsjahrzehnten heiß geliebt, in den 1970er- und 1980er-Jahren beinahe gemieden, und nun wieder entdeckt!

Die Sonne lacht bereits vom Himmel, das Thermometer zeigt angenehme 23 Grad, der Strand von Rimini ist noch fast menschenleer. Kein Wunder, es ist 8[00] Uhr morgens. Wer sich um diese Zeit an den Strand wagt, ist mit den Joggern und Bademeistern allein. Noch. Es wird ein herrlicher Tag, una bella giornata, meint Giovanni, Herr über eine der unzähligen Badeanstalten, während er Liegestühle und Sonnenschirme in Position bringt und den Sand mit dem Rechen durchkämmt. Er spricht ein paar Brocken Deutsch, gerade genug, um den Stammgästen aus dem Norden zu erklären, wie die Liegestühle funktionieren und was eine Stunde Bootsmiete kostet. Man kennt sich, denn manche Familien kommen seit vielen Jahren hierher, immer in dasselbe Hotel, an denselben Strand.

Pack die Badehose ein!

Die Deutschen und die italienische Adria: ein spezielles Kapitel der Nachkriegsgeschichte. Angefangen hatte es in den Fünfzigerjahren. Überhaupt an einen Urlaub zu denken, war für die meisten schon ein Luxus, weg fahren, womöglich ins Ausland, erst recht. "Pack die Badehose ein" trällerte der Berliner Teenager Conny Froboess. Den Wannsee und die Ostsee kannte man ja bereits, in den Süden, in die Sonne, ans Mittelmeer wollte man. Die Adria war nah – nur eben mal über die Alpen – und außerdem gehörten die Italiener zu den Nachbarn, die den Deutschen als Erste wieder die Einreise erleichterten und sie genauso herzlich aufnahmen wie die Gäste aus dem eigenen Land.

Der Teutonengrill

Der große Ansturm kam dann in den Sechzigerjahren. Deutschland im Wirtschaftswunder. Italienische Arbeitskräfte wurden ins Land geholt, während gleichzeitig Millionen von deutschen Urlaubern die Heimat der "Gastarbeiter" samt Spaghetti und Chianti entdeckten. Bald gab es in Deutschland die ersten Pizzerien und Eisdielen, und in Rimini, Cattolica oder Riccione konnte man Schnitzel bestellen. Mit der Bahn anzureisen, war schon fast aus der Mode, schließlich hatten viele schon den eigenen (Volks-) Wagen. Dank der "tedesci" brummte der Tourismus an Italiens Adriaküste, wo sich die Seebäder innerhalb weniger Jahre in regelrechte Badestädte verwandelten, Hotels wie Pilze aus dem Boden schossen, Uferpromenaden angelegt und die Strände mit jeder Saison noch ein Stück verbreitert wurden. Die Adriaküste wurde zum Massenreiseziel der Nachkriegszeit – lange bevor ihr Mallorca oder die Dominikanische Republik den Rang abliefen. Und: Das Image vom Teutonengrill war geboren, denn je mehr sich die deutschen Gäste breit machten, um so mehr machten sich die italienischen rar.

serung der Wasserqualität und gingen daran, Image und Attraktivität der Badeorte zu steigern – und sie-

Der Platz ganz vorne gehört den kleinsten Badegästen, die mit Eimern und Schaufeln den heißen

Die 1980er-Jahre brachten eine Wende. Andere, billigere Reiseziele mit vergleichbaren Attributen rückten in der Statistik nach vorne. Sorge bereiteten den italienischen Seebädern vor allem die Algenteppiche, die das Meerwasser in eine verdächtig unappetitliche Brühe verwandelten und die Besucher aus dem Ausland lieber anderswo ihren Urlaub buchen ließen. Nur die italienischen Gäste blieben der Adria treu. Da reagierten die Verantwortlichen: Sie sorgten für die Verbes-

Auch in den prüden 1960er-Jahren war der Strand nicht nur zum Baden da ...

he da, die Gäste aus dem Ausland kamen wieder.

Bad in der Menge

Zurück an den Strand. Spätestens in drei Stunden wird man hier nur schwerlich einen freien Liegestuhlplatz ergattern, mit Sicherheit keinen mehr in den ersten zwei Reihen, denen mit dem freien Blick auf Wasser.

Sand umgraben, bewacht von Mama oder Papa, die sich knöcheltief im seichten Meerwasser stehend mit anderen Eltern unterhalten. Wenn die Großmama diese Aufgabe übernimmt, kann sich die Mama mal eine Weile bräunen und der Papa derweilen Telefonate mit dem Handy erledigen. Ins Wasser geht man weniger zum Schwimmen, als um sich ein bisschen abzukühlen, sodass das Bräunen nachher wieder leichter fällt. Nichtstun kann ja so anstrengend sein!

Strand und Freizeit (Fts.)

Gleich hinter dem Strand liegt das viel besuchte Delphinarium (Lungomare della Repubblica 9). Vergnügungen rund ums Wasser, u. a. ein türkisches Bad und einen Fitness Club, bietet das Beach Village nördlich des Zentrums (Viale D'Annunzio 150). Im Wasservergnügungspark Aquafan in der Via Pistoia überwiegt tagsüber der Badespaß – so zum Beispiel mit Wasserrutschen von rund 3 km Länge –, spätestens ab Mitternacht kann man hier während der Hochsaison zu heißer Musik abtanzen (geöffnet tägl. 10^{00} – 18^{30}, Juli und Aug. auch 22^{00} – 4^{00} Uhr).

Riccione Terme

Wer etwas für seine Gesundheit tun möchte, hat dank der Thermalquellen in Riccione Gelegenheit dazu. Das Wasser wird für verschiedene Kuranwendungen, u. a. für Fango, genutzt (Via Torino 4).

Misano Adriatico, Porto Verde

4 km hinter Riccione passiert man das kleine, noch verhältnismäßig ruhige Thermal- und Seebad Misano Adriatico. Zwischen Riccione und Cattolica (s. u.) kommt man an dem Feriendorf Porto Verde vorbei, das um einen großen Seglerhafen angelegt wurde.

Cattolica

***Fischerort und Traditionsbad**

Das Conca-Flüsschen ist die Grenze zum Nachbarseebad Cattolica (16 000 Einwohner), das über eine große Fischfangflotte verfügt und wie Rimini bereits um die Mitte des 19. Jh.s als Badeort entdeckt wurde. Heute hat man in Cattolica die Wahl zwischen rund 400 Hotels und Pensionen. Dass sich diese beiden Wirtschaftszweige nicht ausschließen müssen, beweist der Hafen: Wo tagsüber Fische und Meeresfrüchte verladen werden, lädt die stimmungsvolle Beleuchtung abends zum Flanieren ein.

Glücklicherweise hat sich Cattolica nicht auf seiner langen Tradition als Badeort ausgeruht, sondern durch Verkehrsberuhigung, liebevoll angelegte Plätze und Fußgängerzonen sowie den ständigen Ausbau des Strandbereichs sich ein modernes "Outfit" zugelegt. Im nördlichen Teil des Ortes trennt nur ein Fußweg den 3 km langen Strand und die dahinterliegende Hotelzeile, während zwischen Hafen und dem zentralen Piazzale Primo Maggio mit seinen hübschen Wasserspielen und Sitzplätzen unter Lauben eine Strandpromenade angelegt wurde. Nicht nur Rimini und Riccione, auch Cattolica besitzt ein Delphinarium (Piazzale delle Nazioni 1), das sich als Delphinaufzuchtstation einen Namen gemacht hat.

In einem modernen Bau untergebracht ist das Centro Culturale Polivalente an der Piazza della Repubblica. Anhand von Ausgrabungsfunden wird hier die lange Besiedlungsgeschichte Cattolicas dokumentiert, die bis in römische Zeit zurückreicht. Sowohl auf den umliegenden Hügeln als auch im Meer wurden die Grundmauern von römischen Villen entdeckt.

***Le Navi**

Von Riccione über Porto Verde kommend, wird man am Ortseingang sogleich mit der jüngsten Attraktion des Seebades bekannt gemacht. Seit Sommer 2000 ist in einem ehemaligen Erholungsheim für Kinder der Parco delle Navi eröffnet, ein mit modernsten Mitteln eingerichteter Themenpark, der unterhaltsam und informativ über die Entstehung der Erde informiert (geöffnet von Ostern bis November, tgl. 10^{00} – 24^{00} Uhr).

Umgebungsziele im Hinterland

*Santarcangelo

Nach 10 km auf der SS 9 Richtung Cesena (▶ Cesenatico) ist Santarcangelo di Romagna erreicht, ein mittelalterliches Städtchen mit einer Burg der Familie Malatesta, die allerdings nur für Gruppen von mindestens 25 Personen nach Voranmeldung zu besichtigen ist. Für Besucher zugänglich und überdies sehr interessant sind die Tuffsteingrotten, die frühere Bewohner des Ortes in den Hang gegraben haben. Hinschauen heißt es im Juli, wenn junge Schauspieler beim Theaterfestival "Santarcangelo dei Teatri" Kostproben ihrer Schauspielkunst geben.

Baedeker TIPP Stoffe

Eine lange Tradition hat die Stoffdruckerei Marchi im Zentrum von Santarcangelo (Via C. Battisti 15, geöffnet 9^{00} – 12^{00} und 16^{00} – 19^{30} Uhr). Man kann einen Blick in die Druckereiwerkstatt werfen, Stoffe kaufen oder mitgebrachte Stoffe bedrucken lassen.

Verucchio

Auf dem Weg nach Verucchio, das auf der anderen Seite des Marecchia-Tals liegt, kommt man an der Pieve San Michele vorbei (1 km außerhalb von Santarcangelo), einer besonders hübschen romanischen Landkirche. Die Hügel, auf denen heute das malerische Städtchen Verucchio sitzt, sind ein sehr altes Siedlungsgebiet und eines der Zentren der so genannten Villanovakultur (9.–6. Jh. v. Chr.). Materialreich dokumentiert ist diese Kultur im Museo Archeologico, wo u. a. auch die bedeutenden Funde aus den Nekropolen um Verucchio gezeigt werden. Das Museum befindet sich im Konvent des ehemaligen Klosters Sant'Agostino.
Auch die stolze spätmittelalterliche Burg oberhalb von Verucchio (Rocca del Sasso), einst Sitz der Familie Malatesta (▶ Baedeker Special S. 26), kann besichtigt werden.

Montefiore Conca

Noch ein Hügelstädtchen mit einer Malatesta-Burg erwartet den Besucher 20 km südlich von Rimini. Das Santuario di Bonora machte Montefiore Conca zu einem Wallfahrtsort. In der Chiesa di S. Paolo wird man mit einem beeindruckenden Renaissancegemälde überrascht: eine "Madonna della Misericordia" von Bernardino Dolci.

Riviera del Conero — R 16

Region: Marken · Marche

**Landschaftsbild (Abb. S. 48/49)

Wenige Kilometer südlich von Ancona schiebt sich der 572 m hohe Monte Conero in die ansonsten überwiegend flache Küstenlandschaft der italienischen Adria. Seine weiß leuchtenden, steil zum Meer abfallenden Felsen, zwischen denen schmale Strände zum Baden einladen, verleihen diesem Küstenabschnitt, der Riviera del Conero, seine besondere Note. Nach Westen gehen die Hänge des Monte Conero über in ein Hügelland mit Äckern, Obstbaumwiesen und Weingärten, in denen die Trauben für den Rosso Conero reifen. Die Strada del Rosso Conero führt durch die Anbauregion. Obwohl touristisch gut erschlossen, ist die Conero-Küste und ihr Hinterland immer noch eine erholsame Landschaft mit guten Bade- und Wandermöglichkeiten. Seinen Namen verdankt der Conero dem griechischen Wort für den hier wachsenden Erdbeerbaum "kómaros".

Orte an der Riviera del Conero

*Portonovo

Man nimmt von Ancona aus die Küstenstraße nach Süden. Noch bevor man Poggio erreicht, geht es ab zu dem winzigen Ort Portonovo. Die bewaldete Steilküste bildet hier eine herrliche Kulisse für die beiden Buchten, an denen sich der Badebetrieb etabliert hat. Wegen des Kiesstrandes ist das Meerwasser wunderbar klar und meist blaugrün gefärbt. Die Windverhältnisse sind hier für Segeln und Surfen günstig (Boots- und Surfbrettverleih sowie Surfschule am Strand). Direkt hinter dem Strand kann man campen oder im Hotel im ehemaligen napoleonischen Fort wohnen (Fortezza Napoleonica). Den gedrungenen Wehrturm, Torre di Portonovo, errichtete Papst Clemens XI. 1716.
Doch Portonovo überrascht auch mit einem kunsthistorischen Juwel: Oberhalb des Strandes steht die Kirche Santa Maria di Portonovo, eines der schönsten Beispiele für den romanischen Kirchenbau an der Adria. Die Bauherren der um 1050 fertig gestellten Kirche waren Benediktinermönche.

**Monte Conero

Die Straße nach Süden durchquert das herrliche Naturschutzgebiet des Monte Conero (Parco Regionale del Conero). Trotz der Nähe zur Küste und zu Ancona mutet der Landstrich noch sehr abgeschieden und idyllisch an. Kleine Gehöfte verstecken sich zwischen Obstplantagen, Wiesen und Feldern. Etwa 8 km südlich von Portonovo kann man auf schmaler, kurvenreicher Straße zum Gipfel des Monte Conero hinauffahren. Pinien, Ginsterbüsche, Oliven- und Jasminbäume verbreiten im Frühjahr und Sommer einen wunderbaren Duft, doch die Fahrt lohnt sich auch wegen der schönen Ausblicke auf die grüne Hügellandschaft und die Küste. Unterhalb vom Gipfel des Monte Conero liegt die um 1050 erbaute Badia San Pietro, deren Konvent heute als Hotel genutzt wird (▶ Praktische Informationen, Hotels und Pensionen).

Monte Conero: Badetrubel an der Küste, Einsamkeit im Hinterland

Sirolo ist der Vorzeige-Ort dieses Küstenabschnitts – die stattliche Anzahl der Unterkünfte, Straßencafés und Souvenirläden und die gehobenen Preise sind dafür ein untrügliches Zeichen. Das Schönste an Sirolo ist seine Lage hoch oben in aussichtsreicher Position. Von der Terrasse am Hauptplatz bietet sich ein phantastischer Blick auf die Steilküste, Sitzbänke unter Bäumen laden dazu ein, den Anblick in Ruhe zu genießen. Der alte Ortskern, der sich aus einer mittelalterlichen Burg entwickelte und von einer gut erhaltenen Stadtmauer umschlossen wird, ist dagegen schnell erkundet.

* Sirolo

Auch das Fischerboot will gepflegt sein.

Numana
Unterhalb von Sirolo und mit diesem so gut wie zusammengewachsen, liegt Numana, das schon von den Picenern besiedelt war. Von seiner Vergangenheit als Handelsstadt ist nicht mehr viel zu erkennen. Im Santuario del Crocifisso, einem modernen Nachbau, wird das bedeutendste Kunstwerk des Ortes ausgestellt: ein bemaltes Holzkreuz aus dem 13. oder 14. Jahrhundert. Am Meer wurden um 1900 die ersten Ferienvillen gebaut, heute gibt es hier einen kleinen Jachthafen und einen Strand. Wer vor allem ruhig wohnen möchte, sollte sich ein Hotel im oberen Teil des Ortes suchen.

San Benedetto del Tronto — T 20

Region: Marken · Marche
Einwohnerzahl: 47 000

* Palmenriviera

Mit mehr als 7000 Palmen, hin und wieder unterbrochen von wohlriechenden Oleanderbüschen, mit stilvollen alten Villen, 5 km feinstem Sandstrand und einem tropikalen Flair gehört San Benedetto del Tronto zu den elegantesten Badeorten in den Marken. Wenn man an der langen Strandpromenade entlangfährt, wird einem schnell klar, warum dieser Küstenstreifen den Namen “Palmenriviera” trägt. Wegen seines Jachthafens wird San Benedetto auch von Seglern gerne angesteuert.

Sehenswertes in San Benedetto del Tronto

Stadtbild

Die Stadt teilt sich in zwei Zentren, in den oberen, älteren Stadtteil mit dem Gualtieri-Turm aus dem 14. Jh. und einer Burg, die den Besucher ins Mittelalter zurückversetzt, und in das neuere und größere Stadtzentrum am Meer, dessen Gesicht von Jugendstilvillen und Luxushotels geprägt ist. Einkaufen und bummeln kann man in der Fußgängerzone Viale Secondo Moretti oder an der wunderschönen, palmengesäumten Strandpromenade. Zwischen typisch italienischen Eisdielen, Restaurants und Bars finden sich auch kleine

Stadtbild (Fortsetzung)

Händler, die Andenken und Handarbeiten aus den Marken verkaufen. Begleitet wird der Fußgängerweg von einer 5 km langen Fahrbahn für Räder und Inlineskater. Für letztere gibt es auch eine Skatebahn an der Viale delle Tamerici.

Fischereihafen

San Benedetto del Tronto ist das größte Fischereizentrum an der Adria und besitzt einen der wichtigsten Fischereihäfen an der Adriaküste. Wer früh genug aufsteht, kann von Dienstag bis Freitag in den Fischerhallen, an der Mole, den Versteigerungen zuschauen.

Museo Ittico

In demselben Gebäude wie der Fischmarkt, Viale Colombo 92 (am Fischereihafen), befindet sich auch das Fischmuseum mit einer Vielfalt von fast 6000 farbenprächtigen Meeresbewohnern aus allen Weltmeeren. Das Ballett der Seepferdchen und die Schönheit der türkisfarbenen Drachenfische sind nur einige der Attraktionen (geöffnet Di. – Sa. 9^{00} – 12^{00} und 16^{00} – 18^{00}, im Sommer bis 23^{00} Uhr).

Museo delle Anfore

Eine weitere sehenswerte Einrichtung ist das Museum der Meereskulturen, Viale de Gasperi (im Gebäude des wissenschaftlichen Gymnasiums), in welchem archäologische Fundstücke und römische Amphoren, die aus dem Meer geborgen wurden, gezeigt werden. Viele dieser Amphoren sind aus der Sammlung des Gynäkologen Giovanni Perotti, der von den Frauen der Fischer als Dankgeschenk bei jeder Geburt eine Amphore erhielt. Das Prunkstück der Sammlung ist eine 3000 Jahre alte kaanäische Amphore (geöffnet Di. – Sa. 9^{00} – 12^{00} und 16^{00} – 18^{00}, im Sommer bis 23^{00} Uhr).

Grottammare

***Seebad**

4 km weiter in Richtung Norden erreicht man Grottammare, das dem größeren San Benedetto del Tronto in nichts nachsteht. Palmen, Pinien, Blumen und gepflegte Anlagen zieren die Tag und Nacht belebte Fußgängerpromenade und bieten einen schönen Rahmen für die herrlichen Villen, die modernen Hotelanlagen und die Badeanstalten am 5 km langen Sandstrand. Gemütlich bummeln kann man in der Fußgängerzone des Corso Mazzini hinter der Bahnlinie.

Ein Bilderbuchplatz in einem Bilderbuchborgo: die Piazza Peretti in Grottammare Alta mit der Osteria dell'Arancio

****Altstadt**

Ohne Zweifel ist das alte Grottammare eine der eindrucksvollsten Entdeckungen unter den Hügeldörfern an der Adria. Der malerische Ortskern mit den engen Gassen, rustikalen Häusern, kleinen Terrassengärten, die sich stolz mit prächtigen Orangenbäumen zieren, wurde in den letzten Jahren zu einem Schmuckstück herausgeputzt. Unvergleichlich ist ein Abend auf der stimmungsvollen Piazza Peretti, dem winzigen Hauptplatz von Grottammare – am besten bei einem guten Essen in der Osteria dell'Arancio oder bei einem Glas Wein in der gemütlichen Bar Fleurie. Von der Loggia des Teatro dell' Arancio genießt man einen herrlichen Blick auf das Seebad und das Meer. Noch beeindruckender – vor allem in den späten Nachmittagsstunden – ist der Blick oben von der mächtigen Burgruine aus dem 14. Jh. auf der Spitze des Hügels. Die große Kuppel, die man im Panorama des Borgo wahrnimmt, gehört zur Kirche Santa Lucia in der Via C. Peretti, die 1597 in Erinnerung an den berühmtesten Sohn der Stadt, Papst Sixtus V., erbaut wurde.

Grottammare (Fortsetzung)

Die romanische Kirche San Martino, etwa 1 km südwestlich von Grottammare, wurde vermutlich über einem römischen, der Göttin Cupra geweihten Tempel errichtet. In der Nähe sind auch die Reste einer römischen Zisterne ("Bagno della Regina") zu sehen.

San Martino

Cupra Marittima

*Stadtbild

Weitere 4 km nördlich liegt Cupra Marittima. Dank des milden Klimas und der landschaftlichen Schönheit übt hier der Küstenstreifen mit seinem 2 km langen Sandstrand, der selten überfüllt ist, einen besonderen Zauber aus. Die Vegetation ist ähnlich wie in den benachbarten Badeorten: Palmen, Pinien und Oleanderbäume, die überall einen angenehmen Duft verströmen.
Das alte Cupra Marittima liegt auch auf einem Hügel und kann auf eine lange Geschichte zurückblicken. Die Überreste einer Nekropole aus dem 7./6. Jh. v. Chr. und die mittelalterliche Burg von Marano sind Zeugen der langen Vergangenheit. Die vom Verfall bedrohte, aber gerade deshalb sehr malerische Altstadt, in der zurzeit viele Häuser renoviert werden und zum Verkauf stehen, liegt hinter einer alten Ringmauer mit imposanten Türmen, die im 15. Jh. errichtet wurden. In der Kirche San Basso kann man einen prächtigen Bischofsstab aus dem 13. Jh. bewundern.

Stadtvillen auf der einen und Palmen auf der anderen Seite: die Strandpromenade von Cupra Marittima

*Museo Malacologico

Auf keinen Fall versäumen sollte man einen Besuch im größten Muschelmuseum der Welt. Knapp 1 km nördlich außerhalb von Cupra Marittima, in einer riesigen Industriehalle, werden rund 750 000 Muscheln ausgestellt, u. a. die schönsten, seltensten und verrücktesten Exemplare aus der ganzen Welt (geöffnet April – Juni und Sept. Di., Do., Sa. und So. 15^{30} – 19^{30}, Juli/Aug. tgl. 16^{00} – 22^{30} Uhr).

Ins Hinterland

Acquaviva Picena

Das Hinterland von San Benedetto ist unbedingt einen Ausflug wert. Durch das Weinanbaugebiet des Vino Rosso Piceno führt die Straße zunächst in das Städtchen Acquaviva Picena, das mit seinen Wehrmauern einen mittelalterlichen Eindruck macht.

***Offida**

Weiter geht es von Acquaviva Picena auf der Strada del Rosso Piceno in das 22 km entfernte Offida. Das aus rotem Ziegelstein auf einem Felsen aus Tuff errichtete Städtchen ist bekannt für seine Spitzenklöppelei, die hier eine jahrhundertealte Tradition hat. An der dreieckigen Piazza del Popolo steht gegenüber der Neuen Kollegiatskirche das bedeutendste Bauwerk des Städtchens, der zinnenbekränzte Palazzo Comunale mit weiten Arkaden im Erdgeschoss und einer Renaissanceloggia darüber. Der Uhrturm, der das Gebäude überragt und ursprünglich als Kerker genutzt wurde, stammt aus dem 14. Jahrhundert. Im 19. Jh. wurde in den Innenhof des Palazzo ein kleines Theater eingebaut. Im ehemaligen Kloster San Francesco, heute Enoteca, kann man den Piceno Rosso probieren. Ebenfalls sehenswert ist die wehrhafte Doppelkirche Santa Maria della Rocca, u. a. wegen ihrer Fresken aus dem 14./15. Jahrhundert.

Ripatransone

Für den Rückweg nach San Benedetto del Tronto empfiehlt sich die Fahrt über Ripatransone, das Luftlinie etwa 10 km nordöstlich von Offida in den Hügeln liegt. Neben den alten Palazzi, einem Museum mit Funden zur Kultur der Picener (Piazza XX Settembre) und einem hübschen kleinen Theater aus dem 19. Jh. gilt die nur 43 cm breite Gasse als besondere Attraktion des Städtchens.

Montefiore dell'Aso

Für Kunstfreunde sind die 10 km ins nördlich von Ripatransone gelegene Montefiore dell'Aso nicht zu weit, denn hier, in der Kirche Santa Lucia, wird schließlich ein Schlüsselwerk des Malers Carlo Crivelli (► Berühmte Persönlichkeiten) aufbewahrt.

San Marino — K 14

Republik San Marino · Repubblica di San Marino
Einwohnerzahl: 25 500 (Land); 4300 (Stadt)

****Kleinste Republik der Welt**

Die kleinste Republik der Welt liegt an den Hängen des burgengekrönten, 745 m hohen Monte Titano am Ostrand des Apennins, etwa 20 km südwestlich von ► Rimini. San Marino ist nicht nur die kleinste, sondern auch die älteste Republik der Welt und besteht aus der gleichnamigen Hauptstadt und acht umliegenden Dörfern. Nach der Legende wurde San Marino im 4. Jh. von verfolgten Christen aus Dalmatien, darunter auch einem Steinmetz namens Marinus, gegründet. Seit 1263 gilt die im Wesentlichen unveränderte Verfassung. Die gesetzgebende Gewalt liegt bei den 60 Mitgliedern des Großen Rats, die ausübende Gewalt bei

> *Baedeker* TIPP **Ausblick inbegriffen**
>
> Man kann zu Fuß nach San Marino hoch gehen oder man lässt das Auto in der Unterstadt Borgo Maggiore und nimmt die Seilbahn (Funivia). Schon wegen des schönen Ausblicks ist die Fahrt mit der Funivia eine empfehlenswerte Alternative.

den zehn Mitgliedern des Congresso di Stato und den beiden Capitani Reggenti, die alle sechs Monate gewählt werden (prunkvolle Amtseinführung jeweils am 1. April und am 1. Oktober). Haupteinnahmequellen des "Zwergstaates" sind eigenen Briefmarken und Münzen, Kunsthandwerk, etwas Landwirtschaft sowie der Tourismus. Von Rimini erreicht man San Marino auf der SS 72 und weiter auf einer kurvigen, steilen Straße. Unterhalb der Stadtmauern liegen einige Parkplätze, von dort geht es zu Fuß in die Stadt hinauf – oder man fährt mit der Seilbahn (s. Tipp).

Kleinste Republik der Welt (Fts.)

Sehenswertes in San Marino

San Francesco

Man betritt die von einem Mauerring umschlossene Altstadt meist durch die Porta San Francesco aus dem 15. Jahrhundert. Beherrschender Bau ist die 1361 von den Maestri comacini erbaute Kirche San Francesco, die heute die Pinakothek mit Gemälden des 13. bis 18. Jh.s beherbergt. Nordwestlich der Kirche erinnert ein Gedenkstein daran, dass San Marino im Jahr 1849 Garibaldi und über 2000 seiner Anhänger Zuflucht bot.

Piazza della Libertà

Die Piazza della Libertà, der Hauptplatz der Stadt mit einer Freiheitsstatue von Stefano Galletti (1876), liegt etwas oberhalb. An ihrer Nordwestseite steht der 1894 im neugotischen Stil errichtete Palazzo del Governo, auch Pubblico genannt. Von der Piazza sowie vom Dach des Palastes bietet sich eine herrliche Aussicht.
Folgt man nun der Contrada del Pianello, gelangt man zum so genannten Canton, von dem man einen wunderbaren Ausblick hat. Rechter Hand befindet sich die Endstation der Funivia, links hinunter geht es zur Cava dei Balestrieri, dem Festplatz, auf dem sanmarinesische Armbrustschützen während der Hochsaison ihr Können vorführen. In der neoklassizistischen Basilica di San Marino (1836) werden die Gebeine des hl. Marinus aufbewahrt. Rechts neben der Basilika steht die Kapelle San Pietro, die nach der Legende die Felsenbetten des hl. Marinus und seines Gefährten San Leo enthält.

Die Gesetzeshüter in San Marino

*Rocche (Abb. S. 54)

Der Treppenweg Salita alla Rocca führt zu den alten Festungen hinauf, die die drei Gipfel des Monte Titano bekrönen und durch einen Wehrgang verbunden sind: die Rocca Guaita aus dem 11. Jh., die Rocca Cesta, auch Fratta genannt, aus dem 13. Jh. (sie beherbergt ein Museum mit historischen Waffen) und schließlich die Rocca Montale, die 1935 rekonstruiert wurde.

Museen

In San Marino gibt es neben den historischen Sehenswürdigkeiten auch eine Reihe von kleinen privaten Museen wie zum Beispiel das Museo delle Cere in der Via Lapicidi Marini 17 (Wachsmuseum), das Museo delle Curiosità an der Salita alla Rocca (Kuriositätenmuseum) oder das Reptilarium und Aquarium in der Via Paolo III.

San Leo

Burgstädtchen in kühner Lage

Der Besuch von San Marino lässt sich gut kombinieren mit einer Fahrt nach San Leo, das etwa 20 km südwestlich von San Marino, im bergigen Hinterland liegt. Unter der Adelsfamilie Montefeltro, den Grafen und späteren Herzögen von Urbino, erlebte San Leo seine Blütezeit, die im 17. Jh. mit dem Aussterben der Montefeltro und

Tief durchatmen kann man in der erholsamen Umgebung von San Leo, dem wunderbar gelegenen Burgstädtchen

der Zugehörigkeit zum Kirchenstaat endete. Etwa 10 km hinter der Ortschaft Villa Nuova ragt plötzlich der steil abfallende Felsen aus der Hügellandschaft, auf dessen Gipfel die Burg und etwas weiter unterhalb die dicht zusammengedrängten Häuser von San Leo versammelt sind.

Sehenswertes

Zur Burg (Rocca di San Leo) auf dem höchsten Punkt des Städtchens sollte man unbedingt hinaufsteigen – allein schon wegen des herrlichen Ausblicks. Bei gutem Wetter reicht die Sicht bis zur Adriaküste. In der Festung, die aus dem 15. Jh. stammt, wurde ein kleines Museum eingerichtet. Zu der Zeit, als San Leo dem Kirchenstaat gehörte, nutzte man die Rocca, da sie keine Verteidigungsfunktion mehr hatte, als Gefängnis. Nach siebenjähriger Kerkerhaft starb hinter ihren dicken Mauern Alessandro Graf von Cagliostro, der Abenteurer und Alchimist, den u. a. Goethe in seinem Theaterstück “Großkophta” literarisch verarbeitete.
Unten im Städtchen kann man den romanisch-gotischen Dom und die Kirche delle Pieve besichtigen, bei deren Bau im 9. Jh. antike Spolien verwendet wurden.

Region: Marken · Marche
Einwohnerzahl: 41 000

Allgemeines

Weich wie Samt soll er sein, der 13 km lange Badestrand von Senigallia. La spiaggia di velluto, der Samtstrand, ist das Wahrzeichen der beliebten Badestadt, die zu den größten in der Region Marken gehört und ca. 25 km nördlich von ▶ Ancona liegt. Senigallia wurde als römische Kolonie gegründet und "Sena Gallica" genannt – nach den damaligen Bewohnern, den keltischen Senonen, die sich im 4. Jh. v. Chr. hier niedergelassen hatten. Aus der Kolonie entwickelte sich eine blühende Stadt, die sich im Verlauf des 19. Jh.s als Seebad profilierte.

Sehenswertes in Senigallia

***Strände**

Wie in vielen Badestädten an der Adriaküste verläuft die Bahnlinie mitten durch den Ort und trennt das Zentrum, in diesem Fall die Altstadt, von der am Meer gelegenen Hotelzone hinter den Stränden Spiaggia Levante und Spiaggia Ponente. Keine Palmen, sondern Tamarisken, die der heftig wehenden Bora standhalten können, verleihen der schönen Uferpromenade mit ihren vielen Badeanstalten ihr spezielles Gesicht. In der zweiten Reihe findet sich noch die eine oder andere hübsche Villa aus den "Kindertagen" des Seebades. An der Piazza della Libertà ragt die Seebrücke mit der Rotonda a Mare ins Meerwasser. Etwas weiter nordwestlich liegt der Jachthafen von Senigallia, der rund 350 Boote aufnehmen kann.

Altstadt

Im Bogen des Flusses Misa liegt die von einer Mauer umfasste, aus gelbbraunen Ziegeln erbaute Altstadt. Spektakuläre Sehenswürdigkeiten gibt es nicht, doch ein paar sympathische, verkehrsberuhigte Straßenzüge mit hübschen, kleinen Geschäften.
Am nordöstlichen Altstadtrand wurde ab 1480 die trutzige Rocca der Della Rovere gebaut – zum Schutz vor denjenigen, die von der Seeseite her die Stadt einnehmen wollten. Die Rocca kann besichtigt werden (geöffnet tgl. außer Mo. 8^{30} – 19^{30} Uhr). Den Zugang zur Festung bildet eine Brücke von der Piazza del Duca. An diesem weitläufigen Platz mit der Fontana dei Leoni aus dem Jahr 1596 steht auch, der Burg gegenüber, der Herzogspalast aus dem 16. Jahrhundert. Das ungewöhnliche Bauwerk nördlich neben der Burg ist das 1831 errichtete Foro Annonario, ein Kolonnadenbau im Dreiviertelkreis im Stil der Revolutionsarchitektur, auf dem heute Markt abgehal-

Und noch eine Burg: die Rocca in Senigallia

Senigallia (Fortsetzung)

ten wird. Das Herz der Stadt schlägt zwischen der belebten Piazza Roma mit dem Palazzo Municipale und der Piazza Garibaldi mit dem Dom. Im Corso Secondo Giugno, der den Fußgängern vorbehalten ist, findet man die meisten Geschäfte. Wer sich mehr für das historische Senigallia interessiert, sollte am Fluss unter den Arkaden der Portici Ercolani spazieren gehen. Sie wurden im 18. Jh. für die Messe erbaut, die in Senigallia eine lange Tradition hat. Die Piazza Garibaldi am südwestlichen Altstadtrand ist leider durch die Nutzung als Parkplatz in ihrer Wirkung beeinträchtigt. Der dortige Dom aus der zweiten Hälfte 18. Jh.s erhielt unter Papst Pius IX., der aus Senigallia stammte, eine neue Fassade. Das Diözesanmuseum nebenan im Palazzo Vescovile besitzt Gemälde u. a. von Guido Reni und Federico Barocci.

Umgebung, *S. Maria delle Grazie

Zu empfehlen ist der Ausflug zum Kloster S. Maria delle Grazie 3 km westlich der Stadt – einmal wegen des herrlichen Altarbilds von Perugino, zum anderen wegen des Museo di Storia della Mezzadria, das die traditionelle bäuerliche Lebensweise plastisch vor Augen führt.

Treviso J 3/4

Region: Venetien · Veneto
Einwohnerzahl: 82 000

**Stadtbild

Die Provinzhauptstadt Treviso liegt in der fruchtbaren venetischen Ebene, am Zusammenfluss von Sile und Botteniga, nur noch rund 25 km nördlich von ▶ Venedig. Ihr Stadtzentrum wird von einem rund 5 km langen Mauerring aus dem frühen 16. Jh. und Kanälen umschlossen, die auch die Innenstadt durchziehen. Darüber hinaus wartet Treviso mit stimmungsvollen Plätzen, schönen, teils mit Fresken verzierten Palazzi und Laubengängen auf. Die kulinarische Spezialität der überaus angenehmen Stadt ist der rote Radicchio, der rund um Treviso angebaut wird. Man kann ihn als Salat essen, aber als Gemüse, geschmort oder gegrillt, kommt er noch besser zur Geltung. Unübertrefflich ist er allerdings im Risotto al radicchio rosso!

Einkaufen

In Treviso wird Mode gemacht. Replay, Benetton und Stefanel sind nur die bekanntesten hier beheimateten Hersteller. Es versteht sich von selbst, dass sie auch mit eigenen Geschäften in der Stadt vertreten sind. Vor allem an der Via Calmaggiore und in ihren Seitengassen könnte man von Treviso behaupten, es sei im Grund ein einziges Schaufenster. Auch Liebhaber origineller Geschäfte kommen in dieser Stadt auf ihre Kosten. Außer Mode und Accessoires gibt es auch

Baedeker TIPP Fashion

Modegeschäfte gibt es in Italien vermutlich mehr als Pizzabäcker, doch dieser Laden fiel uns auf: Lazzari, seit neuestem in der Via Paris Bordone 14 zu Hause. Ausgefallene, eher schrille als klassische Designermode, sündhaft teuer, aber was soll's – man kann auch nur mal reinschauen ...

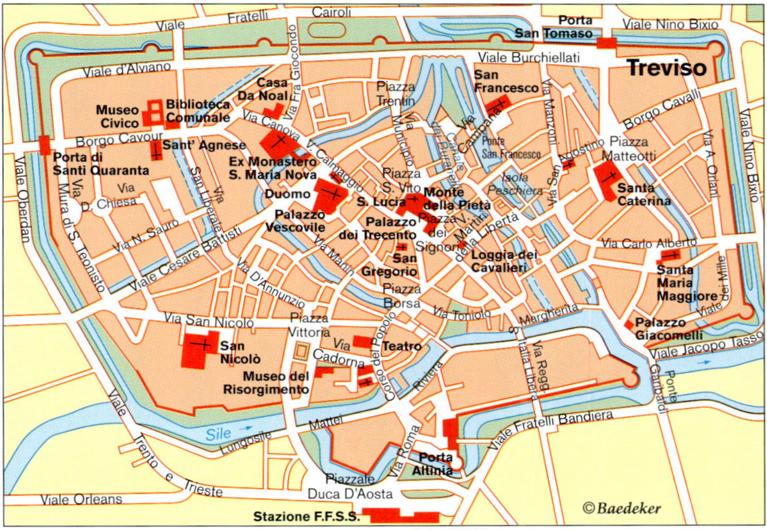

Padua, Venedig

Einkaufen (Fortsetzung)

Kunsthandwerk, Bücher (in besonders großer Auswahl bei Canova-Zoppelli, Via Calmaggiore 31), handgemachte Marionetten und Karnevalskostüme (Mangiafuoco, Via Riccati 12), Gewürze und Eingelegtes (Bottega del Baccalà, Via Peschiera 12) oder Luxusfahrräder aus dem Hause Pinarello (Borgo Mazzini 9).

Sehenswertes in Treviso

Porta San Tomaso

Der Stadtrundgang beginnt bei der Porta San Tomaso. Das Stadttor wurde 1518 im Zuge der Erweiterung der Stadtmauern errichtet. Über dem rundbogigen mittleren Durchgang an der prächtig gestalteten Renaissancefassade aus istrischem Stein erkennt man das venezianische Wappentier, den geflügelten Löwen.

S. Caterina, S. Maria Maggiore

An der Piazza Matteotti mit ihren zum Teil freskengeschmückten Arkadenhäusern kommt man zur Chiesa S. Caterina, in der sich ein sehenswerter Freskenzyklus befindet. Gemalt wurden die Szenen aus der Ursula-Legende von Tomaso da Modena Mitte des 14. Jh.s für die Kirche S. Margherita. Von demselben Künstler wird einige Straßenzüge weiter, in der Chiesa Santa Maria Maggiore, im Tempietto della Madonna, ein Gnadenbild (um 1352) aufbewahrt.

Peschiera

Romanisch wird es am Kanal Cagnan Grande mit der Isola Peschiera. Unter alten Rosskastanienbäumen wird hier jeden Vormittag ein Fisch- und Gemüsemarkt abgehalten.

***Piazza dei Signori**

Durch die Via Martiri della Libertà, vorbei an der Loggia dei Cavalieri (1270), unter deren Arkaden sich im Mittelalter die adeligen Herren trafen – deshalb der Name –, kommt man hinauf in das

Piazza dei Signori (Fts.)

Herz von Treviso. Den Mittelpunkt der Altstadt bildet die von mächtigen Palästen umgebene Piazza dei Signori. Kunstgeschichtlich am interessantesten ist der wuchtige, von Zinnen bekrönte Palazzo dei Trecento (um 1210), einst Sitz des Großen Rats der Stadt. Das Café unter seinen schattigen Arkaden ist heute ein beliebter Treffpunkt. Der Palazzo del Podestà, im 19. Jh. stark restauriert, wird von der Torre del Comune, dem Stadtturm, überragt. Im Palazzo Pretorio, einem ebenfalls im 19. Jh. nachhaltig veränderten Renaissancepalast, hat die Präfektur ihren Sitz.

Monte della Pietà

Die rückwärtigen Fassaden der Paläste an der Piazza dei Signori gehen auf die Piazzetta Monte della Pietà mit dem ehemaligen, 1496 gegründeten Pfandhaus hinaus. Das Schmuckstück dieses Gebäudes, das man auf Anfrage besichtigen kann (☎ 04 22 54 76 32), ist die Capella dei Rettori mit ihrer sehenswerten Ausmalung.

S. Lucia, S. Vito

Etwas unterhalb des Pfandhauses, an der Piazza S. Vito, liegt die Kirche Santa Lucia, an die sich die Chiesa San Vito anschließt. Eine Besichtigung lohnt vor allem S. Lucia wegen der herrlichen Fresken von Tomaso da Modena, der in verschiedenen Kirchen der Stadt Werke hinterlassen hat.

***Via Calmaggiore, *Dom**

Von der Piazza dei Signori führt die von hohen, stattlichen Arkadenhäusern gesäumte Via Calmaggiore, die Haupteinkaufsstraße in der Altstadt, zum Domplatz. Der Dom San Pietro mit seinen sieben Kuppeln wurde im 15./16. Jh. an der Stelle einer romanischen Kirche errichtet. Die Fassade ist neoklassizistisch, die Krypta romanisch (11./12. Jh.). Das Altarbild, eine "Verkündigung", stammt von Tizian (1517), die Fresken in der Capella dell' Annunziata (rechts vom Chor) sind ein Werk von Pordenone (1520). Als eigene kleine Kirche konzipiert wurde das romanische Baptisterium neben dem Dom mit schönen Fresken aus dem 13. Jahrhundert. Auf der anderen Seite wird der Dom flankiert vom Palazzo Vescovile, dem Bischofspalast.

Am Canale dei Buranelli zeigt sich Treviso von seiner romantischsten Seite.

Museo Civico

Vom Dom gelangt man über die Via Canova und den Borgo Cavour zum städtischen Museum mit einer archäologischen Abteilung und einer repräsentativen Sammlung venezianischer Malerei von Giovanni Bellini über Tizian bis zu Rosalba Carriera oder Francesco Guardi. Ferner besitzt das Museum Arbeiten Treviser Künstler des 20. Jh.s, darunter auch Arbeiten des Bildhauers Arturo Martini (geöffnet Di.–Sa. 9^{00}–12^{00} und 14^{00}–17^{00}, So. und Fei. nur vormittags).

***San Nicolò**

Die Dominikanerkirche San Nicolò in der südwestlichen Altstadtecke ist ein romanisch-gotischer Backsteinbau aus dem 13./14. Jahrhundert. Tomaso da Modena hat in San Nicolò eine besonders eindrucksvolle Kostprobe seines Könnens hinterlassen. Nicht nur die herrlichen Fresken an den Rundpfeilern stammen von ihm, auch die Porträts berühmter Dominikaner im Kapitelsaal des ehemaligen Klosters.

San Nicolò (Fortsetzung)

*Via Campana, San Francesco

Der Rückweg von San Nicolò zum Ausgangspunkt des Rundgangs führt wieder an der Piazza dei Signori vorbei zur Piazza San Vito und die hübsche Via Campana hinab. Man überquert den stillen, melancholisch dahinfließenden Canale dei Buranelli, wo man unter Arkaden des Portico dei Buranelli entlangspazieren kann. Hinter der benachbarten Brücke San Francesco sieht man links die große Franziskanerkirche, in der ein Sohn und eine Tochter des Dichters Dante beigesetzt wurden. Die Fresken in der ersten Kapelle links schuf Tomaso da Modena.

Umgebung von Treviso

Roncade

Etwa 10 km südöstlich von Treviso, in Roncade, ließ sich um 1500 der venezianische Adelige Gerolamo eine prächtige Villa mit zweigeschossigem Portikus bauen. Baron Bassetti kaufte das von Mauern und Wehrtürmen umgebene Anwesen und begann mit dem Weinanbau. Heute nimmt der Hausherr auch Übernachtungsgäste auf (▶ Praktische Informationen, Hotels).

Treviso liegt am Rand eines großen Weinanbaugebietes – hier das Weingut Roncade.

Castelfranco Veneto

Um sich gegen Angriffe der mächtigen Nachbarstadt Padua zu schützen, gründeten die Regenten von Treviso im 12. Jh. rund 25 km westlich Castelfranco. Heute kennt man das hübsche, von 17 m hohen Mauern umschlossene Städtchen vor allem als Geburtsort des Renaissancemalers Giorgione. Sein berühmtes Madonnenbild ("Madonna von Castelfranco") kann man im Dom bewundern – neben einigen anderen Gemälden aus der venezianischen Schule, die in der Sakristei ausgestellt werden. Auch das benachbarte Geburtshaus des Künstlers (Casa di Giorgione) steht Besuchern offen.

*Villa Emo

In der Umgebung von Castelfranco gibt es einige stattliche Renaissancevillen zu besichtigen. Zu den schönsten gehört die Villa Emo in Fanzolo di Vedelago, 7 km nordöstlich des Städtchens, die heute als Hotel und Restaurant genutzt wird. Der berühmte Palladio baute sie um 1560. Die Wandbilder im Innern malte Gianbattista Zelotti (geöffnet April – Okt. tgl. 15⁰⁰ – 19⁰⁰, So. auch 10⁰⁰ – 12³⁰, sonst nur Sa. und So. 14⁰⁰ – 18⁰⁰ Uhr).

**Villa Barbaro

Ebenfalls unbedingt sehenswert ist die berühmte Villa Barbaro in Maser, 14 km nördlich von Castelfranco in der Nähe von Asolo (s. u.), die Andrea Palladio 1560 für die Brüder Barbaro erbaute. Sie gehört zusammen mit der runden Kapelle (Tempietto) zu seinen Hauptwerken. Die Räume sind mit symbolträchtigen Fresken von Paolo

Villa Barbarao (Fortsetzung)

Veronese (1528 – 1588) geschmückt (geöffnet März – Okt. Di., Sa., So. und Fei. 15 00 – 18 00, Nov. – Febr. Sa., So. und Fei. 14 30 – 17 00 Uhr). Palladio entwarf auch die runde Kapelle (Tempietto) an der Ortsdurchfahrtsstraße.

***Asolo**

Etwa 15 km nördlich von Castelfranco erreicht man den hoch gelegenen kleinen Ort Asolo. Hier lebten u. a. die Exkönigin von Zypern, Caterina Cornaro (um 1500), der englische Dichter Robert Browning und die Schauspielerin Eleonora Duse. Der Aufstieg auf die Rocca lohnt wegen des schönen Blicks über die hübsche Altstadt. Den Dom mit seiner eleganten Vorhalle aus dem 15. Jh. schmückt das Gemälde von Lorenzo Lotto "Erscheinung der Jungfrau" (1506). Außerdem hat in Asolo die älteste Seidenweberei Italiens ihren Sitz. In der Via Canova 317 kann man handgewebte Seide oder Seidenschals kaufen, in der Webereiwerkstatt in der Via di Pagano 4 den Kunsthandwerkern bei der Arbeit zuschauen. Jeden zweiten Sonntag im Monat findet in Asolo ein bekannter Antiquitätenmarkt statt.

Conegliano

Conegliano, eine moderne Industriestadt etwa 35 km nördlich von Treviso mit einer kleinen, hübschen Altstadt – im Dom befindet sich ein Altarbild des hier geborenen Malers Cima von 1492 –, wird von einer Burg (Museum) überragt. Auf ihrem Gelände lädt ein hübsches Aussichtsrestaurant zu einer Pause ein. Wunderschön ist der Blick von hier oben über das Umland.

Weinstraße

Zwischen Conegliano, Valdobbiadene und Vittorio Veneto werden die Trauben für den Prosecco angebaut. Eine ausgeschilderte Weinstraße führt durch sanfte, mit Reben bewachsene Hügel und einige Orte, in denen man den edlen Tropfen kaufen kann. Als "König unter den Perlweinen" gilt der Cartizze, der allerdings wegen der verhältnismäßig kleinen Mengen, in denen er produziert wird, auch seinen Preis hat.

Oderzo

Allgemeines

26 km nordöstlich von Treviso erreicht man das Städtchen Oderzo, die einstige Römerstadt Opitergium. Vor allem in der Via Umberto I. mit ihren schönen, zum Teil mit Fresken bemalten Laubenhäusern erinnert das Ortsbild von Oderzo an Treviso und Portogruaro, lässt aber – aufgrund zahlreicher Zerstörungen – die Geschlossenheit vermissen, die den Reiz der beiden benachbarten Städte ausmacht.

Dom

Das bedeutendste Bauwerk, der Dom San Giovanni Battista, steht am weitläufigen, überwiegend von modernen Ergänzungen geprägten Hauptplatz Piazza Vittorio Emanuele I. Die im 14. Jh. errichtete, von einem schlanken Glockenturm überragte Kirche wurde um 1500 im Stil der Renaissance erneuert.

Museo Civico Opitergino

Die zahlreichen Funde im Museo Civico Opitergino (Via Garibaldi 14), so z. B. das herrliche, eine Jagdszene darstellende Fußbodenmosaik aus einer Villa des 4. Jh.s, machen anschaulich, dass Oderzo in römischer Zeit eine blühende Stadt war.

Region: Friaul-Julisch Venetien · Friuli-Venezia Giulia
Einwohnerzahl: 220 000

***Hafenstadt der k. u. k-Zeit**

Einst war es der wichtigste Mittelmeerhafen der Doppelmonarchie Österreich-Ungarn, heute ist es die Hauptstadt der östlichsten italienischen Region Friaul-Julisch Venetien: Triest. Die über 500-jährige Zugehörigkeit zu Österreich spiegelt sich an vielen Stellen im Stadtbild wider – nicht nur in den großzügigen Plätzen und historistischen Gebäuden, sondern auch in den Speisekarten der Kaffeehäuser und Restaurants, wo österreichische Spezialitäten dominieren. Die Industrie- und Hafenstadt liegt nur wenige Kilometer von der Grenze zu Slowenien entfernt, in einer weiten Bucht im gleichnamigen Golf. Die steil ins Meer abfallenden Karsthänge, an denen sich die Küstenstraße zwischen Monfalcone und Triest entlangwindet, machen die Riviera Triestina zu einem der schönsten Küstenabschnitte an der italienischen Adria.

Baedeker TIPP T FOUR YOU

Wer ein Wochenende, d. h. mindestens für zwei Nächte, ein Doppelzimmer in Triest bucht, kann mit einigen Vergünstigungen rechnen. Die Gästekarte "T FOR YOU" beinhaltet nicht nur Preisreduzierungen beim Übernachten und Essen, sondern auch bei Museen, Rundfahrten und anderen Vergnügungen. Informationen unter ☎ 04 06 79 61 11.

Geschichte

Triest, das Tergeste der Römer, gehörte von 1382 bis 1919 zu Österreich. In dieser Zeit entwickelte sich die Stadt, seit 1719 Freihafen

An stilvollen Bars und Cafés ist in Triest kein Mangel.

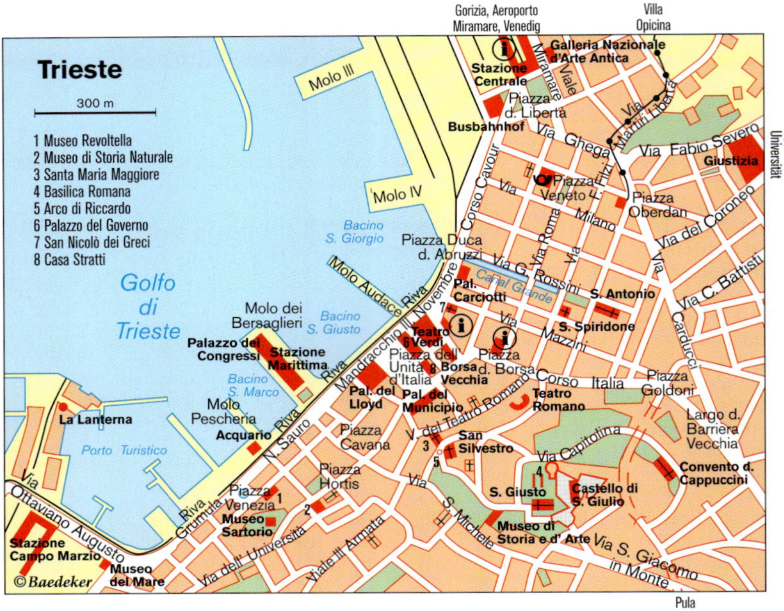

Geschichte (Fortsetzung)

und großer Rivale Venedigs, zum wichtigsten Hafen an der Adria. In den ersten Jahrzehnten des 20. Jh.s lebten hier zahlreiche Künstler, u. a. der Romanautor Italo Svevo und der Ire und Wahltriester James Joyce. Nach dem Ersten Weltkrieg wurde Triest Italien zugesprochen und zu einem Zentrum des Schiffbaus. 1945 fiel Triest in die Hand von Titos Partisanen und wurde zum Streitobjekt zwischen Italien und Jugoslawien. 1947 wurde die Stadt Freistaat und erst 1954, allerdings nach dem Verlust ihres Hinterlandes, wieder italienisch. Der einstige Standortnachteil durch die Grenzlage zu Osteuropa hat sich mittlerweile zum Positiven gewendet; Triests Wirtschaft ist im Aufwind. Seit 1962 ist Triest Hauptstadt der italienischen Region Friaul-Julisch Venetien.

Sehenswertes in Triest

Einkaufen, Ausgehen

Der Corso Italia und die Parallelstraßen zum Canal Grande sind die wichtigsten Shoppingmeilen in Triest für Kleider, Accessoires und Schuhe. Boutiquen findet man auch in der Galleria Tergesteo neben dem Gebäude der alten Börse. Wer auf der Suche nach Antiquitäten oder Trödel ist, hat in Triest die Auswahl zwischen rund 60 (!) Antiquitätengeschäften, von denen die meisten in der Altstadt bzw. im Cavana-Viertel beheimatet sind. Eine weitere Gelegenheit für gebrauchte Schnäppchen bietet jeden dritten Sonntag der große Antiquitätenmarkt (Mercatino dell'Antiquariato) in der Altstadt. Nach Einkäufen oder Stadtbesichtigungen ist der Besuch eines der wunderbaren alten Kaffeehäuser aus der k. u. k.-Zeit eigentlich geradezu ein Muss – egal, ob man sich dabei für das Tomaso, das San Marco oder das Caffè degli Specchi entscheidet (Adressen ▶ Praktische Informationen, Restaurants, Bars und Cafés).

Einkaufen, Ausgehen (Fts.)

*Canal Grande

Einer der markantesten Plätze ist der malerische Canal Grande, in dem heute nur noch kleinere Boote liegen. Das Bild des Kanals beherrscht die mächtige Kirche Sant'Antonio Taumaturgo, ein spätklassizistischer Bau aus dem Jahr 1849 mit großer Kuppel. Die zweite Kuppel rechts daneben gehört zur benachbarten serbisch-orthodoxen Kirche San Spiridone (19. Jh.). Auf der rechten Kanalseite, am Beginn der kurzen Wasserstraße, beansprucht der klassizistische Palazzo Carciotti, Sitz der Hafenbehörde, Aufmerksamkeit.

Piazza della Borsa

Die geraden Straßenzüge zwischen Canal Grande und Piazza della Borsa sind heute die Haupteinkaufsstraßen in Triest. Sie gehören zum ehemaligen Borgo Teresiano, einem Viertel, das Maria Theresia ab etwa 1750 nördlich des alten Stadtzentrums planmäßig anlegen ließ. Die unregelmäßige Piazza della Borsa markiert die Grenze zur Altstadt. Sie wird beherrscht von der Börse, einem 1805 vollendeten Bau mit hohem Säulenportikus und Dreieecksgiebel. Das Gebäude links daneben ist die 1842 entstandene Galleria Tergesteo, heute wie damals eine Einkaufspassage. Vier Jahre vor der Eröffnung der Börse hatte man hinter der Galleria das klassizistische Teatro Verdi eingeweiht, das heute ein Theatermuseum beherbergt.

*Piazza dell'Unità d'Italia

Die zum Meer hin geöffnete Piazza dell'Unità d'Italia ist angeblich der größte Platz Italiens, möglicherweise aber auch der am wenigsten typische, denn man würde ihn eher in Wien lokalisieren als am

Der Name täuscht: Der Canal Grande ist nur ein kleiner Kanalhafen und nicht im entferntesten mit seinem berühmten Namensvetter zu vergleichen, aber dennoch ein stimmungsvoller Ort – vor allem abends.

Piazza dell'Unità d'Italia (Fts.)

Mittelmeer. Bis zum Mittelalter befand sich hier der römische Hafen, den man zuschüttete, um ein neues Zentrum der Stadt zu schaffen. Seine heutige Form erhielt der Platz aber erst im 19. Jh., als man ihn zum Meer hin öffnete und Raum für monumentale Repräsentationsbauten gewann.
Die Schmalseite beansprucht der turmüberragte Palazzo del Municipio, das Rathaus, das ab 1872 in einer Stilmischung aus italienischer und französischer Renaissance errichtet wurde. Die Nordseite nehmen zwei Gebäude ein, die 1839 erbaute Casa Stratti mit dem Caffè degli Specchi im Erdgeschoss, einer der traditionellen Literatentreffs in Triest, und daneben der Palazzo del Governo aus dem Jahr 1904, ein Jugendstilbau mit opulentem Mosaikschmuck an der Fassade. Dem Palazzo del Governo gegenüber steht seit 1883 der mächtige Palast der Schifffahrtsgesellschaft Lloyd Triestino und daneben das Traditionshotel Ducchi d'Aosta.

Die Triestiner brauchen keine breiten Sandstrände, sie begnügen sich mit einer betonierten Liegefläche am Rand der Stadt.

Teatro Romano

Folgt man der Via del Teatro Romano, erreicht man das Römische Theater, das 1938 am Hang des San-Giusto-Hügels freigelegt wurde. Anfang des 2. Jh.s n. Chr. war es direkt am Meer erbaut worden.

Auf den Colle di San Giusto

Vom Römischen Theater geht es zum San-Giusto-Hügel hinauf. Auf halbem Weg stehen rechts die kleine romanische Kirche San Silvestro (11. Jh.) und ihr gegenüber Santa Maria Maggiore dei Gesuiti. Die Fassade des beeindruckenden Barockbaus aus dem 17. Jh. ist das Werk des römischen Architekten und Malers Andrea Pozzo. Im Osten der Kirche folgt an der Piazza Barbacan der Arco di Riccardo, ein Torbogen aus dem 1. Jh. v. Chr.

Vom Arco di Riccardo aus sind es nur ein paar Schritte zum Civico Museo di Storia ed Arte e Orto Lapidario (Piazza della Cattedrale). Das Museum besitzt Funde aus dem Altertum und Mittelalter. Im Orto Lapidario befindet sich das um 1830 errichtete Grabmal des deutschen Altertumsforschers Johann Joachim Winckelmann, der 1768 in Triest einem Raubmord zum Opfer fiel. Mit seiner "Geschichte der Kunst des Alterthums" (1764) wurde er zum Begründer der wissenschaftlichen Archäologie.

Museo di Storia ed Arte e Orto Lapidario

Am Ende der Via Cattedrale erreicht man die gleichnamige Piazza, wo einst das antike Tergeste lag. Auf dem ehemaligen Forum steht heute eine venezianische Säule von 1560. Dahinter wurden die Säulenstümpfe und Kapitelle der römischen Forumsbasilika aus dem 2. Jh. wieder aufgestellt. Auch Reste des sog. Tempio Capitolino aus dem 1. Jh. sind noch erkennbar. Die Cattedrale di San Giusto nimmt die Stelle einer frühchristlichen Basilika aus dem 5. Jh. ein, von der noch Fragmente eines Mosaikfußbodens erhalten sind. Im 14. Jh. entstand der heutige Bau, indem man zwei romanische Gotteshäuser zu einer fünfschiffigen Kirche zusammenfügte. Am Portal und im Erdgeschoss des Glockenturms wurden antike Fragmente integriert. Im Innern sind Mosaiken aus dem 12. und 13. Jh. sowie Fresken aus dem 11. Jh. zu sehen. Besondere Beachtung verdient das Mosaik in der Apsis links der Hauptapsis.

***Cattedrale di San Giusto**

Das Kastell auf dem Gipfel des San-Giusto-Hügels wurde im 15. und 16. Jh. erbaut. Im sehenswerten Schlossmuseum (Civico Museo del Castello di S. Giusto) werden Waffen, Möbel, Gemälde und Wandteppiche gezeigt. Vom Kastell bietet sich ein schöner Ausblick.

***Castello di San Giusto**

Weitere Sehenswürdigkeiten

Auf dem Weg von der Piazza dell'Unita d'Italia zum Museo Sartorio durchquert man das Altstadtviertel Cavana, in dessen Gassen sich Triest eher von seiner ungeschminkten Seite zeigt. Wie das Triester Großbürgertum im 19. Jh. wohnte, erfährt man im Museo Sartorio, das in einem klassizistischen Stadtpalast untergebracht ist und auch eine Kunstsammlung umfasst (Largo Papa Giovanni XXIII 1 – 3; geöffnet Di. – So. 9⁰⁰ – 13⁰⁰ Uhr).

Cavana, Museo Sartorio

Baedeker TIPP Junge Kunst

Lust auf zeitgenössische Kunst? Statten Sie einfach der Galerie Lipanjepuntin in der Via Diaz 4 einen Besuch ab. Schwerpunkt der engagierten Galeristin: italienische, aber auch internationale Malerei und Fotografie.

Ganz in der Nähe des Museo Sartorio, an der Piazza Venezia, liegt das Museo Revoltella (Via Diaz 7) mit Werken italienischer Künstler des 19. und 20. Jh.s. Von hier aus sind es nur wenige Schritte zur Uferstraße und den Hafenkais.
Im Jugendstilgebäude der Molo Peschiera findet der Fischmarkt statt. In demselben Gebäude ist auch das Acquario Marino (Aquarium) untergebracht.

Fischmarkt, Aquario Marino

Einen Überblick über die italienische Malerei des 15. bis 19. Jh.s gewährt die Galleria Nazionale d'Arte Antica, die sich im Norden des Stadtzentrums, beim Bahnhof, befindet.

Galleria Nazionale d'Arte Antica

Riviera Triestina

**Landschaftsbild

Die Küste zwischen Triest und Monfalcone wird als Riviera Triestina bezeichnet. Mit ihren steilen, bewaldeten Karstfelsen, an denen sich die Küstenstraße (Nr. 14) entlangwindet, erinnert sie wenig an die Küstenszenerie der italienischen Adria, dafür umso mehr an die dalmatinische Küste. Das schönste Stück der aussichtsreichen, gut ausgebauten Landstraße ist der Abschnitt zwischen Castello di Miramare und Sistiana. Sandstrände gibt es an der Triestiner Riviera fast keine, nur schmale Kiesstrände oder betonierte Uferzonen wie zum Beispiel am Stadteingang von Triest. Die parkenden Autos an der Straße verraten, wo man baden kann.

*Castello di Miramare

Auf der Küstenstraße erreicht man nach 8 km das wunderbar auf einem Felsvorsprung gelegene Schloss Miramare. Es wurde zwischen 1855 und 1860 für Erzherzog Maximilian von Österreich, den Bruder von Kaiser Franz Joseph, und seine Frau Charlotte von Sachsen erbaut. Bewohnt hat der Bauherr sein Märchenschloss nicht lange, denn 1864 ließ er sich zum Kaiser von Mexiko ernennen und wurde dort drei Jahre später von Aufständischen erschossen. Wer nicht viel Zeit für eine Besichtigung mitbringt, sollte es bei einem Spaziergang durch den schönen, terrassenförmig angelegten Park mit seinen exotischen Bäumen, darunter einige aus Mexiko, bewenden lassen. Sehenswert sind aber auch die restaurierten Wohn- und Repräsentationsräume des Erzherzogs. Sein Schlafzimmer beispielsweise ließ der Monarch wie eine Schiffskabine gestalten. Beeindruckend ist auch die üppig ausgestattete Bibliothek, in der Maximilian angeblich viel Zeit zubrachte (Schloss geöffnet tgl. 9^{00} bis 19^{00}, Park April – Sept. 8^{00} – 19^{00}, März und Okt. bis 18^{00}, Nov. bis Feb. bis 17^{00} Uhr).

*Duino

Nach weiteren 7 km folgt der kleine Hafenort Duino. Malerisch auf einem Felsvorsprung liegt die Ruine des Castel Vecchio. Das so genannte Castel Nuovo, das Neue Schloss, wurde 1916 zerstört und später wieder aufgebaut. Es gehört den Fürsten von Thurn und Taxis und ist nicht für die Öffentlichkeit zugänglich. Rainer Maria Rilke, der hier als Gast der Fürstin von Thurn und Taxis die bekannten "Duineser Elegien" schrieb, suchte Entspannung und Erholung beim Spaziergang auf einem romantischen Pfad entlang der Steilküste nach Sistiana. Doch seit 1995 steht dieser Küstenabschnitt unter Naturschutz, und der Weg ist gesperrt. Unten am kleinen Jachthafen von Duino kann man auf den Steinen der Hafenmole ein Sonnenbad nehmen und sich anschließend im Meer abkühlen.

San Giovanni al Timavo, Monfalcone

Hinter Duino kommt man zum Dorf San Giovanni al Timavo mit seiner sehenswerten Kirche San Giovanni in Tuba (15. Jh.), in der noch Reste des Mosaikfußbodens der alten Basilika aus dem 5./6. Jh. vorhanden sind. Die nahe gelegene Mündung des Timavo-Flusses ist landschaftlich besonders reizvoll. Über Monfalcone (30 000 Einw.), eine Hafen- und Industriestadt, erreicht man auf der SS 305 in Richtung Gradisca (▶ Aquileja, Umgebung) den riesigen Soldatenfriedhof von Redipuglia mit den Überresten von 100 000 Gefallenen aus dem Ersten Weltkrieg.

Redipuglia

◀ **Schloss Miramare – romantischer Traum eines Monarchen**

Umgebung von Triest

Villa Opicina

An der Piazza Oberdan liegt die Talstation der Zahnradbahn namens Tranvia, die Triest mit dem 348 m hoch gelegenen Villenvorort Opicina verbindet. Die Bahn verkehrt etwa im 20-Minuten-Takt. Von Opicina bietet sich ein herrlicher Blick auf die Stadt und den Golf. Hier beginnt auch ein ca. 5 km langer Wanderweg, die so genannte Napoleonica, der zu den Aussichtspunkten Villa Opicina und Vedetta d'Italia führt. Wer sein Interesse für die Flora des Karstes vertiefen möchte, sollte dem Botanischen Garten Carsica bei Sgonico einen Besuch abstatten (Mo. geschlossen).

****Grotta Gigante**

Von Opicina ist es nicht weit zur Grotta Gigante, einer der größten Tropfsteinhöhlen der Welt. Sie liegt etwa 15 km von Triest entfernt, nahe der Autobahn nach Venedig in Borgo Grotta Gigante, einem Ortsteil von Sgonico. Als größte Schauhöhle der Welt ging sie 1995 ins Guinessbuch der Rekorde ein. Besichtigt werden kann der riesige Hauptraum – 107 m hoch, 280 m lang und 65 m breit – mit seinen palmenförmigen, bis zu 12 m hohen Stalagmiten. Der Rundgang durch die Höhle führt zu verschiedenen Aussichtspunkten, von denen man auf den Höhlengrund mit seinen unzähligen Stalagmiten hinabblickt. Die Höhle ist außer 25. Dez. und 1. Jan. Di.–So., Juli und August auch Mo. zwischen 10^{00} und 18^{00} (Okt.–März nur bis 16^{00} Uhr) zu besichtigen. Anfahrt ohne Auto: mit der Tranvia nach Opicina und von dort mit dem Bus Nr. 45.

Rupingrande

Einblicke in das traditionelle bäuerliche Leben in der Karstregion vermittelt die Ausstellung in der Casa Carsica, einem original eingerichteten Gehöft aus dem 19. Jh. in Rupingrande, einem kleinen Ort ca. 3 km nördlich der Grotta Gigante.

Terrano-Weinstraße

Zwischen Villa Opicina und Visogliano (bei Sistina an der Küste) verläuft die Terrano-Weinstraße. In knapp 20 Trattorien und Gasthäusern an dieser Route kann man den Wein aus der Gegend sowie die typische lokale Küche probieren.

Muggia

Das ehemals venezianische Städtchen (13 000 Einwohner), 14 km südlich von Triest, an der slowenischen Grenze, wird gern zum Baden besucht. Trotz Industrieansiedlung hat es sich seinen alten Ortskern bewahrt. Von der Wallfahrtskirche Muggia Vecchia aus dem 10. Jh. hat man einen herrlichen Blick über den Golf.

Porto San Rocco

In dem Fischerort bei Muggia entsteht zurzeit ein exklusives Feriendorf mit 450 Appartements, einem Ladenzentrum, Restaurants sowie einem Jachthafen mit rund 500 Liegeplätzen.

Urbino — L 15

Region: Marken · Marche
Einwohnerzahl: 15 000

****"Wiege des Humanismus"**

Wie keine andere Stadt in Italien ist Urbino, 35 km südwestlich von ▶ Pesaro inmitten einer anmutigen Hügellandschaft gelegen, mit dem Namen eines einzigen Mannes verbunden: Herzog Federico di Montefeltro (1444–1482), der den Ort zu einem Zentrum des Huma-

"Wiege des Humanismus" (Fortsetzung)

nismus und der Renaissance in Italien machte. Federico wurde als Söldnerführer sehr reich, er war ein Freund und Förderer der Künste und Wissenschaften und soll als Potentat außergewöhnlich menschenfreundlich gewesen sein. Im 15. Jh. wirkten an seinem Hof u. a. die Maler Paolo Uccello, Piero della Francesca, Melozzo da Forlì und Giovanni Santi, Vater des berühmten Raffael, der 1483 hier geboren wurde. Raffaels Freund Baldesar Castiglione verfasste am Hofe Federicos mit dem "Buch vom Hofmann" ("Il Libro del Cortegiano") ein Standardwerk der Renaissanceliteratur, in dem der Autor das Ideal des humanistisch gebildeten "uomo universale" entwirft. Das heutige Leben in Urbino, das immer noch "weitab vom Schuss" liegt, wird vor allem vom Tourismus und von der 1506 gegründeten Universität geprägt.

Sehenswertes in Urbino

***Stadtbild, Parken**

Das Panorama von Urbino ist einzigartig: Eingebettet in eine herrliche Hügellandschaft mit Wiesen und Wäldern, umgeben von einer intakten Mauer, schmiegt sich das Städtchen an die Hänge von zwei Anhöhen. Das ganz aus Backstein erbaute Urbino blieb fast unverändert erhalten und ist seit 1998 UNESCO-Weltkulturerbe. Überragt wird die rotbraune Dachlandschaft von dem ebenso eleganten wie mächtigen Herzogspalast. Die Altstadt, mit vielen Souvenirläden, Restaurants und Cafés auf Touristen eingestellt, ist für den Autoverkehr gesperrt. Großzügige Parkplätze befinden sich vor der Porta Valbona und vor der Porta San Bartolo. Unter Schatten spendenden Bäumen stehen die Autos oberhalb der Stadt in der Viale Buozzi beim Pian del Monte.

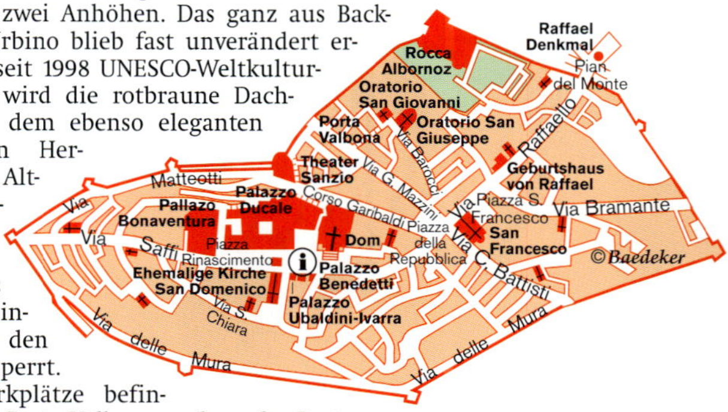

Piazza della Repubblica

Die Hauptgassen von Urbino münden in die zentrale Piazza della Repubblica, die vom Collegio Raffaello (Anfang 18. Jh.) abgeschlossen wird. Durch die Via Vittorio Veneto geht es steil hinauf zum Vorplatz des Herzogspalastes.

****Palazzo Ducale**

Der für Herzog Federico erbaute Palast ist nicht nur die herausragende Sehenswürdigkeit in Urbino, sondern auch einer der großen Profanbauten der Renaissance in Italien. Über 70 Jahre dauerten die Bauarbeiten. Die repräsentativste Seite blickt nach Westen, wo Luciano Laurana, der maßgebliche Architekt des Palastes, die eindrucksvolle Facciata dei Torricini, die Fassade mit den beiden flankierenden Türmen, schuf. Im Mittelpunkt der weitläufigen Anlage steht der Ehrenhof (Cortile d'Onore), der mit seinen Rundbogenarkaden auf schlanken Säulen als Paradebeispiel für die Renaissancebaukunst in die Geschichte einging. Weitere Höhepunkte des Besichtigungsrundgangs sind der Thronsaal, die Cappella del Perdone

Palazzo Ducale, **Galleria Nazionale delle Marche

und das Arbeitszimmer des Herzogs, das berühmte "studiolo", mit einer herrlichen intarsierten Holztäfelung, einem Wunderwerk der Perspektive und des Trompe-l'œil. In den beiden Hauptgeschossen der Residenz ist heute die Nationalgalerie der Provinz Marken untergebracht. Ein schönerer und passenderer Rahmen für diese hochkarätige Kunstsammlung ließe sich wohl kaum finden. Zu ihren Spitzenwerken gehören berühmte Gemälde der Renaissancemalerei wie die Predella von Paolo Uccello mit dem "Hostienwunder", Joos van Gents "Apostelkommunikation", die "Geißelung Christi" und die "Madonna di Senigallia" von Piero della Francesca sowie das Frauenbildnis "Die Stumme" von Raffael (geöffnet Mo. 8 30 – 13 00, Di. – So. 8 30 – 18 30, Juli/Aug./Sept. Sa. bis 21 30 Uhr).

Wie eine Stadt in der Stadt: der Palazzo Ducale von Urbino

Duomo

Vom Eingang des Herzogspalastes blickt man direkt auf den Dom. Der etwa gleichzeitig mit dem Palast begonnene Bau wurde 1604 mit der Fertigstellung der Kuppel vollendet, bei einem Erdbeben 1789 schwer beschädigt und 1789 bis 1801 im Stil des Klassizismus neu aufgebaut. Das Innere schmücken v. a. Gemälde aus dem 17. und 18. Jh., darunter Werke des in Urbino ansässigen Barockmalers Federico Barocci (um 1535 – 1612). Vom rechten Querarm betritt man das Dommuseum. Einen Blick lohnt auch das unter dem Dom angelegte Oratorio della Grotta (Eingang an der linken Seite des Doms) mit dem Grab von Federico Ubaldo, dem Sohn des letzten Herzogs.

San Domenico

Auf der anderen Seite der Piazza Rinascimento mit dem 1737 aufgestellten ägyptischen Obelisken steht die ehemalige Dominikanerkirche S. Domenico aus dem 14. Jh., die ein Renaissanceportal von

Maso di Bartolomeo (1451) mit einer Terrakottamadonna von Luca della Robbia aufweist (Kopie, Original im Herzogspalast).

San Domenico (Fortsetzung)

Für die weitere Besichtigung Urbinos kehrt man wieder zur Piazza della Repubblica zurück. Am Ende der schmalen Via Barocci, die an der westlichen Ecke der Piazza della Repubblica beginnt, liegen das Oratorio di S. Giuseppe mit einer lebensgroßen Krippe von Federico Brandani (16. Jh.) und das Oratorio di S. Giovanni, ein Bauwerk aus dem 14. Jh. mit herrlichen Fresken von Lorenzo und Iacopo Salimbeni (1416 vollendet).

Weitere Sehenswürdigkeiten

Von der Piazza della Repubblica geht es, vorbei an der großen Franziskanerkirche (Chiesa di S. Francesco), die hübsche Via Raffaello hinauf. Kurz hinter der Einmündung der Via Margherita steht das Geburtshaus von Raffael, in dem er seine ersten zehn Lebensjahre verbrachte. Das dortige Museum besitzt Gemälde seines Vaters und Raffaels Jugendwerk "Madonna mit Kind". Die Via Raffaello endet an der parkartigen Piazzale Roma, wo ein Denkmal an den berühmten Maler erinnert. Folgt man von hier der Via Buozzi, kommt man zur Fortezza Albornoz (14. – 16. Jh.). Von der Festung bietet sich eine atemberaubende Aussicht.

Geburtshaus von Raffael

Umgebung von Urbino

Auf der Strecke von Urbino zurück an die Küste, nach ▶ Fano, bietet sich ein kurzer Abstecher zur Furlo-Schlucht (Gola di Furlo) an, die rund 20 km südöstlich von Urbino zwischen Calmazzo und Acqualagna verläuft. Bei Calmazzo zweigt ein Sträßchen nach rechts ab, und schon nach knapp 2 km verändert sich die Landschaftsszenerie. Steile, zum Teil bewaldete Felswände bilden eine schmale, wildromantische Schlucht, die fast völlig ausgefüllt wird vom Flussbett des tief türkisblau gefärbten Furlo. Die Galleria del Furlo, ein 37 m langer und 6 m hoher Tunnel für die Via Flaminia, wurde laut Inschrift 76 n. Chr. unter Vespasian angelegt. Daneben verläuft die Galleria Piccola, von Konsul Flaminius 217 v. Chr. erbaut. Bei der Ortschaft wird die Schlucht wieder breiter. In der Nähe von Furlo kann man die romanische Kirche San Vicenzo al Furlo besichtigen.

***Gola di Furlo**

4 km nach Calmazzo erreicht man Fossombrone, eine verschlafene, aber nicht unsympathische Kleinstadt am Hang des Metauro-Tals, überragt von einer Residenz der Montefeltre.

Fossombrone

Venedig · Venezia

J/K 5

Region: Venetien · Veneto
Einwohnerzahl: 67 000 (Insel-Venedig); 294 000 (Großgemeinde)
Hauptstadt der Region Venetien und der Provinz Venedig

Die über 1000 Jahre alte Stadt liegt in der gleichnamigen Lagune (Laguna Veneta), vom offenen Meer durch die sandigen Nehrungen getrennt. Gebaut ist sie auf rund 150 kleinen Inseln, die durch schmale Kanäle, Canale oder Rio genannt, voneinander getrennt sind und durch rund 400 Brücken zusammengehalten werden. Das

****"Perle der Adria"**

SERVIZIO
GONDOLE

Venedig, die Stadt, in der die "Gondeln Trauer tragen"

S. Giuliano
Aeroporto, Padua
Palafenice
Fusina
©Baedeker
Canale delle Navi
S. Alvise
Fond. dei Riformati
Fond. Contarini
Fondamenta della Sensa
Fond. G. Contarini
Rio Piave
Campo Madonna dell'Orto
Pal. Contarini dal Zaffo
Fond. C. Coletti
Fond. del Battello
Fond. degli Ormesini
Fond. della Misericordia
Casa di Tintoretto
Museo Ebraico
Ghetto
C. Ferau'
Fond. d. S. Giobbe
Fond. di Cannaregio
Fond. Savorgnan
Fond. Pescaria
C. d. Beccarie
Calle d. Cereria'
S. Giobbe
CANNAREGIO
Ponte della Libertà
Isola del Tronchetto
Calle Riello
Pte. d. Guglie
Rio Terrà S. Leonardo
Campiello d. Anconetta
Pal. Correr
S. Fosca
Pal. Labia
S. Marcuola
Pal. Gritti
Pal. Vendramin Calergi
Pal. Giovanelli
Strada Nuova
Pal. Zeno
S. Geremia
Canal Grande
Lista d. Spagna
Fondaco dei Turchi
Pal. Belloni Battagia
Pal. Babarigo
Pal. Gussoni
Riva di Biasio
Rio Terra
C. S. Giov. Decollato
S. Stae
Ca Pesaro
Ca d'Oro
Staz. Ferroviaria S. Lucia
Ponte Scalzi
S. Simeon Profeta
S. Giacomo dell'Orio
Pal. Mocenigo
Pal. Corner d. Regina
Stazione Merci
Fond. Santa Lucia
S. Simeone Picc.
R. Bella
Campo d. Strope
S. Maria M. Domini
S. Cassiano
Pescheria
Fabbriche Nuove
Stazione Marittima Merci
Chiara
Fond. S. Chiara
Corte Canal
Campo d. Lana
C. d. Lacca
Scuola Gr. di S. Giov. Ev.
Campo d. S. Agostin
Casa di Aldo Manuzio
C.llo Albrizzi
S. Aponal
Bacino Stazione Marittima
Canale di S. Chiara
Campo S. Andrea
Autorimessa
Piazzale Roma
S. Giov. Evangelista
S. POLO
S. Nicolò da Tolentino
S. Rocco
I Frari
Pal. Corner-Mocenigo
S. Silvestro
S.CROCE
Rio Terrà dei Pensieri
Saliz. S. Pantalon
S. Polo
Pal. Cappello
Pal. Coccina
Pal. Loredan
Pal. Corner
Scuola Grande di San Rocco
Pal. Bernardo
Pal. Grimani
S. Maria Maggiore
S. Pantalon
C. d. Preti
Crosera
Pal. Pisani-Moretta
Pal. Barbarigo della Terraza
S. Luca
Canale Scomenzera
Fond. delle Procuratie
Calle Contarini
Campo Santa Margherita
Fond. Rossa
Fond. Foscarini
Pal. Balbi
Ca'Foscari
Pal. Cont. d. Figure
Pal. Corner Spinelli
Pal. Fortuny
Pal. Contarini del Bovolo
Fond. S. Marta
Fond. d. Terese
Scuola Grande d. Carmini
Ca' Rezzonico
Pal. Grassi
S. Stefano
S. Fantin
C. S. Stefano/F. Morosini
S. MARCO
Teatro La Fenice
C. d. al Magazzini
Angelo Raffaele
C. d. Chiesa
Calle lunga S. Barnaba
Fond. di Borgo
Pal. Loredan d. Amb.
Ca' del Duca
S. Maria d. Giglio
Pal. Contarini Fasan
S. Sebastiano
Pal. Contarini degli Scrigni
S. Vidal
Pal. Pisani
Pal. Corner (Ca'Grande)
Ponte dell' Accademia
Campo S. Basegio
Galleria dell' Accademia
Stazione Marittima
Canale di Fusina
Fond. Zattere Ponte Lungo
Campo S. Trovaso
S. Trovaso
R. T. A. Foscarini
Pal. Contarini del Zaffo
Ca' Dario
S. Maria della Salute
Sacca Fisola
DORSODURO
Chiesa I Gesuati
S. Agnese
Spirito Santo
Fond. Zattere allo Spirito Santo
Isola della Giudecca
Calle de la Sacca
Campo de la Chiesa
Campo d. Lauraneri
Canale dei Lauraneri
Fondamenta San Biagio
Canale della Giudecca
Fond. San Gerardo
S. Eufemia
Fond. d. Ponte Piccolo
Sacca S. Biagio
Fond. d. Convertite
Campo S. Cosmo
Corte d. Cordami
Fond. d. Ponte Longo
Fondamenta
Chiesa del Redentore

Torcello, Burano, S. Erasmo, Murano, S. Francesco
Venedig
200 m
N
S. Michele in Isola
Cimitero S. Michele
Isola di S. Michele
Canale delle Fondamenta Nuove
Fondamenta Nuove
Gesuiti
Campo d. Gesuiti
S. Lazzaro dei Mendicanti
C. d. Testa
SS. Apostoli
Scuola Grande d. S. Marco
Monumento Colleoni
S. Zanipolo
S. Maria d. Miracoli
Campo d. S. Marina
Barbaria d. Tole
Fondaco d. Tedeschi
Rialto
S. Lio
Calle del Paradiso
S. Maria Formosa
S. Maria d. Fava
S. Salvatore
Ponte Baratteri
Pal. Querini-Stampalia
S. Giovanni Nuovo
Proc. Vecchie
Piazza San Marco
Ala Napoleonica
Proc. Nuove
S. Marco
Pal. Ducale
Pal. Dandolo
S. Zaccaria
S. Giorgio d. Greci
Campo S. Lorenzo
Scuola d. S. Giorgio d. Schiavoni
S. Francesco d. Vigna
Campo d. Confraternità
Campo d. Celestia
Can. d. Galeazze
F. Penini
C. d. Arco
Campo Bandiera e Moro
S. Giovanni in Bragora
Arsenale
Campo d. Arsenale
Darsena Grande
Canale di Porta Nuova
Rio di S. Pietro
Campo di S. Pietro
CASTELLO
Campo di Ruga
Canale di S. Pietro
Museo Storico Navale
S. Biagio
Riva S. Maria d. Pietà
Riva degli Schiavoni
R. d. Ca' di Dio
Molo
Capitaneria di Porto
1 Ponte dei Sospiri
2 S. Apollonia
3 Torre dell'Orologio
4 Museo Correr
5 Museo Archeologico
6 Campanile
7 Biblioteca Marciana La Zecca
Punta della Dogana
Canale di San Marco
Via G. Garibaldi
S. Francesco di Paola
Riva dei Sette Martiri
Viale G. Garibaldi
Calle Correra
Secco Marina
S. Anna
C. Quintavalle
S. Giuseppe di C.
Giardini
Viale Trento
Viale dei Giardini Pubblici
Esposizione Int. d'Arte Moderna
Pubblici
Parco delle Rimembranze
Lido, S. Servolo, S. Lazaro
Campo S. Giorgio
S. Giorgio Maggiore
Fondazione Cini
Canale di S. Giorgio
Teatro Verde
Isola di S. Giorgio Maggiore
Le Zitelle

"Perle der Adria" (Fortsetzung)

über Jahrhunderte gewachsene Stadtbild von Venedig, 1987 von der UNESCO zum Weltkulturerbe erklärt, ist einzigartig und hat Generationen von Künstlern, Malern und Dichtern inspiriert. Rund 160 Kirchen und zahlreiche Paläste spiegeln die einstige Bedeutung der "Serenissima Repubblica di Venezia", der "Durchlauchtigsten Republik Venetien", als Seemacht, Handelsstadt und Kunstmetropole wider und bilden heute ein in sich geschlossenes Architekturmuseum. Mit ihren vielen Bildungsstätten zählt die Stadt zu den kulturellen Zentren Italiens. Die internationale Biennale für zeitgenössische Kunst, Musik- und Filmfestspiele, Opernhäuser und Theater unterstreichen die kulturelle Bedeutung. Berühmt ist Venedig aber auch für seinen Karneval, der mit prächtigen historischen Kostümen und Masken gefeiert wird.

Anfahrt und innerstädtischer Verkehr

Die autofreie Innenstadt ist über eine 4 km lange Straßenbrücke (Ponte della Libertà) mit dem Festland verbunden. Parkplätze gibt es am Eingang der Stadt (Isola del Tronchetto und Piazzale Roma), auf dem Festland nahe der Straßenbrücke in den Parkhäusern von San Giuliano und Fusina sowie in Punta Sabbioni, Treporti, Mestre oder Marghera. Von allen verkehren Boote in die Stadt, von den entfernter gelegenen Parkplätzen auch Eisenbahn oder Busse.
Die wichtigsten Verkehrsmittel in Venedig sind die Linienboote, die auch die Nachbarinseln anfahren. Die Gondel, das traditionelle Gefährt der Venezianer, wird heute fast nur noch für touristische Zwecke verwendet.

Bedrohte Stadt

Zum Mythos der Stadt gehört auch ihre Bedrohung. Die Häuser stehen auf Pfählen, die Jahr für Jahr ein wenig tiefer in den schlammigen Untergrund sinken – seit Mitte der 1930er-Jahre um 4 bis 6 mm pro Jahr! Das Schmutzwasser – die Abwasser der Haushalte werden immer noch ungefiltert in die Lagune eingeleitet – und die Abgase zerfressen das Mauerwerk der Gebäude. Eine noch größere Gefährdung stellen die in den vergangenen Jahrzehnten beschleunigte Landsenkung, u. a. verursacht durch Grundwasserentnahme, und die häufigen Überschwemmungen dar. Zwischen 1970 und 1990 überstieg die Flut fast sechzigmal die 1,10-m-Marke.

Geschichte

Das Gebiet von Venedig wurde im Altertum von illyrischen Venetern besiedelt. Im Jahre 451 flüchteten die Bewohner der Küste vor heranrückenden Germanen auf die Laguneninseln und schlossen sich 697 unter einem Dogen (von lat. dux = Führer) zum Venetischen Seebund zusammen. 811 wurde Rivus Altus (Rialto), das heutige Venedig, Sitz der Regierung. Seit 829, dem Jahr der Überführung der Gebeine des Evangelisten Markus aus Alexandria nach Venedig, ist dieser Heilige der Schutzpatron der Republik, die seither auch sein Symbol, den Löwen, im Wappen führt. Der junge Staat erlebte im Mittelalter einen enormen Aufschwung dank seiner Mittlerstellung zwischen dem Abendland und Byzanz. Die Venezianer besetzten die Ostküste der Adria und eroberten 1204 Konstantinopel. Damit übernahmen sie die Vorherrschaft im Mittelmeerraum. Auch im künstlerischen Bereich stand Venedig unter dem Einfluss von Byzanz. Nach dem Seesieg bei Chioggia über die große Rivalin Genua 1380 beherrschte Venedig das ganze östliche Mittelmeer und dehnte seine Eroberungen auf dem italienischen Festland von Friaul bis Bergamo aus (Terra ferma). Der langsame Niedergang Venedigs begann im 15. Jh. mit dem Vordringen der Türken (1453 Eroberung Konstantinopels), der Entdeckung Amerikas und neuer Seewege nach Indien, dem Rückgang des Levantehandels sowie dem Aufstieg von Spanien, Holland und England. Zunächst verlor die Serenissima alle Kolonien. 1796 machte Napoleon der Selbstständigkeit Venedigs ein Ende; 1797 übergab er es an Österreich. Seit dem Wiener Kongress war es Teil des österreichischen Lombardo-Venezianischen Königreichs. Dem neuen Königreich Italien schloss sich Venedig 1866 an.

Geschichte (Fortsetzung)

Fußgängerparadies Venedig: Schmale Kanäle und unzählige kleine Brücken verleihen der Stadt ihr unverwechselbares Gesicht.

Einkaufen, Ausgehen

Venedig gehört zu den Städten, in denen der Souvenirhandel schon beinahe bedrohliche Ausmaße annimmt, aber es gibt auch exquisite Modeboutiquen, Antiquitätengeschäfte und originelle Delikatessenläden mit Spezialitäten aus ganz Italien. Grundsätzlich ist das Preisniveau in der Lagunenstadt vergleichsweise hoch, doch dafür bekommt man eben auch beinahe alles. Haupteinkaufszone sind die Mercerie, die wörtlich übrigens so viel wie "Kurzwaren" bedeuten, zwischen Piazza San Marco, Accademia und Rialtobrücke sowie Calle Largo XXII Marzo, die westlich an den Markusplatz grenzt. Das Nachtleben in Venedig entspricht immer noch nicht dem, was man von einem so berühmten und viel besuchten Reiseziel erwarten würde. Dafür entschädigt der besondere Charme der Stadt abends und bei Nacht, wenn die Tagesbesucher sie wieder verlassen haben und Ruhe einkehrt.

Baedeker TIPP **Montags nie**

Wichtig zu wissen: Montagvormittags sind die meisten Geschäfte in Venedig – wie in vielen Städten Italiens – geschlossen!

**Canal Grande

"Schönste Straße der Welt"

Der Canal Grande, die Hauptverkehrsader Venedigs, zieht sich in Form eines großen, spiegelverkehrten "S" vom Hauptbahnhof bis zum Markusplatz. Er ist knapp 4 km lang, zwischen 30 und 70 m breit und maximal 5 m tief. Nur drei Brücken überspannen bislang die "schönste Straße der Welt", demnächst soll es eine vierte geben zwischen dem Piazzale Roma und dem Bahnhof Santa Lucia. Die Ufer des Canal Grande säumen prächtige Palazzi – Casa oder Ca' genannt –, die ein anschauliches Bild von der venezianischen Architektur vom 13. bis ins 18. Jh. und vom Reichtum und Glanz des alten Venedigs geben. Im Folgenden werden die markantesten Gebäude vorgestellt, die man bei der Fahrt mit einem Vaporetto der Linie 1 oder 82 (Ausgangspunkt Stazione S. Lucia) zu sehen bekommt.

Palazzo Fondaco dei Turchi

Als Handelsniederlassung der Türken wurde bereits im 13. Jh. auf dem rechten Ufer des Canal im byzantinisch-venezianischen Mischstil der Palazzo Fondaco dei Turchi erbaut. Das heutige Gebäude, Sitz des Museo di Storia Naturale (Naturgeschichtliches Museum), ist eine Rekonstruktion aus dem 19. Jahrhundert.

**Palazzo Vendramin-Calergi

Auf der anderen Uferseite sieht man einen der schönsten Frührenaissancepaläste Venedigs. In dem 1509 fertig gestellten Palazzo, von Mauro Codussi und Tullio Lombardo entworfen, wohnte Richard Wagner mit Familie vom Sommer 1882 an ein Dreivierteljahr. Am 13. Februar 1883 verstarb der Komponist in seinem venezianischen Domizil. Heute ist hier das Kasino untergebracht.

*Ca' Pesaro

Kurz darauf, auf der rechten Kanalseite, erstrahlt die Fassade des glanzvollen Barockpalastes Ca' Pesaro. Die Pläne stammen von Baldassare Longhena, Antonio Gaspari beendete ihn 1710. Er beherbergt die Galleria d'Arte Moderna (wegen Umbau geschlossen) und das Museo d'Arte Orientale (Museum für Ostasiatische Kunst) mit einer ausgezeichneten Sammlung fernöstlicher Kostbarkeiten (geöffnet Di. – So. 8^{15} – 14^{00} Uhr).

Corner della Regina

Der benachbarte, 1724 von Domenico Rossi entworfene Barockpalazzo Corner della Regina lehnt sich formal an die Ca' Pesaro an, ist aber mit seiner klaren und wenig plastischen Fassadengestaltung bereits weniger dem Barock als dem Frühklassizismus verpflichtet.

**Ca' d'Oro

Obgleich die einstige Fassadenvergoldung heute fehlt, ist das am linken Ufer stehende "Goldene Haus" (1422 – 1440) von Marco Raverti der schönste spätgotische Palast Venedigs. Besonders verschwenderisch ist der Formenreichtum des Maßwerks in den beiden Loggien der Obergeschosse. Das Innere bietet einen lebendigen Eindruck von der Wohnkultur venezianischer Patrizier im ausgehenden Mittelalter. Der Palast beherbergt die Galleria Franchetti – benannt nach dem Begründer der Sammlung, Baron Giorgio Franchetti – mit kostbaren Möbeln, Wandteppichen, Skulpturen, Bronzen sowie beeindruckenden Gemälden von Tizian, Tintoretto, Mantegna, Signorelli, van Dyck und anderen Künstlern (geöffnet Mo. 8^{15} – 14^{00}, Di. – So. bis 19^{30} Uhr).

Majestätische Pracht: gotische Paläste am Canal Grande, im Hintergrund Santa Maria della Salute ▶

Ca' da Mosto

Die feinen, auf schlanken Säulen ruhenden Marmorbögen am gleichen Ufer gehören zu einem der ältesten Bauten am Canal Grande, der Ca' da Mosto. Die beiden Untergeschosse sind aus dem 13., die Aufstockung erfolgte im 17. Jahrhundert. Hier wurde Alvise da Mosto (1432 – 1488) geboren, der die Kapverden entdeckte.

Palazzo dei Camerlenghi

Auf der rechten Uferseite steht der Palazzo dei Camerlenghi, ein stattlicher Renaissancebau, in dem früher die Finanzen verwaltet und Schuldner eingesperrt wurden (heute Gerichtsgebäude).

Fondaco dei Tedeschi

Seit dem 13. Jh. hatten die österreichischen und ungarischen Kaufleute ihre Handelsniederlassung direkt bei der Rialto-Brücke. 1508 wurde das neue große Gebäude eingeweiht, dessen Fassaden einst Fresken von Tizian und Giorgione schmückten. Heute hat die Hauptpost von Venedig hier ihren Sitz.

***Ponte di Rialto**

Venedigs bekannteste Brücke erbaute 1588 – 1592 Antonio da Ponte. Der überdachte, 48 m weit gespannte Marmorbogen führt als zweizeilige Ladenstraße mit Leder-, Schmuck- und Souvenirgeschäften über den Canal Grande. Auf der Westseite schließt sich der Obst-, Gemüse- und Fischmarkt an, der größte Markt der Lagunenstadt, der täglich außer Sonntag zwischen 7^{00} und 13^{00} Uhr hier abgehalten wird.

Venedig bei Nacht, fast noch schöner als am Tag: an der Rialto-Brücke

Palazzo Dolfin Manin

Gleich hinter der Brücke sieht man (links) den Palazzo Dolfin Manin, 1532 – 1560 nach Plänen von Sansovino erbaut. Hier residierte der letzte Doge von 1789 bis 1797 (heute Banca d'Italia).

In den auf der gleichen Seite folgenden eleganten Palazzi ist das Rathaus (Municipio) untergebracht. Beide Erdgeschosse sind noch aus dem 13. Jh., die oberen Stockwerke wurden im 16. und 19. Jh. umgestaltet. **Palazzi Loredan und Farsetti**

An der Einmündung des Rio di San Luca steht (links) der 1575 nach Plänen von Michele Sanmicheli vollendete, wuchtige Palazzo, der mit seiner rhythmisch durchgegliederten Fassade als ein besonders markantes Beispiel für den Palastbau der Hochrenaissance gilt. ***Palazzo Grimani**

Kurz vor der letzten Schleife des Kanals, Volta genannt, liegen linker Hand mehrere Paläste, die alle der Familie Mocenigo gehörten. Der erste stammt aus dem 17. Jh., der lang gestreckte Doppelpalast aus dem 18. Jh. – in seinen Räumen lebte 1818/1819 Lord Byron –, der abschließende Palazzo ist der älteste aus dem 16. Jahrhundert. An die Mocenigobauten schließt sich der Palazzo Contarini delle Figure an, ein schlichter Renaissancebau (1504 – 1546). **Palazzi Mocenigo**

Der schmucke Palast schräg gegenüber den Mocenigopalazzi an der Einmündung des Rio di Ca' Foscari ist ein Beispiel für den manieristischen Palastbau in Venedig (1582 – 1590). **Palazzo Balbi**

Zwischen der Ca' Foscari und dem anschließenden Palazzo Giustinian fließt der Rio di Ca' Foscari. Die beiden Häuser bilden zusammen einen großen Palastkomplex. Der Doge Francesco Foscari ließ sich das Gebäude ab 1452 zu einem prächtigen gotischen Palazzo umbauen, der heute von der Universität genutzt wird. ***Ca' Foscari**

Zu den jüngsten Palästen am Canal Grande gehört der zwischen Barock und Klassizismus vermittelnde Palazzo Grassi, der Mitte des 18. Jh.s nach Plänen von Giorgio Massari am linken Ufer erbaut wurde – derselbe Baumeister zeichnete auch für die Ca' Rezzonico verantwortlich. Der Palast gehört heute dem Autohersteller Fiat, der hier viel beachtete Kunstausstellungen veranstaltet. ***Palazzo Grassi**

Auf der gegenüberliegenden Kanalseite sieht man die Ca' Rezzonico, 1649 von Venedigs Barockbaumeister Baldassare Longhena begonnen und erst 1745 von Massari vollendet. Die prunkvollen Festsäle beherbergen – thematisch passend – das sehenswerte Museo del Settecento Veneziano, das einen Überblick über das Leben in Venedig zur Zeit des Rokoko gibt – mit Gemälden von Guardi, Canaletto, Tiepolo und Longhi sowie Mobiliar, einem kleinen Theater und einer Apothekeneinrichtung aus der damaligen Zeit (geöffnet tgl. außer Di. 10⁰⁰ – 18⁰⁰ Uhr, im Winter bis 17⁰⁰ Uhr). ***Ca' Rezzonico, *Museo del Settecento venziano**

Kurz hinter der Akademiebrücke (Ponte dell'Accademia) passiert man rechter Hand die berühmte Gallerie dell'Accademia. Sie besitzt die bedeutendste und umfassendste Sammlung venezianischer Malerei vom 14. bis zum 18. Jh. Zu den Hauptwerken gehören u. a. Giovanni Bellinis "Sacra Conversazione", Andrea Mantegnas "Heiliger Georg", Hans Memlings "Bildnis eines jungen Mannes", Giorgiones "Das Gewitter", Lorenzo Lottos "Bildnis eines jungen Edelmanns", Veroneses wandfüllendes "Gastmahl im Hause des Zöllners Levi", Tintorettos "Wunder des hl. Markus" und Tizians unvollendete "Pietà" (geöffnet Mo. 8⁰⁰ – 14⁰⁰, Di. – So. 8¹⁵ – 19¹⁵ Uhr). ****Gallerie dell'Accademia**

Palazzo Venier dei Leoni, **Guggenheim Collection

Den 1749 begonnenen und unvollendet gebliebenen Palast auf der rechten Uferseite erwarb 1951 die New Yorker Kunstsammlerin Peggy Guggenheim (▶ Berühmte Persönlichkeiten), die ihn später der Stadt Venedig vermachte. Die von ihr zusammengetragene Sammlung moderner Kunst, in der von Kandinsky über Klee, Léger und Picasso bis zu Rothko und Pollock die bekanntesten Vertreter der verschiedenen Strömungen des 20. Jh.s vertreten sind, gehört heute zu den erstklassigen Museen Venedigs (geöffnet tgl. außer Di. 11^{00} bis 18^{00} Uhr).

Palazzo Corner Ca' Grande

Direkt gegenüber des Palazzo Venier dei Leoni liegt der ab 1537 von Sansovino erbaute Palazzo Corner, einer der prächtigsten Renaissancepaläste in Venedig (auch Ca' Grande genannt).

Palazzo Dario

1487 entstand genau gegenüber der Palazzo Dario, einer der ersten Renaissancepaläste in Venedig. Auffallend ist die schöne Dekoration aus polychromem Marmor. Der heute bedenklich schief stehende Palazzo wird Pietro Lombardo zugeschrieben.

***Santa Maria della Salute**

Die weithin sichtbare Kuppel kurz vor der Mündung des Canal Grande in den Bacino di San Marco gehört zur Barockkirche Santa Maria della Salute. Sie wurde 1631 – 1681 zur Erinnerung an die Pest von 1630 nach Plänen Baldassare Longhenas erbaut. Im Inneren befinden sich herrliche Altarbilder aus verschiedenen säkularisierten Kirchen der Stadt, u. a. von Tizian und Tintoretto.

Punta della Dogana

Die von einer bronzenen Glücksgöttin bekrönte ehemalige Zollstation (1682) wird umgebaut und soll demnächst (nach Bilbao und Berlin) eine weitere Dependance des New Yorker Guggenheim-Museums aufnehmen.

**Piazza San Marco

“la Piazza”

Die von den Venezianern meist nur “la Piazza” genannte Piazza San Marco ist einer der schönsten Plätze der Welt. Sie ist 175 m lang und 56 bis 82 m breit. Eingerahmt wird sie von den Kolonnadenbauten der Alten und Neuen Prokuratien, den ehemaligen Amtsgebäuden der höchsten Verwaltungsbeamten der Republik. Die Procuratie Vecchie an der Nordseite entstanden zwischen 1480 und 1517, die Procuratie Nuove an der Südseite wurden 1584 von Vincenzo Scamozzi begonnen und bis 1640 von Baldassare Longhena vollendet. Die beiden verbinden die 1810 erbauten Ala Napoleonica. Das dort untergebrachte Museo Correr ist der Geschichte und Kultur der Region gewidmet und besitzt eine sehenswerte Gemäldesammlung, u. a. mit Werken des venezianischen Malers Giovanni Bellini.

***Museo Correr**

Museo Archeologico

Im Obergeschoss der Neuen Prokuratie ist heute das Archäologische Museum (Eingang Piazzetta 17) untergebracht.

Cafés

Hinter den Arkaden der Erdgeschosse liegen Luxusboutiquen und die berühmten Cafés Quadri, Florian und Lavena.

Torre dell' Orologio

An die Alten Procuratie stößt östlich der 1496 – 1499 erbaute Uhrturm, an dessen oberstem Geschoss das Relief des Markuslöwen prangt. Unter dem Uhrturm befindet sich der Durchgang zur Mercerie, der wichtigsten Einkaufsmeile im Zentrum von Venedig mit zahlreichen Designerläden und anderen Geschäften. *Mercerie

Am Übergang von der Piazza in die Piazzetta ragt der knapp 99 m hohe Campanile in den Himmel, von dessen Glockenstube – mit dem Fahrstuhl zu erreichen – man einen herrlichen Blick über die Stadt genießt. Er stammt ursprünglich aus dem 12. Jahrhundert, wurde aber, nachdem er 1902 eingestürzt war, neu aufgebaut. Die kleine Marmorhalle (Loggetta) am Fuß des Campanile ist ein Werk von Sansovino (1540), ebenso die Bronzestatuen zwischen den Säulenpaaren. *Campanile di San Marco

Byzantinische Kuppelkirchen waren das Vorbild für San Marco, die gewaltige Grabeskirche des Evangelisten Markus.

Zwischen Markusplatz und dem Canale di San Marco liegt die kleinere Piazzetta, die von der Markusbibliothek und dem Dogenpalast eingefasst wird. Ganz vorne am Ufer stehen die beiden aus dem Orient stammenden Granitsäulen mit den Figuren des hl. Theodor (2. Jh. n. Chr.; Kopie), dem alten Schutzpatron Venedigs, und dem geflügelten Löwen des hl. Markus. Piazzetta di San Marco

Die Markusbibliothek (1537) an der Westseite der Piazzetta, ein Hauptwerk von Jacopo Sansovino, ist ein bedeutendes Baudenkmal der Renaissance. In den Schauräumen werden v. a. kostbare Handschriften gezeigt (Besichtigung nach Voranmeldung). Die eigentliche Bibliothek ist in der ehemaligen Münze (Zecca) untergebracht, die 1545 ebenfalls nach Plänen von Sansovino gebaut wurde. Biblioteca Marciana

Als Grabeskirche des Evangelisten Markus, Staatskirche und Kirche des Dogen kommt der Basilica di San Marco eine herausragende **Basilica di San Marco

Basilica di San Marco (Fts.)
geöffnet
Mo. – Sa.
9^{30} – 17^{00},
So. und Fei.
ab 14^{00} Uhr

Bedeutung zu. Als in den Jahren 828/829 die aus Alexandrien entführten Gebeine des Evangelisten nach Venedig überführt wurden, entstand ein erstes Gotteshaus an dieser Stelle. Unter dem Dogen Domenico Contarini (1043 – 1070) wurde mit dem Bau der heutigen (dritten) Basilika begonnen. Sie entstand nach byzantinischem Vorbild als Zentralbau mit fünf Kuppeln über dem Grundriss eines griechischen Kreuzes. So bestimmen romanische und byzantinische Elemente sowie – durch spätere bauliche Veränderungen – auch gotische Stilmerkmale ihr Äußeres. Der figürliche Schmuck in der oberen Fassadenzone ist im Wesentlichen eine Zutat des 14. Jahrhunderts. Fünf Portale führen in die Vorhalle. Die Bronzetüren des Mittelportals stammen aus Byzanz und wurden im 11. Jh. angefertigt. Die Mosaiken über den Seitenportalen schildern die Überführung der Markusreliquien nach Venedig. Auf dem äußersten Tor links ist die Markuskirche in ihrem ursprünglichen Zustand abgebildet.

Baedeker TIPP Vormerken!

Wie das eben bei Top-Sehenswürdigkeiten so ist: Wegen des großen Besucherandrangs werden in die Basilica di San Marco nur noch 50 Personen gleichzeitig eingelassen. Wer in der Hochsaison nicht unerwartet vor verschlossener Tür stehen will, kann den Besichtigungstermin anmelden – unter ☎ 0415238260 oder im Internet unter www.alata.it (bis zu zwei Tage im Voraus).

**Mosaiken

Der Raumeindruck der im Halbdunkel liegenden Basilika wird wesentlich bestimmt durch die goldgrundigen Mosaiken, die die gesamte Gewölbezone – rund 4240 m²! – bedecken. Die Mosaikbilder in der Vorhalle aus dem 13. Jh. erzählen Szenen aus dem Alten Testament, beginnend mit der Genesis in der Kuppel ganz rechts. Die im 12./13. Jh. entstandenen Zyklen im Langhaus schildern das Pfingstwunder, die Mosaiken in der Vierungskuppel die Himmelfahrt und in der Chorkuppel den segnenden Christus.

Ausstattung

Zu den kostbarsten Ausstattungsstücken gehört neben der um 1400 geschaffenen Ikonostase die Pala d'Oro, ein monumentaler, vergoldeter Altaraufsatz hinter dem Hochaltar, mit der Schauseite der Apsis zugewandt. Das mit Email und Edelsteinen verzierte Meisterwerk setzt sich aus Teilen zusammen, die zwischen dem 10. und 14. Jh. teils in Konstantinopel, teils in Venedig gefertigt wurden. Gegenüber der Pala d'Oro führt die beachtenswerte Bronzetür (1546 bis 1572) von Jacopo Sansovino in die Sakristei.
Im rechten Querschiff befindet sich die Schatzkammer (Tesoro), gefüllt mit kostbaren Kunstschätzen, die nach der Eroberung Konstantinopels (1204) nach Venedig gebracht wurden. An das rechte Seitenschiff schließt sich das Baptisterium mit einem Taufbecken von Sansovino (1545) und Dogengrabmälern an.
In der Cappella Zen steht das schöne Grabmal des Kardinals Giambattista Zeno († 1501).

Museo Marciano

Über die Treppen links und rechts vom Hauptportal erreicht man das Museo Marciano in den ehemaligen Emporen. Dort werden u. a. Wandteppiche (15. Jh.), Skulpturen (12. Jh.), Kirchenornat und Gemälde sowie die Originale der 1204 aus Konstantinopel als Kriegsbeute mitgebrachten Bronzepferde gezeigt. Von der Terrasse genießt man einen schönen Blick auf die Piazza San Marco.

Der zweite berühmte Bau Venedigs, der Dogenpalast, das einstige Zentrum der Macht, war Residenz der Dogen, Sitz der Regierung, des Gerichts und Gefängnis. Ein erster Dogensitz stand bereits 814 an dieser Stelle. Der heutige Bau – drei um einen Innenhof gruppierte Flügel, die Begrenzung nach Norden bildet die Markuskirche – entstand im 14. und 15. Jh. und ist ein Meisterwerk der venezianischen Gotik. Ältester Flügel ist die zur Lagune weisende Hauptschauseite (1365), 1438 folgte der Westflügel. Der Ostflügel zum Rio di Palazzo entstand nach einem verheerenden Brand 1483 nach den Plänen des Bildhauers Antonio Rizzo neu und zeigt bereits den Einfluss der Frührenaissance. Das bis auf einige Spitzbogenfenster sehr geschlossen wirkende Obergeschoss wird von den Säulen zweier Loggiengeschosse getragen und erinnert an die auf Pfählen errichtete Stadt. Der Haupteingang ist die 1438 – 1442 nach Plänen von Giovanni und Bartolomeo Bon erbaute Porta della Carta, die Markuskirche und Dogenpalast miteinander verbindet.

**Palazzo Ducale

geöffnet tgl. 9.00 – 19.00 Einlass bis 17.30 Nov. – März nur bis 17.00

*Porta della Carta

Fresko von Paolo Veronese im Palazzo Ducale

Durch den Arco Foscari, einen Bogengang mit den Skulpturen von Adam und Eva (die Marmororiginale von Antonio Rizzo stehen im Innern des Palastes) gelangt man in den Innenhof. Während Süd- und Westflügel des Innenhofs (Cortile del Palazzo) die doppelten Loggien der Außenseite wiederholen, zeigt der Ostflügel mit sei-

Palazzo Ducale (Fortsetzung)

nen Rundbogen bereits Elemente der Renaissance. Die beiden Brunnen sind aus dem 16. Jh., die Fassade zwischen Treppe und Eingangshalle, die Facciata dell'Orologio, entstand 1615. Ein besonderer Blickfang ist die Scala dei Giganti (nach 1483), die prächtige Krönungstreppe der Dogen mit den Kolossalstatuen von Mars und Neptun (Sansovino), die vom Hof in die Galerie der ersten Etage führt. Nachdem Brände im 16. Jh. die Innenräume zerstört hatten, beauftragte man mit ihrer Neugestaltung die bedeutendsten Maler der Zeit, u. a. Tizian, Tintoretto und Veronese. Besonders beachtenswert ist die Sala del Maggior Consiglio, der Sitzungssaal des großen Rats im ersten Obergeschoss, in der sich bis zu 1800 wahlberechtigte Bürger versammeln konnten. Mit 54 m Länge und 25 m Breite nimmt er fast den gesamten Südflügel ein. Das Wandbild "Paradies" (1588/1590) hinter dem Dogenthron, mit 24,60 m Breite und 7,5 m Höhe eines der größten Ölgemälde der Welt, ist das Werk von Tintoretto. Die Decke schmückt u. a. Veroneses "Apotheose der Venezia", im Fries darunter sind die Bildnisse der ersten Dogen angebracht – bis auf einen, der wegen Hochverrats hingerichtet wurde und an dessen Stelle ein schwarzes Tuch und der Urteilsspruch zu sehen sind. Vom Balkon bietet sich eine herrliche Aussicht auf die Lagune, San Giorgio Maggiore und Giudecca sowie den Lido.

Ponte dei Sospiri

Über den Ende des 16. Jh.s erbauten berühmten Ponte dei Sospiri (Seufzerbrücke) gelangt man in die Prigioni, die Verliese aus dem 16. Jahrhundert. Bei den Zellen unterschied man zwischen den meist feuchten Pozzi (Brunnen) im Keller und den Piombi (Bleikammern), die direkt unter dem Dach lagen und sich im Sommer entsprechend aufheizten. Die wohl berühmteste Beschreibung der Verliese stammt von Casanova, der hier im 18. Jh. bis zu seiner legendären Flucht einsaß:

"In den Pozzi steht das Wasser stets zwei Fuß tief, und wenn der Gefangene nicht den ganzen Tag bis zu den Knien im Salzwasser verbringen will, muss er sich auf ein Holzgerüst setzen, wo er auch seinen Strohsack hat, und wo er am Abend sein Wasser, seine Suppe und seine Portion Brot entgegennimmt."

Sehenswertes im Stadtviertel Castello

Riva degli Schiavoni

Vom Palazzo Ducale geht es über den Ponte della Paglia (Strohbrücke), von der man einen schönen Blick auf die Seufzerbrücke (s. oben) hat, auf der belebten Riva degli Schiavoni in Richtung Osten. Dabei passiert man den Palazzo Dandolo (an der Mündung des Rio del Vin), heute Hotel Danieli, ein Nobelhotel, in dem u. a. Charles Dickens, Marcel Proust und George Sand abstiegen.

San Zaccaria

Ganz in der Nähe der Uferpromenade, die man hinter der Einmündung des Rio del Vin verlässt, liegt die Kirche San Zaccaria, die in ihrer heutigen Form 1460 – 1500 entstand und den Übergang von der Gotik zur Renaissance widerspiegelt. Im Innern beachte man vor allem am zweiten Altar links das Gemälde "Thronende Madonna" des venezianischen Malers Giovanni Bellini (1505).

*Scuola degli Schiavoni

Die 1451 für Kaufleute aus Dalmatien erbaute Scuola degli Schiavoni liegt nordöstlich von San Zaccaria, am Ostufer des Rio dei Greci.

Der Renaissancemaler Vittore Carpaccio stattete das Bruderschaftsgebäude 1502 – 1508 mit einem herrlichen Bilderzyklus aus.

Scuola degli Schiavoni (Fts.)

Der östlichste Zipfel von Venedig wird von den Giardini Garibaldi, Giardini Pubblici und dem Parco delle Rimembranze eingenommen, Grünanlagen, die gewöhnlich weniger besucht sind. Alle zwei Jahre (2003, 2005) findet hier von Mitte Juni bis Mitte November die "Biennale Internationale d'Arte" statt, eine der wichtigsten europäischen Kunstausstellungen. Wegen der Ausstellungspavillons, die von namhaften Architekten entworfen wurden, lohnt sich auch außerhalb der Biennale ein Besuch.

Giardini, Biennale-Gelände

Die riesige, 1108 in Betrieb genommene Werft der Seerepublik Venedig befindet sich heute im Besitz der italienischen Kriegsmarine und ist in der Regel nicht zugänglich. Den Haupteingang (1460) zieren vier antike Löwenskulpturen aus Griechenland. Schiffsmodelle, Navigationsinstrumente sowie eindrucksvolle Beutestücke sind im Museo storico navale am Riva S. Biagio ausgestellt.

Arsenale

Nordwestlich von San Zaccaria kommt man zum schönen Renaissancepalast Querini-Stampalia (Mitte 16. Jh.). Garten und Erdgeschoss wurden in den 1970er-Jahren von dem Architekten Carlo Scarpa (1906 – 1978) neu gestaltet. Im ersten Stock ist die reiche Bibliothek, im zweiten Stock die Pinacoteca Querini-Stampalia untergebracht, eine Gemäldesammlung mit Bildern venezianischer Maler aus dem 14. – 18. Jahrhundert.

Querini-Stampalia

Nur wenige Meter weiter nördlich, jenseits des schmalen Kanals, steht man vor der Kirche Santa Maria Formosa, die einige sehenswerte Altarbilder besitzt, u. a. eine "hl. Barbara" von Palma Vecchio. Der weite Campo di Santa Maria Formosa wird von schönen Palästen der Gotik und Renaissance gefasst.

S. Maria Formosa

Die im 14./15. Jh. errichtete ehemalige Dominikanerkirche Santi Giovanni e Paolo wird von den Venezianern meist nur "San Zanipolo" genannt. Besondere Aufmerksamkeit verdienen das Mittelportal von Bartolomeo Bon (1461) und einige bedeutende Grabmale von Dogen und Feldherren im Innern, u. a. das Grab für den Dogen Pietro Mocenigo von Pietro Lombardo (1481), gleich rechts an der Innenseite, sowie das triumphbogenartige Wandgrab für den Dogen Andrea Vendramin (Tullio Lombardo, um 1492 im Hauptaltarraum). Die neun Bildfelder mit Szenen aus dem Leben eines Dominikanermönchs am zweiten Seitenaltar rechts sind Werke von Giovanni Bellini (1465).

***Santi Giovanni e Paolo**

Rechts neben der Kirche zieht das Reiterstandbild des aus Bergamo stammenden Söldnerführers Bartolomeo Colleoni († 1475) die Blicke auf sich. Es wurde 1488 von dem Florentiner Andrea del Verrocchio modelliert und nach dessen Tod 1496 von Alessandro Leopardi gegossen. An die Kirche schließt sich links die Scuola Grande di San Marco an (heute Ospedale Civile; 1495).

*Monumento di Colleoni

Von den Fondamente Nuove starten die Boote zu den Laguneninseln San Michele, Murano, Burano und Torcello (s. unten).

Unweit westlich vom Campo Santi Giovanni e Paolo steht die Kirche Santa Maria dei Miracoli, ein außen und innen mit Marmor verklei-

***Santa Maria dei Miracoli**

Tod(e) in Venedig

Nur wenige Städte haben ein so eindeutiges Image wie Venedig: melancholisch, mysteriös, faszinierend und morbid – diese und ähnliche Attribute werden der Lagunenstadt bevorzugt attestiert. Wer Venedig schon mal im winterlichen Nebel oder im Nieselregen erlebt hat, kann dies vielleicht am ehesten nachvollziehen. Kein Wunder, dass Venedigs eigenwilliger Charme Schriftsteller und Filmemacher inspirierte – zu düsteren Geschichten, die den Leser oder Betrachter mit einem Schauer zurücklassen.

Doch, es gibt sie auch, jene Filme, in denen die Lagunenstadt einfach nur die heitere, romantische oder exotische Kulisse abgibt für nette Ferien, für schöne Kostüme und Karneval, für bunte Krimis oder spannende Agentenfilme. Catherine Hepburn beispielsweise spielt in David Leans "Summertime" (1955) eine ältliche amerikanische Jungfer, die in Venedig Urlaub macht und aufblüht, vor allem weil sie dort Rossano Brazzi trifft, der den Typ des italienischen Kavaliers besonders gut spielen konnte. In "Mitternacht Canal Grande" (1966) schlägt sich dann Elke Sommer durch eine Agentenstory, bei der es ein Attentat während einer Friedenskonferenz in Venedig aufzuklären gilt. Und in "The Venetian Woman" (1986) erlebt Sean Connery in einem exquisiten 16. Jh. die Freuden der Liebe, unter anderem mit Laura Antonelli.

Aber der "richtige" Venedigfilm, der, der wirklich nachhaltig im Gedächtnis haftet, der sieht anders aus. In ihm präsentiert die Stadt nicht nur ihre schöne Fassade, in ihm lockt diese Stadt die Menschen an und bringt sie dann – und dies nicht nur im geografischen Sinne – vom Wege ab. Ein bisschen etwas von dieser morbiden Atmosphäre steckt sogar in Joseph Mankiewicz' schwarzer Krimikomödie "Venedig sehen – und erben ..." (1965), in der Rex Harrison in seinem Haus drei ehemalige Geliebte erwartet, diesen den angeblich todkranken Reichen vorspielt und dabei in Wirklichkeit auf Mord aus ist.

Stadt der Abwege

Dass hinter den bröckelnden Fassaden dieser Stadt wahre Abgründe lauern können, dass das sinkende, das sterbende Venedig eine seltsame Wirkung ausübt auf seine Gäste und Bewohner, dass diese labyrinthische Topografie zum Ort von Obsessionen werden kann, das wird dann noch deutlicher in einem Film wie Luchino Viscontis "Senso" (1953). Alida Valli als italienische Gräfin verfällt hier während der italienischen Befreiungskriege völlig gegen ihre politische Überzeugung dem Leutnant Mahler (gespielt von Farley Granger), einem Offizier der österreichischen Besatzungsmacht. Sie will von ihm loskommen und irrt nachts durch die leeren Gassen, an Kanälen vorbei und über Brücken. Doch sie ist gefangen in ihrer Liebe und in dieser Stadt: Auf einem Platz wird sie schließlich von Mahler eingeholt und gestellt. Später wird sie durch ihre obsessive Liebe, die Mahler eiskalt ausnützt, zur Verräterin. 17 Jahre nach "Senso" gelang Visconti mit der Verfilmung der Novelle von Thomas Mann "Tod in Venedig" eine Liebeserklärung an die Stadt und ein Streifen, der Filmgeschichte schrieb. Ein Künstler namens Aschenbach – bei Visconti ein Komponist und sehr ver-

schen und glaubt sein Kind, das damals einen roten Mantel anhatte, zu erkennen. Und das Trugbild führt ihn, der ohne es zu wissen das zweite Gesicht hat, schließlich in den Tod. Denn die schwarzen Gondeln, die er sah, waren jene, die ihn zur letzen Ruhe tragen.

Stadt der Abgründe

In einem der jüngeren "richtigen" Venedigfilme lauert ein Mann in seinem Palazzo auf Gäste, und fast ist es so, als verkörpere er die dekadente, sinistre und abgründige Stadt selbst. "Der Trost von Fremden" heißt dieser 1990 von Paul Schrader nach einem McEwan-Roman gedrehte Thriller, in dem ein jüngeres Paar nach Venedig reist, um die schon etwas erkaltete Liebe an eben dem Ort wieder aufzufrischen, wo sie begonnen hatte. Auch die beiden kommen vom Wege ab, verirren sich und laufen in die Arme jenes von Christopher Walken gespielten Mannes, der sie einlädt und in ein Spiel verwickelt, das in dieser Stadt – das ahnt man inzwischen schon – nur in den Abgrund führen kann. Wieder einmal ein Film also, der mit der rätselhaften, morbiden Atmosphäre der Lagunenstadt spielt und mit dem Tod in Venedig endet.

wandt mit Gustav Mahler, dessen Musik er über die Bilder legt – kommt zur Erholung in die Lagunenstadt. Aber das von der Cholera bedrohte Venedig ist dafür natürlich der falsche Ort. Er verfällt einem schönen Knaben, kann seinen Blick nicht mehr von ihm wenden, und immer mehr und in grandiosen Bildern verströmt der Film eine elegische Atmosphäre, die in jenen letzten Szenen kulminiert, in denen der sterbende Künstler im Liegestuhl am Strand sitzt und ihm die Schminke übers Gesicht läuft.

Silvana Mangano und Björn Andresen in Viscontis 1970 entstandenem Kultstreifen "Tod in Venedig"

Stadt der Obsessionen

Um Obsessionen, um Irrungen und Wirrungen und schließlich um den Tod, der zumindest im Film so gut zu Venedig passt, geht es auch in Nicolas Roegs manieristischem Thriller "Wenn die Gondeln Trauer tragen" (1973). Und wieder sind die Protagonisten in dieser Stadt der Kultur kultivierte Leute, ist es ein englisches Künstlerpaar, das nach dem Unfalltod seines Kindes in die Stadt kommt, um zu arbeiten und um zu vergessen. Aber die Stadt bringt besonders bei ihm (dargestellt von Donald Sutherland) die schrecklichen Erinnerungen zurück. Immer wieder sieht er eine Figur, einen Schatten, im roten Mantel durch die dunklen Gassen hu-

FONDAMENTA
DEL SQUERO

deter Bau der Frührenaissance von Pietro und Tullio Lombardo (1481 – 1489). Die Kirche wurde zur Verehrung eines wundertätigen Marienbildes errichtet.

Santa Maria dei Miracoli (Fts.)

San Salvatore

Ein interessanter Kirchenbau der venezianischen Renaissance ist die 1506 – 1534 von Giorgio Spavento, Tullio und Pietro Lombardo entworfene Chiesa San Salvatore in der Nähe der Rialtobrücke. Hinter der barocken Fassade (17. Jh.) verbirgt sich eine große Kreuzkuppelkirche mit einer qualitätvollen Ausstattung (u. a. das von Sansovino konzipierte Grabmal des Dogen Venier, 1554 – 1556).

Sehenswertes im Stadtteil San Polo

****I Frari**

geöffnet Mo. – Sa. 9⁰⁰ – 18⁰⁰, So. 13⁰⁰ – 18⁰⁰

Von der Station Accademia fährt man mit dem Vaporetto nördlich zur Station San Tomà. Von hier gelangt man nordwestlich zu der ehemaligen Franziskanerkirche I Frari (oder Santa Maria Gloriosa dei Frari), einer spätgotischen Backsteinbasilika (1340 – 1450) mit hohem Glockenturm, nach der Basilica di San Marco (Markuskirche) die größte und schönste Kirche Venedigs und – wie Santi Giovanni e Paolo – die Begräbnisstätte berühmter Venezianer.
Die große Bettelordenskirche birgt eine Vielzahl bedeutender Kunstwerke. Im Langhaus stehen sich in den beiden Seitenschiffen das Grabmal Tizians, 1838 – 1854 von Schülern Canovas geschaffen, und das Grabmal von Canova, das seine Schüler nach seinen Entwürfen angefertigt hatten, gegenüber. Zwei Joche weiter sieht man im rechten Seitenschiff die schöne Spätrenaissanceskulptur des hl. Hieronymus von Alessandro Vittoria und gegenüber Tizians berühmte "Pesaro-Madonna" (1519 – 1526). Hinter der mächtigen Chorschranke, ein Werk von Bartolomeo Bon und Pietro Lombardo (1468 – 1475), fällt der Blick zuerst auf Tizians epochales Frühwerk, die 1516 – 1518 entstandene "Mariä Himmelfahrt" am Hochaltar. An den Seitenwänden des Chores beachte man die beiden monumentalen Grabmäler für die Dogen Francesco Foscari (rechts) und Nicolò Tron. Der Florentiner Donatello schuf die Holzplastik Johannes' des Täufers in der Kapelle rechts neben dem Chor. Bellinis berühmte "Thronende Madonna mit Heiligen" (1488) findet sich in der Grabkapelle der Familie Pesaro.

Baedeker TIPP Ombra e cicheti

Bacari heißen die Weinschenken in Venedig, Ombra (= Schatten) die 100-ml-Gläser, aus denen man den Wein dort trinkt. Dazu isst man Cicheti, schmackhafte Häppchen aus heimischen Zutaten. Probieren Sie es mal mit einer der folgenden Bacari beim Rialtomarkt im Viertel San Polo:
Do Mori, Calle dei do mori 429
Antico Dolo, Ruga Vecchia San Giovanni 798,
Do Spade, Sottoportego delle do Spade 860

Campo S. Rocco

Hinter dem hoch aufragenden Chor der Frarikirche erstreckt sich der Campo San Rocco. Die Nordseite des Platzes nimmt die Kirche San Rocco ein. Von der ersten Kirche steht nur noch der Chor. Der im 18. Jh. entstandene Neubau ist vor allem wegen der beiden großformatigen Wandbilder von Tintoretto sehenswert.

◂ Marktstand auf dem Wasser: Obst und Gemüse aus dem fruchtbaren Umland werden in den Kanälen direkt vom Boot aus verkauft.

****Scuola Grande di San Rocco**

Der Renaissancebau an seiner Südwestseite, die Scuola di San Rocco, entstand 1524 – 1560 nach Plänen von Bartolomeo Bon, Scarpagnino führte die Arbeiten zu Ende. Die 1489 gegründete Bruderschaft (= italienisch Scuola) widmete sich der Krankenpflege. Tintoretto, selbst Mitglied der Scuola, übernahm die Ausmalung der Räumlichkeiten. Zwischen 1564 und 1581 entstand so einer der umfangreichsten biblischen Zyklen der italienischen Malerei (geöffnet Apr. – Okt. tgl. 9⁰⁰ – 17³⁰, März, Nov. 10⁰⁰ – 16⁰⁰, Dez., Jan., Feb. 10⁰⁰ – 13⁰⁰ Uhr).

Den Saal im Erdgeschoss schmücken acht großformatige Bilder des Meisters mit Szenen aus dem Leben Marias. Die Wände des Hauptsaals im oberen Stockwerk behandeln weitere Themen aus dem Neuen Testament mit Szenen aus dem Leben Jesu, die Deckengemälde widmen sich Geschichten aus dem Alten Testament. In der anschließenden Sala dell'Albergo schildert Tintoretto die Passionsgeschichte und an der Decke verherrlicht er den Schutzpatron der Seuchenkranken, den hl. Rochus.

Weitere Sehenswürdigkeiten

Isola della Giudecca

Im Süden von Venedig, durch den 300 m breiten Canale della Giudecca vom Stadtteil Dorsoduro getrennt, liegt die lang gestreckte Insel La Giudecca (auch von Zattere aus zu erreichen). Einen Besuch lohnt die etwas weniger vom Tourismus geprägte Insel wegen der weithin sichtbaren, kuppelbekrönten Kirche Il Redentore, die 1577 – 1592 nach Plänen Andrea Palladios erbaut wurde. Im Inneren sind die Marmorreliefs von Giuseppe Mazza und Bronzestatuen von Girolamo Campagna am Hochaltar beachtenswert.

***San Giorgio Maggiore**

Östlich von La Giudecca liegt die kleine Insel San Giorgio Maggiore, die mit dem Vaporetto mit der Linie 82 (von S. Zaccaria aus) erreichbar ist. Die gleichnamige Benediktinerklosterkirche, ein 1565 von Palladio begonnener, 1610 vollendeter Kuppelbau, ist ein wichtiger Blickfang im Stadtbild. Beachtenswert sind im Chor zwei Gemälde von Tintoretto ("Mannaregen" und "Abendmahl", zwei Spätwerke) und die Bronze auf dem Hauptaltar (16. Jh., Campagna). Vom 60 m hohen Kampanile (Zugang vom Chor; Fahrstuhl) bietet sich eine herrliche Aussicht.

San Michele

Direkt vor der Nordküste Venedigs liegt die Friedhofsinsel San Michele, zu erreichen mit den Linien 41 und 42 ab Fondamente Nuove an der Nordseite der Stadt. Hier haben u. a. Sergej Diaghilew, Igor Strawinski und Ezra Pound ihre letzte Ruhe gefunden. Die Renaissancekirche San Michele entstand 1478 nach Plänen von Mauro Coducci, 1530 wurde ihr die sechseckige Cappella Emiliana angefügt. Aus Platzgründen werden Venedigs Tote heute auf dem Festland begraben.

*Lido di Venezia

Seebad Venedigs

Der knapp 12 km lange und bis zu 4 km breite Lido ist ein schmaler, flacher Sandstreifen, der die venezianische Lagune vom Meer trennt (u. a. mit der Pkw-Fähre ab Venedig-Trochetto aus zu erreichen). Nachdem im 19. Jh. Schriftsteller die Insel entdeckt hatten, entwickelte sie sich in den 1950er- und 1960er-Jahren zum prominentesten Strand Italiens mit Hotels, Pensionen und Sommerhäusern.

Lido di Venezia (Fortsetzung)

Vom Schiffsanlegeplatz Santa Maria Elisabetta führt der von schönen Jugendstilvillen und Gärten gesäumte Gran Viale Santa Maria Elisabetta quer über die Nehrung zum Piazzale Bucintoro, hinter dem sich der lange Strand ausbreitet. Rechter Hand beginnt die Promenadenstraße Lungomare Guglielmo Marconi mit dem berühmten Strandabschnitt zwischen dem Hotel Des Bains und dem Palazzo del Cinema. In der Luxusherberge stieg die Hauptfigur aus Thomas Manns Novelle "Der Tod in Venedig" ab, und auch Viscontis nicht weniger berühmte Verfilmung wurde am Handlungsort der literarischen Vorlage gedreht. Cineasten kennen den Lido vor allem als Stätte des Internationalen Filmfestivals (Mostra Internazionale del Cinema), das 1932 ins Leben gerufen wurde. Fünf Jahre nach der Gründung der Festspiele, 1937, weihte man dem Kulturereignis einen eigenen Tempel, den Palazzo del Cinema. Bis dahin hatte man das Festival im benachbarten Grand Hotel Excelsior, einem orientalisch anmutenden Prachtbau aus der zweiten Hälfte des 19. Jh.s, abgehalten. Ganz im Süden des Lido liegt das kleine Dorf Alberoni sowie das von Kanälen umgebene Malamocco, der ehemalige Hafen von Venedig.

Murano

Glas aus Murano

Murano ist seit Ende des 13. Jh.s – als die Manufakturen aus Brandschutzgründen hierher verlegt wurden – Hauptsitz der venezianischen Glasindustrie. Die Glasbläsereien, Fornace genannt, sind zum großen Teil zu besichtigen. Im 16. Jh. avancierte Murano zur bevorzugten Sommerfrische venezianischer Patrizier, die hier ihre Prunkvillen und Lustgärten anlegen ließen.

*** Museo d'Arte Vetrario**

Wer sich über die Geschichte der venezianischen Glasbläserkunst informieren möchte, sollte unbedingt das Museo d'Arte Vetrario im Palazzo Giustinian am Canale di Donato besuchen. Gezeigt werden hier etwa 4000 Exponate von der Römerzeit bis heute, darunter auch Arbeiten maurischer oder böhmischer Glasbläser (geöffnet Mo., Di., Do. – So. 10 00 – 17 00 Uhr).

San Pietro Martire

Von der Schiffsstation Colonna sind es nur wenige Minuten zur Kirche San Pietro Martire (15. Jh.; 1511 erneuert). Im rechten Seitenschiff der Kirche trifft man auf ein 1488 entstandenes Werk des venezianischen Frührenaissancemalers Giovanni Bellini.

*** Santi Maria e Donato**

Kunsthistorisch interessanter ist jedoch der jenseits des Hauptkanals stehende, spätromanische Backsteindom Santi Maria e Donato aus dem 12. Jahrhundert. Das dreischiffige Bauwerk mit aufwändig gestalteter Apsis verbindet venezianisch-byzantinische und frühromanische Stilelemente. Säulen aus griechischem Marmor mit venezianisch-byzantinischen Kapitellen trennen Haupt- und Seitenschiffe, ein eindrucksvolles romanisches Mosaik mit Tierdarstellungen und Ornamenten bedeckt den Fußboden, und ein Mosaik aus der Erbauungszeit der Kirche schmückt die Apsis.

Burano

*Fischerinsel

Lohnend ist ferner ein Ausflug zur freundlichen, knapp 5000 Einwohner zählenden Fischerinsel Burano, die Wiege der venezianischen Spitzenindustrie. Nach rund 40 Minuten Bootsfahrt erreicht man Burano, das knapp 9 km nordöstlich der venezianischen Hauptinsel liegt. Ein besonders pittoreskes Bild bieten die niedrigen Fischerhäuschen, deren Fassaden in pastellfarbenen Farben leuchten.

Wer sich für die Geschichte der Spitzenkunst interessiert, sollte der Galleria del Merletto Antico in der Via Galuppi 215 einen Besuch abstatten. Ein kleines Museum zeigt hier exquisite Arbeiten der letzten zwei Jahrhunderte, darunter kunstvolle Fächer, Schleier und Kleider der venezianischen Aristokratie. Über die komplizierte Luftstichtechnik (Punto in Aria) informiert zudem die Scuola dei Merletti am Hauptplatz Piazza Galuppi. In der dortigen Kirche San Martino hängt eine sehenswerte Kreuzigung von Tiepolo aus dem Jahr 1725.

Torcello

Allgemeines

Einen Ausflug wert ist auch die 8 km nordöstlich gelegene Laguneninsel Torcello. Zwischen dem 7. Jh., als sie gegründet wurde, und dem 12. Jh. war sie eine bedeutende Handels- und Bischofsstadt mit Palästen und Kirchen, Werften und Häfen, eigenen Gesetzen und einer hohen Einwohnerzahl.

Seit Jahrhunderten verdienen die Menschen auf Murano ihren Lebensunterhalt mit der Herstellung von mundgeblasenem Glas.

Ein Bild wie aus der Werbung: Burano, das Fischerstädtchen auf der gleichnamigen Insel mit seinen bunten Häuschen

Sehenswertes

An Torcellos Blütezeit erinnert die in venezianisch-byzantinischem Stil erbaute Kathedrale Santa Maria Assunta. Das im 7. Jh. geweihte Gotteshaus wurde in karolingischer Zeit umgebaut, erhielt im 9. Jh. eine Krypta, eine Vorhalle und die beiden Nebenapsiden. Größter Schatz sind ihr Lettner mit byzantinischen Reliefs aus dem 11./12. Jh. und die herrlichen Mosaiken aus dem 11. bis 13. Jahrhundert. Die gesamte Westwand der Kirche bedeckt das große, um 1200 entstandene Weltgerichtsmosaik aus der Werkstatt byzantinischer Künstler (geöffnet April-Oktober täglich 10^{30} – 18^{00} Uhr). Nebenan steht die kleine Kirche Santa Fosca, ein bemerkenswerter Rundbau aus dem 11. Jh. mit beachtenswerten Marmorsäulen im Innern. Das benachbarte Museo dell'Estuario bewahrt u. a. archäologische Funde von Torcello, Malerei, Plastik und Kunsthandwerk.

Praktische Informationen

Praktische Informationen von A bis Z

Agriturismo · Ferien auf dem Land

Agriturismo lässt sich am besten mit "Ferien auf dem Land" übersetzen. Die Auswahl der Unterkünfte reicht von Zeltplätzen und Zimmern auf einem Bauernhof bis zu gut ausgestatteten Appartements in Villen in ländlicher Umgebung, meist nicht direkt an der Küste, sondern eher im Hinterland. Für Aktiv-Urlauber sind die Agriturismo-Unterkünfte vor allem wegen ihres meist umfangreichen Freizeitangebots (Schwimmbäder, Tennisplätze, Fahrradverleih, Reitmöglichkeiten usw.) attraktiv. Einige Betriebe haben ländliche Restaurants oder bieten Erzeugnisse aus eigener Herstellung an – wie z. B. Olivenöl, Naturhonig, Marmelade oder Wurstwaren. Informationen erhält man bei den Fremdenverkehrsämtern vor Ort (▶ Auskunft) und über den Interessenverband Agriturist in Rom, der jährlich einen Führer herausgibt.

Agriturismo-Adressen wie die Villa Cicchi bei Ascoli Piceno sind eine angenehme und meist ruhigere Alternative zum Hotel am Strand.

Agriturist
Corso Vittorio Emanuele 101
I-00186 Roma

☎ 00 39 / 06 685 23 42
FAX 00 39 / 06 685 24 24
Internet: www.agriturist.it

◂ **Überall auf den Märkten zu kaufen: Kürbisse**

Mit dem Auto

Zwischen Juni und September, vor allem aber an den ersten Tagen im August, dem Beginn der italienischen Ferien, muss mit zäh fließendem Verkehr auf den Autobahnen nach Süden gerechnet werden. Aktuelle Auskünfte über Autoverkehr, günstige Reisezeiten, Beschreibungen der Alpenpässe (inklusive Öffnungszeiten), Baustellen sowie günstige Routen erteilt der ADAC.

An die nördliche Adriaküste

Die Hauptroute aus Deutschland verläuft über Innsbruck, den ganzjährig geöffneten Brenner, Bozen, Verona und Padua und von dort an die Küste bzw. nach Venedig. Ab Trento kann man anstatt über Verona auch auf der SS 47 über Bassano del Grappa nach Padua fahren. Die östliche Route führt über Salzburg, Villach, Tarvisio und Udine an die Adriaküste zwischen Venedig und Triest.

An die südliche Adriaküste

Für die Fahrt an die südliche Adriaküste ab etwa Ravenna gibt es zwei Hauptrouten. Die eine führt ebenfalls über den Brenner, Bozen und Verona und von dort weiter auf der E 45 durch die Po-Ebene nach Bologna. Bei Rimini erreicht diese Autobahn die Küste. Zwischen Rimini und Bari verläuft sie entlang der Küste und ist somit die wichtigste Verkehrsader auf der Ostseite des italienischen Stiefels. Für Urlauber, die aus der Schweiz oder aus dem Westen Deutschlands anreisen, empfiehlt sich die Route über den St. Gotthard oder den San Bernardino, Bellinzona und Como nach Mailand und von dort über Parma und Bologna an die Adriaküste.

Autobahngebühren

Die Benutzung der Autobahnen ist in Österreich, der Schweiz und in Italien meist gebührenpflichtig. Auf der Strecke Innsbruck – Brenner muss man außerdem Mautgebühren für die Brennerautobahn bezahlen. Weitere Hinweise ▶ Straßenverkehr.

Mit dem Bus

Verschiedene Veranstalter bieten Busfahrten nach Italien an, u. a. die Deutsche Bahn über ihr Tochterunternehmen Touring Bus (☎ 0 18 05 / 25 02 54) oder die Deutsche Touring GmbH (Am Römerhof 17, D-60486 Frankfurt am Main, ☎ 0 69 / 79 03 53, FAX 70 60 59, Internet: www.deutsche-touring.com).

Mit der Bahn

Von allen wichtigen Städten Deutschlands, Österreichs und der Schweiz gibt es Verbindungen nach Triest, Venedig, Ravenna, Rimini, Pesaro, Ancona und Pescara (▶ Bahn). Eine Bahnfahrt von Köln nach Ancona dauert ca. 17 Stunden, von Köln nach Triest knapp 20 Stunden.

Mit Bahn und Auto

Darüber hinaus verkehren von Mai bis Oktober Autoreisezüge von München nach Rimini sowie von Hamburg, Köln, Hildesheim, Dortmund und Frankfurt nach Verona. Weitere Informationen erhält man bei der Deutschen Bahn bzw. der DB Auto Zug GmbH (☎ 0 18 05 / 24 12 24, Internet: www.dbautozug.de).

Mit dem Flugzeug

Flughäfen gibt es in Triest, Venedig, Treviso, Forli bei Ravenna, Rimini, Ancona und Pescara. Venedig wird von allen größeren internationalen Flughäfen in Deutschland, Österreich und der Schweiz direkt angeflogen. Alitalia fliegt regelmäßig von Zürich, Wien, München, Frankfurt und Berlin nach Ancona, Lufthansa von Frankfurt nach Pescara sowie von verschiedenen deutschen Flughäfen nach Ancona, Rimini und Triest. Zwischen Venedigs Aeroporto Marco Polo und dem Stadtzentrum, verkehren stündlich Schnellboote – das ist billiger und schneller als mit Bus und Vaporetto.

Fluggesellschaften

Alitalia
☎ 0180 / 5074747
FAX 0 69 / 69 50 52 57
www.alitalia.com

Lufthansa
☎ 018 03 / 80 38 03
FAX 02 21 / 826 39 69

Swissair
☎ 01803 / 00 03 34
FAX 01803 / 00 04 40
www.swissair.com

Austrian Airlines
☎ 0180 / 300 05 20
FAX 0180 / 300 05 23
www.aua.com

Ärztliche Hilfe

▶ Gesundheit

Auskunft

ENIT
(Ente Nazionale Italiano per il Turismo)
Via Marghera 2, I-00185 Roma
☎ 064 97 11, 064 97 12 22
www.enit.it

Fragen zur Sicherheit, zum Gesundheitswesen, zu Sehenswürdigkeiten, Straßenverkehr etc. beantworten die Mitarbeiter des nationalen Call Centers u. a. auch in Deutsch (tgl. 8⁰⁰–23⁰⁰ Uhr):
☎ in Italien 800 - 11 77 00 (gebührenfrei)
aus dem Ausland
00 39 / 06 87 41 90 07
(gebührenpflichtig)

In Deutschland

Staatliches Italienisches Fremdenverkehrsamt
Kaiserstraße 65
D-60329 Frankfurt/M.
☎ 0 69 / 23 74 34
FAX 23 28 94
Prospekte gibt es gebührenfrei unter ☎ 008 00 00 48 25 42.

Weitere Büros in Deutschland:
Goethestraße 20
D-80336 München
☎ 0 89 / 53 13 17
FAX 53 45 27
Karl-Liebknecht-Straße 34
D-10178 Berlin
☎ 0 30 / 247 83 97
FAX 247 83 99

In Österreich

ENIT, Kärntner Ring 4
A-1010 Wien
☎ 01 / 505 16 39
FAX 505 02 48
Prospekte gibt es gebührenfrei unter ☎ 008 00 00 48 25 42.

In der Schweiz

ENIT, Uraniastr. 32
CH-8001 Zürich
☎ 01 / 211 36 33, FAX 211 38 85
Prospekte gibt es gebührenfrei unter ☎ 008 00 00 48 25 42.

In Italien · Regionen

Abruzzo
Viale Bovio 425
I-65124 Pescara
☎ 085 76 71, FAX 08 57 67 20 67
www.regione.abruzzo.it

Emilia-Romagna
Viale Aldo Moro 30

I-40127 Bologna
☎ 05128 33 53, FAX 051 28 3380
www.regione.emilia-romagna.it
www.adriacoast.com

Friuli-Venezia Giulia
Viale Miramare 19
I-34125 Trieste
☎ 0403 77 5747
FAX 04 03 77 57 96
www.regione.fvg.it

Marche
Via Gentile da Fabriano 9
I-60125 Ancona
☎ 071 806 2165
FAX 071 806 21 17
www.regione.marche.it

Veneto
Palazzo Balbi
Dorsoduro 3901
I-30123 Venezia
☎ 041 279 28 32
FAX 041 279 28 60
www.regione.veneto.it

In Italien · Einzelne Orte

Die Fremdenverkehrsämter in Italien heißen APT, IAT oder Pro Loco. Sie sind im Sommer meist täglich von 9[00] bis 20[00] oder 21[00] Uhr geöffnet.

Ancona
Via Thaon de Revel 4
I-60100 Ancona
☎ 071 35 89 91
FAX 07 13 58 99 29
www.comune.ancona.it

Aquileja
Piazza Capitolo 4
I-33051 Aquileja
☎ und FAX 04 31 910 87

Ascoli Piceno
Piazza Arringo
I-63100 Ascoli Piceno
☎ 07 36 29 82 04
FAX 07 36 29 82 32
Piazza del Popolo
☎ 07 36 25 30 45

Bibione
Via Maja
I-30020 Bibione
☎ 04 31 44 21 11
FAX 04 31 43 99 97
www.bibione.com

Caorle
Calle delle Liburniche 11
I-30021 Caorle
☎ 042 18 10 85
FAX 042 18 42 51

Cattolica
Via Matteotti 46
I-47033 Cattolica
☎ 05 41 96 33 41
FAX 05 41 96 33 44
E-Mail: iat@cattolica.net

Cervia
Viale Roma 86
I-48016 Cervia Milano Marittima
☎ 05 44 99 34 35
www.comunecervia.it

Cesena
Piazza del Popolo 11
I- 47023 Cesena
☎ 05 47 35 63 27
FAX 05 47 35 63 29

Cesenatico
Via Roma 112
I- 47042 Cesenatico
☎ 05 47 67 44 11
FAX 054 78 01 29
www.comune.cesenatico.fo.it

Chieti
Via B. Spaventa 29
I-66100 Chieti
☎ 087 16 36 40
FAX 087 16 36 47

Chioggia
Lungomare Adriatico 101
Chioggia-Sottomarina
I-30019 Chioggia
☎ 041 40 10 68
FAX 04 15 54 08 55
www.chioggia-apt.net
E-Mail: apt_info@clodianet.it

Civitanova Marche
Viale IV Novembre 20
I-62012 Civitanova Marche
☎ 07 33 81 39 67
FAX 07 33 81 50 27

Comacchio
Piazzetta Folegatti 28
I-44022 Comacchio
☎ 05 33 31 01 61
www.comune.comacchio.fe.it

Fano
Viale C. Battisti 10
I-61032 Fano
☎ 07 21 80 35 34
FAX 07 21 82 42 92

Fermo
Piazza del Popolo 5
I-63023 Fermo
☎ 07 34 22 87 38
FAX 07 34 22 83 25

Grado
Viale Dante 72
I-34073 Grado
☎ 04 31 89 92 20
FAX 04 31 89 92 09
www.aptgrado.it

Grottammare
Piazza Peride Fazzini
I-63013 Grottammare
☎/FAX 07 35 63 10 87

Lido di Jesolo
Piazza Brescia 13
I-30017 Lido di
Jesolo
☎ 04 21 37 06 01
www.jesolo.it

Ligniano
Via Latisana 42
I-33054 Lignano
☎ 043 17 18 21
FAX 043 17 04 49
www.aptlignano.it

Macerata
Via Garibaldi 87
I-62100 Macerata
☎ 07 33 23 48 07
FAX 07 33 26 66 31

Padua
Riviera dei Mugnai 8
I-35137 Padova
☎ 049 875 06 55
FAX 049 65 07 94

Pesaro
Viale Trieste 164
I-61100 Pesaro
☎ 072 16 93 41
FAX 072 13 04 62
www.comune.pesaro.ps.it

Pescara
Via Nicola Fabrizi 171
I-65122 Pescara
☎ 085 42 90 02 12

Portogruaro
Via Martiri della Libertà 19/21
I-30026 Portogruaro
☎ 042 17 35 58
FAX 042 17 22 35
E-Mail: apt4_ca@alfa.it

Ravenna
Via Salara 8/12
I-48100 Ravenna
☎ 05 44 354 04
www.turismo.ravenna.it
Viale delle Industrie 14
(beim Mausoleum des
Theoderich)
☎ 05 44 45 15 39

Riccione
Piazzale Ceccarini 10
I-47036 Riccione
☎ 05 41 69 33 02
FAX 05 41 60 57 52

Rimini
Via Dante 86
I-47037 Rimini
☎ 05 41 513 31
FAX 05 41 279 27

San Benedetto del Tronto
Viale delle Tamerici 5
I-63039 S. Benedetto d. Tronto
☎ 07 35 59 22 37
FAX 07 35 58 28 93

San Leo
Palazzo Mediceo

Auskunft (Fortsetzung)

Piazza Dante
I-61018 San Leo
☎ 05 41 91 63 06
FAX 05 41 92 69 73

San Marino
Contrada Omagnano 20
I-47031 San Marino
☎ 05 49 88 54 31
FAX 05 49 88 54 33

Senigallia
Piazzale Morandi 2
I-60019 Senigallia
☎ 07 17 92 27 25
FAX 07 17 32 49 30
www.comune.senigallia.an.it

Treviso
Piazzetta Monte di Pietà 8
I-31100 Treviso
☎ 04 22 54 76 32
FAX 04 22 41 90 92

Triest
Via San Nicolò 20
I-34121 Trieste
☎ 04 03 47 83 12
Stazione Centrale
☎ 040 42 01 82
FAX 040 41 68 06

Urbino
Piazza Rinascimento 1
I-61020 Urbino
☎ 07 22 32 85 68
FAX 07 22 30 94 57
www.comune.urbino.ps.it

Venedig
Piazza S. Marco 2
I-30124 Venezia
☎ 04 15 29 87 11
FAX 04 15 23 03 99
www.turismovenezia.it

Baden

Allgemeines

Die Adriaküste ist bekannt für ihre langen und meistens auch sehr breiten Sandstrände. Da fast alle flach ins Wasser abfallen und viele außerdem durch Wellenbrecher geschützt sind, eignen sie sich besonders gut für Kinder. Kiesstrände gibt es nur an wenigen Stellen, so z. B. an der Riviera del Conero und an der Triestiner Riviera. Zwischen Juni und September, ganz besonders im August, wenn ganz Italien Urlaub macht, herrscht an den Adriastränden Hochbetrieb. Einsame Plätzchen an der Sonne sind ausgesprochen rar, wilde Strände ebenfalls. Fast überall, wo gebadet werden kann, sind die Strände von privaten Badeanstalten oder Hotels (Bagni oder Stabilimenti balneari) belegt. Sie halten den Strand sauber und stellen gegen Gebühr Liegestühle und Sonnenschirme, Umkleidekabinen, Duschen, Toiletten, Kinderspielplätze etc. zur Verfügung, verkaufen Getränke und Snacks am Strand und verleihen Boote oder Surfbretter – ein Rundumservice, für den der Gast allerdings auch nicht zu knapp zur Kasse gebeten wird.

Wasserqualität

Nachdem in den 1980er-Jahren die Meldungen von der Algenblüte Touristen erschreckt hatten, wurde in den vergangenen Jahren einiges getan, um die Wasserqualität an der italienischen Adria zu verbessern. Mittlerweile werden die meisten Küstenabschnitte als gut beurteilt. Man sollte allerdings nicht in der Nähe von Häfen, Industrieanlagen oder Flussmündungen baden. Detaillierte Informationen über die wichtigsten Touristenstrände, über die aktuelle Wasserqualität und über Abschnitte, die man meiden sollte, gibt es beim ADAC, ☎ 018 05 / 10 11 12, 01 80 / 523 22 21 (auch für Nichtmitglieder) oder im Internet: www.adac.de (nur für Mitglieder).

Baden (Fortsetzung)

Der Bericht zur Badegewässergüte der Europäischen Kommission kann über das Internet abgefragt werden (www.europa.eu.int/water/water-bathing/report.html; er ist allerdings auf Englisch und sehr wissenschaftlich gehalten).
Die Stiftung für Umwelterziehung in Europa vergibt Blaue Flaggen. Diese garantieren nicht nur die Einhaltung der Grenzwerte für saubere Strände und Wasser, sondern auch der strengeren Richtwerte. Außerdem verlangt die Auszeichnung mit der Blauen Flagge (Bandiere Blu) aufwändige Infrastruktureinrichtungen.

Wassertemperaturen

Die Badesaison reicht von Juni bis Oktober, in der nördlichen Adria und im Golf von Genua bis Ende September. Zwischen Juni und August kann man mit 21 bis 24 °C warmem Wasser rechnen.

FKK

Die italienische Adria ist kein Nacktbadeparadies, ganz im Gegensatz zur gegenüberliegenden kroatischen Küste. Sich oben ohne in die Sonne zu legen ist durchaus verbreitet, hüllenloses Baden stößt dagegen auf wenig Gegenliebe seitens der Italiener. An einigen wenigen Stellen wird dennoch nackt gebadet, so z. B. beim Leuchtturm von Bibione oder an einzelnen Strandabschnitten an der Riviera del Conero. Einen ausgewiesenen FKK-Strand gibt es z. B. bei Ravenna in Lido di Dante, beim FKK-Campingplatz.

Hunde am Strand

An den meisten Stränden an der Adria sind (große) Hunde nicht erlaubt. In der Region Venetien zum Beispiel gibt es nur drei Strandabschnitte, an die man seinen Vierbeiner mitnehmen darf: in Eraclea, in Bibione Faro und in Caorle. In Rimini dürfen Hunde bis zu 7 kg in Absprache mit der jeweiligen Badeanstalt an den Strand, in Recanati in den Marken gibt es einen Strandabschnitt rechts vom Fluss Potenza, an dem die Vierbeiner erlaubt sind.

Bahn

Allgemeines

Viele Orte an der italienischen Adriaküste sind mit der Bahn erreichbar, da die Bahnlinie südlich von Ravenna unmittelbar an der Küste verläuft. Die Badeorte ganz im Norden der Adriaküste sind nicht direkt an das Bahnnetz angebunden, da die Bahnlinie zwischen Venedig und Triest etwa 20 bis 30 km landeinwärts verläuft.
Der größte Teil des italienischen Streckennetzes wird von den italienischen Staatsbahnen, den Ferrovie dello Stato (FS), unterhalten; ergänzend verkehren einige Privatbahnen (Fahrpläne im Kursbuch der FS). Es gibt verschiedene Zugarten: Regionale (Bummelzug), Interregionale (Schnellzug) und Espresso (Eilzug). Für Intercity, Eurocity, Eurostar und Pendolino, einen Hochgeschwindigkeitszug der Luxusklasse, benötigt man Platzkarten; außerdem muss ein Zuschlag (supplemento) gezahlt werden.

Fahrkarten

Es gibt einfache (andata) und Rückfahrkarten (andata e ritorno) für erste (prima) und zweite (seconda) Klasse (classe). Internationale Fahrkarten sind ab dem Ausstellungsdatum zwei Monate lang gültig, wobei der Reisende die Zugfahrt beliebig oft unterbrechen kann. Für die in Italien gelösten Fahrkarten gilt: Bei Entfernungen bis zu 200 km gilt das Ticket 6 Stunden, über 200 km Fahrtstrecke 24 – 48 Stunden.

Nicht vergessen: Fahrkarten müssen unbedingt am Abfahrtsbahnhof abgestempelt werden!

Bahn (Fortsetzung)

Ermäßigungen

Besondere Ermäßigungen gelten für Gruppenreisende, Senioren über 60 Jahren, Jugendliche unter 26 Jahren und Familien.

Auskunft in Deutschland
☎ 0 18 05 / 99 66 33
www.bahn.de

in Italien
☎ 14 78 / 880 88
www.fs-on-line.com

Behindertenhilfe

Über Bahn- und Flugreisen, behindertengerechte Einrichtungen, Vergünstigungen etc. informieren viele Reisebüros, die Deutsche Bahn sowie die Bundesarbeitsgemeinschaft der Clubs Behinderter und ihrer Freunde e. V. (Adresse s. u.).

BSK-Reise-Service
Postfach 20
D-74236 Krautheim/Jagst
☎ 0 62 94 / 683 03
www.bsk-ev.de

Bundesarbeitsgemeinschaft der Clubs Behinderter und ihrer Freunde e. V.
Eupener Str. 5, D-55131 Mainz
☎ 0 61 31 / 22 55 14

Verband aller Körperbehinderten Österreichs
Lützowgasse 24–28
A-1014 Wien
☎ 01 / 911 32 25 und 914 55 62

Mobility International Schweiz
Frohbergstr. 4
CH-4600 Olten
☎ 062 / 206 88 35
FAX 062/ 206 88 30

Camping und Caravaning

Campingmöglichkeiten

An der italienischen Adriaküste gibt es zahlreiche Campingplätze , die je nach Komfort in unterschiedliche Kategorien (1 Stern bis 4 Sterne) klassifiziert sind. Insbesondere in der Hochsaison, das heißt von Mitte Juli bis Mitte September, empfiehlt sich eine rechtzeitige Anmeldung. Campingplatzverzeichnisse werden von der ENIT (▶ Auskunft) sowie vom italienischen Camping-Verband herausgegeben.

Caravaning, wildes Zelten

Mit einem Wohnmobil oder Wohnwagen darf man generell eine Nacht auf einem Park- oder Rastplatz bzw. am Straßenrand stehen, sofern dies nicht durch Hinweise verboten ist. Aus Sicherheitsgründen sollte jedoch ein offizieller Campingplatz aufgesucht werden. Wildes Zelten in freier Natur ist nicht erlaubt.

Federazione Italiana del Campeggio e del Caravaning
Via Vittorio Emanuele 11
I-50041 Calenzano (Firenze)
☎ 0 55 88 23 91
FAX 0 55 882 59 18

Diplomatische und konsularische Vertretungen

Vertretungen in Italien

Deutsche Botschaft
Via San Martino della Battaglia 4, I-00185 Roma
☎ 06 49 21 31
FAX 06 445 26 72,
www.ambgermania.it
Generalkonsulate in Mailand und Neapel.

Österreichische Botschaft
Via Giovanni Battista Pergolesi 3
I-00100 Roma
☎ 06 844 01 41
FAX 06 854 32 86
www.austria.it
Generalkonsulate in Mailand und Triest.

Schweizer Botschaft
Via Barnaba Oriani 61
I-00197 Roma
☎ 06 80 95 71
FAX 06 808 85 10
E-Mail: Vertretung@Rom.Rep.admin.ch

Generalkonsulate in Genua, Mailand und Neapel.

Einkaufen und Souvenirs

Einkaufsparadies Italien

Egal, ob Schuhe, Mode, Pasta oder Wein, ob auf Märkten, in Boutiquen oder im Fabrikverkauf – Italien ist ein Einkaufsparadies. Natürlich sind die Seebäder an der Küste bestens auf kauffreudige Urlauber eingestellt: An der strandnahen Einkaufsmeile von Rimini beispielsweise bleiben die Geschäfte in den Sommermonaten bis 23^{00} Uhr geöffnet, und das Angebot dort lässt fast nichts aus. Am größten ist die Auswahl bei Mode, Accessoires und Schuhen. Wirklich preisgünstig sind diese Artikel allerdings auch nur auf Märkten, im Fabrikverkauf oder bei den Händlern an den Uferpromenaden der Badeorte. Qualität oder besonders ausgefallenes Design haben jedoch auch in Italien ihren Preis.

Kulinarisches

Wer gerne seine Urlaubserinnerungen mit etwas Kulinarischem konservieren bzw. auffrischen möchte, hat angesichts des riesigen Angebots an schmackhaften Lebensmitteln und köstlichen landestypischen Produkten die Qual der Wahl. In den kleinen Delikatessen- und Tante-Emma-Läden, die es durchaus noch gibt in Italien, macht das Einkaufen dieser Köstlichkeiten am meisten Spaß, günstiger bekommt man fast alle in jedem Supermarkt. Gut zu transportieren und außerdem haltbar sind die italienischen Nudeln (Pasta), die es in einer unglaublichen Variationsbreite gibt. Ebenfalls beliebt als Mitbringsel sind Olivenöl aus Umbrien oder aus den Marken, Balsamico-Essig, getrocknete Steinpilze oder eingelegte Trüffel. Auch Parmesankäse lässt sich einige Zeit aufbewahren, ebenso Süßigkeiten wie Panettone oder Mandelgebäck. In den Weinanbaugebieten, vor allem in Venetien und in Friaul-Julisch Venetien, kann man die regionalen Weine und Spirituosen in den Enotheken oder in den Weingütern probieren und kaufen (► Essen und Trinken, Weine aus dem Reisegebiet). Wer Trüffel aus den Marken frisch kaufen möchte, muss im Oktober oder November in die Region reisen, wenn Trüffelsaison ist.

Es gibt in den einzelnen Regionen ein paar typische kunsthandwerkliche Erzeugnisse, die allerdings oft nur noch für den Verkauf an Touristen hergestellt werden. In Friaul-Julisch Venetien zum Beispiel sind es Schnitzarbeiten, Kunstschmiedeerzeugnisse und Webarbeiten. Venetien ist berühmt für Glas- und Kristallwaren (Murano-Glas), Silber- und Goldschmiedearbeiten sowie für die Karnevals-Masken, die einem in Venedig auf Schritt und Tritt begegnen. Berühmt sind auch die Spitzen aus Burano sowie Keramik aus Bassano. In den Marken werden Gebrauchsgegenstände aus Stroh und Weidenruten, Keramik, Teppiche sowie Musikinstrumente und Majolika hergestellt.

Einkaufen (Fts.), Kunsthandwerk

Beim Kauf ist die quittierte Rechnung (ricevuta fiscale) zu verlangen und aufzubewahren, denn diese muss bei einer Kontrolle durch die Steuerfahndung vorgewiesen werden.

Hinweis

Elektrizität

Das Stromnetz führt in der Regel 220 Volt. Im Allgemeinen ist wegen der verschiedenen Steckdosenbauarten ein Adapter (reduzione) nötig. Europanorm-Gerätestecker sind meist nur dann verwendbar, wenn sie dünne Kontaktstifte besitzen.

Essen und Trinken

Mahlzeiten

Der Siegeszug der italienischen Küche quer durch alle Länder der Welt hat dazu geführt, dass man beinahe überall italienisch essen gehen oder die Ingredenzien für ein italienisches Essen kaufen kann. Dennoch schmeckt es vor Ort, aus den Töpfen der heimischen Köche, immer noch am besten. Sehr ausgeprägt sind die regionalen Unterschiede: Jede Region hat ihre besonderen Rezepte und Spezialitäten, je nachdem auch, welche Naturprodukte zur Verfügung stehen.

Essgewohnheiten

In puncto Essgewohnheiten gibt es ein paar Unterschiede gegenüber Deutschland. Das italienische Frühstück (Colazione) beschränkt sich häufig auf einen Cappuccino (Espresso mit aufgeschäumter Milch), einen Espresso oder Caffè (starker Espresso) mit Gebäck. Die Hotels sind jedoch in der Regel auf die Gewohnheiten ihrer ausländischen Gäste eingestellt und bieten ein Frühstücksbuffet mit größerer Auswahl an.
Das Mittagessen (Pranzo) besteht meist aus einem antipasto (Vorspeise), primo (Pasta, Reis oder Suppe), secondo (Fleisch oder Fisch) mit Gemüse (Contorno) oder Salat. Anschließend kann man zwischen Käse (Formaggio), Dolce (Nachtisch) oder Frutta (Obst) wählen. Der Espresso schließt das Mittagessen ab. Manche bestellen ihn als "corretto" (mit Grappa, Cognac amaro oder Sambuco "korrigiert").
Das Abendessen (Cena), bei dem sich die Speisenfolge des Mittagessens wiederholt, wird selten vor 19^{30} Uhr serviert.

Speisekarte
Restaurants

▶ Sprache
▶ dort

Regionale Spezialitäten

Friaul-Julisch Venetien

Friaul-Julisch Venetien gehört nicht zu den reichen Regionen des Landes. Im Gegensatz zu Venetien ist die Küche einfach, robust und von intensivem Geschmack. Hauptgericht ist die Polenta. Sie wird auf dem Ofen oder auf offenem Feuer zubereitet, bis sie fest ist wie Pudding. Dazu werden Salamischeiben, Schweinefleisch, bestimmte Vogelarten oder sogar Fisch serviert. Von hervorragender Qualität sind in Julisch Venetien auch die Gerichte aus Schweinefleisch. Berühmt und besonders delikat ist der Schinken aus San Daniele. In Friaul werden auch die Teile verwendet, die als nicht so fein gelten, wie Schwarte, Schweinefüße oder Schweinerüssel. Vor allem in Triest, das jahrhundertelang zum Habsburgerreich gehörte, findet man viele Gerichte auf der Speisekarte, die ihre Herkunft aus der österreichischen Küche nicht leugnen können.

Venetien

Venetien kann sich einer phantasiereichen Küche rühmen. Bei den Fischgerichten ist auch östlicher, aus der Berührung mit dem Byzantinischen kommender Einfluss zu erkennen: So wird beispielsweise Fisch mit Korinthen, Pinienkernen und Gewürzen gekocht. Die Hauptkomponenten der venetischen Küche sind Reis (der hier angebaut wird) und dicke Bohnen. Vor allen Dingen Reis findet man in verschiedenen Variationen, z. B. als Reissuppe, die Frühlingssuppe genannt wird, zubereitet mit Tomaten, Stangensellerie, Kopfsalat, Spargelköpfen, Hopfensprossen, Kürbis, Kartoffeln, Spinat, Wirsing und Zucchini. So ist auch das berühmte Risi e bisi (Reis mit frischen Erbsen) aus der venetischen Küche nicht wegzudenken. Venetien ist außerdem die Heimat des Pandoro, eines kuppelförmigen, luftigen Backwerks aus viel Butter und Vanille.

An der Küste steht die Meeresfrüchteplatte fast überall auf der Speisekarte.

Emilia-Romagna

Die angrenzende Emilia-Romagna gilt als das kulinarische Zentrum Italiens. Zu den berühmtesten Produkten dieser Region gehören Aceto balsamico, Parmigiano und der Prosciutto di Parma. Auch die Eierteigwaren genießen einen besonders guten Ruf, vor allen Dingen Tortellini und Ravioli, gefüllt mit magerem Fleisch, mit Ricotta und Kräutern, mit Kürbis, Hühnerinnereien, Wild, Schweinefleisch, Rosinen und Käse. In Küstennähe wird natürlich viel Fisch gegessen. Fast überall gibt es die Fischsuppe (Brodetto), Aale (Anguille) sollte man in Comacchio essen, wo die Aalzucht eine lange Tradition hat.

Marken

Die Region Marken hat eine reiche und vielfältige Küche, nicht zuletzt wegen ihrer Lage zwischen Meer und Hügeln. Berühmt und von hoher Qualität ist der Brodetto di Ancona, eine Suppe mit mindestens dreizehn verschiedenen Fischsorten. Außerdem gilt das

Kochmotto: füllen, füllen, füllen – sei es nun Fisch, Huhn, Taube oder die beliebte Porchetta (Spanferkel). Ausgesprochen delikat schmecken Vincisgrassi, ein Nudelauflauf mit Fleischsauce, der nur in den Marken zu finden ist. Der Nudelteig wird mit Dessertwein verfeinert und die Fleischsauce mit Zimt gewürzt.

Marken (Fortsetzung)

In der Küche in der Region Abruzzen regiert der Peperoncino, die scharfe Paprikaschote. Viele Gerichte sind rot eingefärbt. Eine besondere Raffinesse sind die Maccheroni alla chitarra. Die Maccheroni – hier Bandnudeln – werden mit einer Soße aus Tomaten, geräuchertem Bauchspeck, Kräutern und etwas Pecorino (Schafskäse) oder auch mit einem Ragout aus Schaf- oder Hammelfleisch serviert. Da die Schafzucht in dieser Region eine wichtige Rolle spielt, gibt es hier auch viele gute Käsesorten.

Abruzzen

Standardgetränke zu allen Mahlzeiten sind Wein (s. u.) und Mineralwasser. Letzteres ist von hervorragender Qualität und schmeckt sehr gut. Überall gibt es auch Bier, in der Regel sowohl das leichte italienische als auch ausländisches, neben deutschem sehr oft auch dänisches oder holländisches. Gängige Erfrischungsgetränke sind Orangeade, Limonade und diverse Fruchtsäfte. Der Tischwein wird offen serviert – entweder in einer Karaffe zu 1 Liter (un litro), 0,5 Liter (un mezzo litro), 0,25 Liter (un quarto litro) oder im Glas (un bicchiere). Die älteren Jahrgänge und Wein hoher Qualität werden wie üblich in der verschlossenen Flasche aufgetragen.

Getränke

Weine aus dem Reisegebiet

Weinregion Veneto

Valpolicella und *Bardolino* (Traubensorten Corvina, Rondinella, Molinara): mittelschwere, angenehme Rotweine.
Amarone (Traubensorten wie Valpolicella): kräftiger, alkoholreicher trockener Rotwein aus angetrockneten Valpolicella-Trauben.
Recioto: wie Amarone, aber mit Restsüße (Dessertwein).
Soave (Traubensorten Garganega, Trebbiano): leichter Weißwein.
Prosecco di Valdobbiadone e Conegliano (Traubensorte Prosecco): aromatischer, leichter weißer Schaumwein.

Friaul-Julisch Venetien

Collio, Colli Orientali, Isonzo, Grave (verschiedene, auch französische Traubensorten): körperreiche, zum Teil großartige Weiß- und oftmals etwas kantige Rotweine.

Emilia-Romagna

Lambrusco di Sorbara, L. Grasparossa, L. Salamino und *L. Reggiano* (Traubensorte Lambrusco): hell- bis dunkelrote, fruchtige Perlweine, können einmalig sein, oftmals banal-süßlich, die besten haben die DOC und sind trocken.
Sangiovese di Romagna (Traubensorte Sangiovese): kerniger, meist mit hartem Tannin ausgestatteter Rotwein.

Marken, Abruzzen

Verdicchio dei Castelli de Jesi und *V. di Matelica* (Traubensorte Verdicchio): vollmundige, fruchtige Weißweine mit feiner Säure.
Rosso Conero (Traubensorte Montepulciano): dunkler, kräftiger, voller Rotwein.
Montepulciano d'Abruzzo (Traubensorte Montepulciano): dunkler, wuchtiger, meist einfacher Rotwein.

Feiertage

Gesetzliche Feiertage

1. Januar (Neujahr: Capodanno)
6. Januar (Hl. Drei Könige: Epifania)
Ostermontag (Pasqua, Lunedi dell'angelo)
25. April (Tag der Befreiung 1945: Festa della liberazione)
1. Mai (Tag der Arbeit: Festa del primo maggio)
15. August (Mariä Himmelfahrt: Assunzione / Ferragosto, Höhepunkt der inneritalienischen Ferienreisezeit)
1. November (Allerheiligen: Ognissanti)
8. Dezember (Mariä Empfängnis: Immacolata Concezione)
25. und 26. Dezember (Weihnachten: Natale)

Die Festa Nazionale della Repubblica (Nationalfeier der Republik) findet am 1. Sonntag nach dem 2. Juni statt, die Festa dell'Unità Nazionale (Tag der nationalen Einheit) am 1. Sonntag im November.

Patronatsfeste

In vielen Orten Italiens werden die Tage des oder der Schutzheiligen feierlich begangen, so zum Beispiel am 25. April in Venedig das Fest zu Ehren von San Marco. Über die Veranstaltungen informieren die örtlichen Fremdenverkehrsämter (▶ Auskunft).

Geld

Euro

Seit dem 1. Januar 2002 ist der Euro (€) in Italien ebenso wie in Deutschland, Österreich und neun weiteren Ländern der Europäischen Union das offizielle Zahlungsmittel. 1 sfr entspricht 0,66 €, für 1 € bekommt man 1,51 sfr.

Devisenbestimmungen

Bürger aus EU-Mitgliedsländern dürfen EU-Währungen in beliebiger Höhe nach Italien ein- und ausführen.

Banken

Die Banken sind mit geringen Abweichungen Mo. bis Fr. vormittags von 8^{30} bis 13^{00} Uhr geöffnet; nachmittags variieren die Öffnungszeiten (ca. 14^{30} – 15^{30} Uhr). An Tagen vor Feiertagen (prefestivi) schließen die Banken um 11^{20} Uhr.

Geldautomaten, Scheckkarten

An Geldautomaten kann man mit Kredit-, ec- und Postbank-Karten (immer in Kombination mit der persönlichen Geheimnummer) problemlos rund um die Uhr Geld abheben. Mit der ec-Karte erhält man maximal 500 € pro Tag und Konto, mit der Postbank SparCard pro Kalendermonat maximal 1500 €. Kreditkarten unterliegen höheren Grenzen. Beim Verlust der Scheckkarte sollte man umgehend den Zentralen Annahmedienst für Verlustmeldungen von Eurocheque-Karten in Frankfurt am Main anrufen (☎ von Italien aus: 00 49 / 18 05 / 02 10 21; Tag und Nacht); beim Verlust der Postbank SparCard ☎ 00 49 / 180 / 304 06 00.

Andere Zahlungsmittel, Kreditkarten

Euroschecks sind seit Beginn des Jahres 2002 nicht mehr gültig. Die meisten internationalen Kreditkarten werden von Banken, Hotels, Restaurants, Autovermietern und vielen Einzelhandelsgeschäften akzeptiert. Verbreitet sind Visa, Eurocard, American Express und Diners Club. Auch bei Verlust von Kreditkarten benachrichtige man unverzüglich die jeweilige Zentralstelle.

Gesundheit

Ärztliche Hilfe

In allen größeren Orten und in den touristischen Zentren ist eine ausreichende medizinische Versorgung gewährleistet. Vielerorts gibt es die Guardia Medica, die auch nachts, sonntags und feiertags zur Verfügung steht (Guardia Medica notturna e festiva). Erste Hilfe (Pronto soccorso) leisten in Italien außerdem das Rote Kreuz (Croce Rossa Italiana), das Weiße Kreuz (Croce Bianca) und das Grüne Kreuz (Croce Verde). Die Adressen dieser Einrichtungen sind auf den ersten Seiten des Telefonbuchs (Avantielenco) zu finden. Zahnärzte findet man im Telefonbuch unter "medici dentisti".

Krankenversicherung

Versicherte der deutschen Krankenkassen haben im Krankheitsfall in Italien Anspruch auf eine Behandlung nach den in Italien gültigen Vorschriften. Dazu muss man sich vor Reiseantritt bei der Krankenkasse eine Anspruchsbescheinigung (Vordruck E 111) besorgen. Gegen Vorlage dieses Formulars erhält man von der U.S.L. (Unità Sanitaria Locale, Staatliche Krankenversicherung) ein Gutscheinheft mit Krankenscheinen, mit denen man sich von den Vertragsärzten behandeln lassen kann. Im Allgemeinen muss ein Teil der Kosten für ärztliche Behandlung und verordnete Arzneimittel selbst bezahlt werden (Quittungen zur Vorlage bei der Krankenkasse aufbewahren). Österreichische Reisende verfahren genauso (Formular SE 100-07). Schweizer müssen die ärztliche Behandlung und Medikamente selbst bezahlen. Privat-Versicherte legen zur Kostenerstattung bei ihrer Versicherung die Rechnung vor.

Private Reiseversicherung

Da die Kosten für ärztliche Behandlung und Medikamente in der Regel teilweise vom Patienten zu tragen sind und die Kosten eines evtl. notwendigen Rücktransports nicht übernommen werden, empfiehlt sich der Abschluss einer Reise-Krankenversicherung.

Apotheken

► Öffnungszeiten

Notarzt

☎ 113

Hotels und Pensionen

Hotelkategorien

Die Hotels in Italien sind amtlich in fünf Kategorien eingeteilt, vom Luxushotel mit fünf Sternen bis zur einfachen Unterkunft mit einem Stern. Zudem findet man auch kleinere, nicht klassifizierte Betriebe, die durchaus akzeptabel sind. In den Badeorten überwiegen die Hotels der Drei- und Vier-Sterne-Kategorie, wobei die Zimmerpreise vor allem durch die Nähe zum Strand bestimmt werden. Manche kleinere Hotels haben keine eigene Garage, kümmern sich aber in der Regel darum, wo man sicher parken kann. Oft muss man für einen Stellplatz auf dem Hotelgelände extra bezahlen. Einige Hotels an der Küste schließen im Winter. Viele sind Familienbetriebe und auf Gäste eingestellt, die länger als nur ein oder zwei Nächte bleiben. Deshalb gibt es zu den Hauptreisezeiten für einen Mindestaufenthalt von drei Tagen spezielle Konditionen.

Baedeker TIPP **Pensione completa**

Viele Hotels an der Adria bieten ihren Gästen Voll- oder Halbpension an (Pensione completa bzw. Mezza Pensione). Da die häuslichen Küchen in den Regel gut sind und der Aufpreis zur Übernachtung mit Frühstück nicht hoch ist, sollten Sie dieses Angebot nutzen!

Auskunft

Hotelverzeichnisse erhält man von den ENIT-Vertretungen sowie von den regionalen und örtlichen Fremdenverkehrsämtern (▶ Auskunft). Neben Hotels, Pensionen, Ferienwohnungen und Ferienhäusern gibt es auch Unterkünfte auf dem Land (▶ Agriturismo).

Bed & Breakfast

Eine empfehlenswerte Alternative zum Hotelaufenthalt bietet Bed & Breakfast Italia, in Italien der Marktführer in der Vermittlung von Privatunterkünften. Das Angebot reicht von Zimmern mit Badmitbenutzung (2 Sterne) bis zu Unterkünften in namhaften historischen Gebäuden mit eigenem Bad etc. (4 Sterne). Informationen erhält man bei: B & B Italia, Corso Vittorio Emanuele II, 282, I-00186 Roma, ☎ 06 687 86 18, FAX 06 687 86 19, www.bbitalia.it.

Preiskategorien

Die Hotelpreise variieren je nach Saison zum Teil sehr stark, am höchsten sind sie im August. Für Einzelzimmer zahlt man in der Regel 20 bis 25 % weniger als für ein Doppelzimmer. Die nachfolgenden Preise beziehen sich auf ein Doppelzimmer mit Frühstück.

Kategorie	Preise
*****	über 200 €
****	80 – 200 €
***	60 – 150 €
**	bis 70 €
*	bis 50 €

Ancona

*****Fortuna**
Piazza Roselli 15
☎ 07 14 26 63
FAX 07 14 26 62, 57 Z.
Zentral gelegen, komfortabel eingerichtet.

Aquileja

*****Patriarchi**
Via Giulia Augusta 12
☎ 04 31 91 95 95
FAX 04 31 91 95 96
E-mail: info@hotelpatriarchi.it
23 Z.
Familienbetrieb mit behaglicher Atmosphäre. Für das leibliche Wohl sorgt das hauseigene Restaurant (bekannt für seine Fischspezialitäten). Voll- oder Halbpension möglich.

Ascoli Piceno

Agriturismo Villa Cicchi
Abazia di Rosara
Salaria Superiore 137
☎ 07 36 25 22 72
FAX 07 36 24 72 81
E-mail: villacicchi@libero.it
6 Z., Preis entspricht ***
Etwas außerhalb von Ascoli Piceno, in einer bezaubernden Hügellandschaft, liegt diese charakteristische Villa aus dem 17. Jh. (Abb. S. 184). Die Zimmer sind sehr einfach und nicht alle mit eigenem Bad. Gegessen wird im Sommer auf einer großen Aussichtsterrasse (eigene Erzeugnisse).

Bibione

*****Bembo**
Corso Europa 53
☎ 043 14 34 18
FAX 043 14 35 38, 74 Z.
Angenehmes Mittelklassehotel in der zweiten Reihe hinter dem Strand. Zimmer neu renoviert und mit Klimaanlage. Wer keine Lust auf Strand hat, kann sich am Pool vergnügen.

Caorle

*****Delfino**
Lungomare Trieste 11
☎ 04 21 21 01 82
FAX 04 21 21 01 83
www. delfinhotel.com, 35 Z.
Angenehmes Hotel direkt hinter der Spiaggia di Levante. Vor ein paar Jahren komplett renoviert und geschmackvoll eingerichtet. Ganzjährig geöffnet.

****Nederland**
Via V. Alfieri 6
☎ 042 18 11 39
FAX 04 21 21 08 60, 53 Z.
Das einfache, aber gut geführte Hotel liegt zwei Querstraßen hinter dem Strandweg. Gute traditionelle Küche.

Cattolica

*****Grand Hotel Diplomat**
Via del Turismo 9
☎ 05 41 96 22 00
FAX 05 41 96 74 45
E-mail: diplomat@novacomp.it
89 Z. Mitten im Grünen und trotzdem direkt am Strand liegt dieses große, aber sehr familienfreundliche Haus. Im 6. Stock ist ein Restaurant mit herrlichem Ausblick. Man darf auch Hunde mitbringen.

*****Hotel Maxim**
Via Facchini 7
☎ 05 41 96 21 37
FAX 05 41 96 76 50
E-mail: maxim@hi-net.it, 66 Z.
Gepflegtes Hotel mit Atmosphäre und schöner Zimmerausstattung. Neben einem Schwimmbad gibt es auch einen Fahrradverleih und einen Kinderspielplatz.

Cervia

*****Monique**
Viale Belfiore 23
☎ 05 44 97 12 24
FAX 054 47 16 83
www.hotelmonique.com, 37 Z.
Ruhig gelegenes, familiär geführtes Haus mit einfachen,

aber sauberen Zimmern. Das Frühstück kann man in dem hübschen Garten einnehmen.

****Raffaella**
Via Monreale 4
☎ 054 47 23 08
FAX 054 47 19 09
E-Mail: rafforti@it, 24 Z.
Die kleine, sympathische Pension in einem grünen Seitensträßchen hat ihren Namen von einer der beiden Schwestern, die das Hotel führen. Spartanische Zimmer mit Steinfußboden, aber TV und Balkon. Auch Zimmer mit vier Betten.

Cesena

****Cappello**
Piazza del Popolo/
Viale Mazzoni 1
☎ 054 72 10 16
FAX 054 72 11 58, 13 Z.
Kleines Hotel mitten in der Altstadt mit Blick auf die Rocca. Spartanische und saubere Zimmer, alle mit Fernseher, Bad und Telefon. Das Frühstück wird im Café nebenan eingenommen.

Cesenatico

*****Stresa**
Viale Carducci 35
☎ / FAX 05 47 67 22 02, 20 Z.
www.cesenaticohotel.com

Cesenatico (Fts.)

Kleines, familiäres Hotel in einer alten Villa mit reizendem Gärtchen und großer Sonnenterrasse zur Meerseite. Zimmer nur mit Ventilator, keine Klimaanlage.

Chioggia

******Grande Italia**
Piazzetta Vigo 1
☎ 041 400 515
FAX 041 400 185
57 Z. und Suiten
www.hotelgrandeitalia.com
Das beste (und zentralste) Haus am Platz. Die Zimmer wurden stilvoll und komfortabel renoviert, am schönsten logiert man in denen mit Blick auf die Lagune oder auf die Piazzetta. Restaurant und Fitnessraum im Haus.

*****Sole**
Viale Mediterraneo 9
☎ 041 491 505
FAX 04 14 96 67 60
www.hotel-sole.com, 62 Z.
Hotel direkt hinter dem Strand von Chioggias Seebad Sottomarina. Schöne Zimmer, üppiges Frühstücksbuffet, eigene Parkgarage.

Comacchio

Il Ponticello
Via Cavour
☎ 05 33 31 40 80
FAX 05 33 31 27 04
4 Z., DZ ca. 80 €
Winzige Pension mitten in der Altstadt von Comacchio. Jedes der vier Zimmer ist unterschiedlich eingerichtet.

Fano

******Hotel Elisabeth Due**
Piazzale Amendola 2
☎ 07 21 82 31 46
FAX 07 21 82 31 47
Das Hotel Elisabeth Due liegt nur wenige Meter vom Hafen und vom Strandbad entfernt.

Fermo

*****Royalloc. Casabianca di Fermo**
Piazza Piccolomini 3
☎ 07 34 64 22 44
FAX 07 34 64 22 54
56 Z.
Direkt in Fermo gibt es wenige Hotels. Dieses moderne Haus liegt etwas außerhalb am Strand von Lido di Fermo. Das Restaurant bietet neben einer guten Küche einen wunderschönen Meeresblick. Voll- oder Halbpension möglich.

Grado

******Villa Erica**
Viale Dante Alighieri 69
☎ 043 18 44 44
FAX 043 18 01 80
31 Z.
Das stilvolle, sehr persönlich geführte Haus mit einem sehr guten Restaurant ist seit 1907 eine der schönsten Adressen mitten in Grado.

*****Park Spiaggia**
Via Mazzini 1
☎ 043 18 23 66
FAX 043 18 58 11
www.hotelparkspiaggia.it
30 Z.
Nur wenige Schritte vom Strand entfernt und zugleich mitten in Grado gelegenes, gepflegtes Hotel. Beliebt und schnell ausgebucht.

*****Marea**
Via dei Proveditori 6
☎ und FAX 043 18 12 06, 16 Z.
Kleines Hotel am Uferdamm. Einfache, aber saubere Zimmer, zum Teil mit Meerblick. Schön sitzt man im Frühstücksraum mit seinen kleinen Balkonen. Zu Ferienzeiten schnell ausgebucht.

Grado (Fts.)

*****Adriaco**
Viale delle Pleiadi 11
Grado-Pineta
☎ 043 18 12 10, FAX 043 18 12 14
20 Z.
Familienpension im Stadtteil Pineta, etwa 100 m vom Strand entfernt. Die Zimmer sind einfach, aber fast alle mit eigenem Balkon. Gegessen wird auch auf der Gartenterrasse.

Jesi

*****Federico II**
Via Ancona 100
☎ 07 31 21 10 79
FAX 073 15 72 21
E-mail: htl.federico@pieralisi.it
124 Z. Hotel in zentraler Lage mit komfortablen, vollklimatisierten Zimmern, Fitnesscenter und ausgezeichnetem Spezialitätenrestaurant.

Jesolo

Mit rund 400 Hotels ist das Unterkunftsangebot in Jesolo nahezu unüberschaubar. Unter den Drei- und Vier-Sterne-Häusern gibt es reichlich Auswahl. Wer es lieber etwas ruhiger und grüner hat, sollte ein Hotel im Osten der Badestadt ansteuern.

******Casa Bianca al Mare**
Piazzetta Casa Bianca 1
☎ 04 21 37 06 15
FAX 04 21 37 16 59, 50 Z.
www.hotelcasabianca.com
Eines der ältesten und mit seiner Zuckerbäckerarchitektur eines der markantesten Hotels in Jesolo. Herrliche Terrasse direkt hinter dem Hotelstrand.

******Gallia**
Via del Cigno bianco 3
☎ 04 21 96 10 18
FAX 04 21 36 30 33
www.hotelgallia.com
42 Z.
Sehr elegantes Haus im Osten Jesolos mit einem herrlichen schattigen Garten unter alten Pinienbäumen.

*****Villa Sorriso**
Via A. Bafile X 13
☎ 04 21 38 06 54
FAX 04 21 38 08 17
www. villasorriso.com
20 App., 12 Z.
Gepflegte Hotel- und Appartementanlage unmittelbar hinter dem Strand, den man von der großzügigen Terrasse aus direkt betreten kann.

Lignano

*******Hotel Greifloc. Pineta**
Arco del Grecale 25
☎ 04 31 42 22 61
FAX 04 31 42 72 71
E-mail: greif@gropo.it
91 Z., 18 Appartements
In einem riesigen Park direkt am Meer liegt das einzige Fünf-Sterne-Hotel von Lignano, u. a. mit sehr schönem Schwimmbad.

*****La Goletta**
Viale Italia 44
Ligniano Sabbiadoro
☎ 043 17 12 74
FAX 043 17 31 80, 18 Z.

Sehr gepflegte, nette kleine Frühstückspension direkt am Jachthafen.

Lignano (Fts.)

*****Bella Venezia Mare**
Lignano-Pineta
Arco del Grecale 18/A
☎ 04 31 42 21 84
FAX 04 31 42 23 52, 45 Z.
www.bellavenezia.lignano.it
Geschmackvoll eingerichtetes Hotel mit Garten unter Pinien und kleinem Pool. Ruhige Lage. Alle Zimmer klimatisiert.

Macerata

******Hotel Claudiani**
Via Ulissi 8
☎ 07 33 26 14 00
FAX 07 33 26 13 80
E-mail:
hotelclaudiani@tiscalinet.it
40 Z.

Das zentral gelegene Hotel gehört zu den Topadressen in Macerata. Die Zimmer sind stilvoll eingerichtet und mit allem Komfort ausgestattet. Die zwei märchenhaften Suiten haben jeweils eine eigene Terrasse, von der sich ein traumhafter Ausblick auf die Hügellandschaft um Macerata bietet. Garagenplatz gegen Aufpreis.

Numana

▶ Riviera del Conero

Padua

*****Giardinetto**
Prato della Valle 54
☎ 049 65 67 66
FAX 049 65 69 72, 18 Z.
Hübsches Hotel, in einem kleinen Park gelegen.

****Casa del Pellegrino**
Via Cesarotti 21
☎ 049 875 21 00
FAX 049 875 38 24, 100 Z.
Vor allem Pilger quartieren sich in der großen, gegenüber der Basilika gelegenen Herberge ein. Die Zimmer sind sauber und einfach.

****Igea**
Via Ospedale 87
☎ 04 98 75 05 77
FAX 049 66 08 65, 50 Z.
www.hoteligea.it
Direkt beim Ospedale Civile gelegenes und deshalb sehr einfach zu findendes, angenehmes Stadthotel. Das Zentrum von Padua ist zu Fuß erreichbar, die Zimmer sind klimatisiert.

Pesaro

*****Bellevue**
Viale Trieste 88
☎ 072 13 19 70
FAX 072 13 701 44
www.bellevuehotel.net
30 Z.
Das Bellevue liegt am südöstlichen Rand von Pesaro direkt am Strand. Das Hotel ist familiär geführt. Besonders auffällig sind die mit Mosaiken ausgestatteten Balkone, die die Adria ganz nahe rücken.

******Pesaro Hotel Cruiser**
Viale Trieste 282
☎ 07 21 38 81 00
FAX 07 21 38 86 00
www.cruiser.it, 120 Z.
Das Cruiser liegt ganz zentral in Pesaro, vom Strand nur durch die Uferpromenade getrennt. Es ist modern eingerichtet und hat dennoch Charakter. Alle Zimmer sind klimatisiert.

Pescara

****Bellavista**
Via Riviera 213
☎ 08 54 71 26 41
FAX 08 57 36 28, 33 Z.
Dieses kleine, freundliche Hotel direkt am Meer ist nur wenige Kilometer von der lebhaften Innenstadt entfernt. Die Zimmer sind einfach, aber liebevoll eingerichtet.

Portogruaro

*****Spessotto**
Via Roma 2
☎ 042 17 10 40
FAX 042 17 10 53, 60 Z.
Schönes altes Hotel im Zentrum des Städtchens. Ganzjährig geöffnet.

Ravenna

****Cappello**
Via IV Novembre 41
☎ 05 44 21 98 13
FAX 05 44 21 98 14, 7 Z.
Kleines stilvolles Hotel in zentraler Lage mit individuell eingerichteten Zimmern.

****Diana**
Via Girolamo Rossi 47
☎ 054 43 91 64 und -19
FAX 05 44 00 01, 33 Z.
Geschmackvoll eingerichtetes Haus mit schönen Mansardenzimmern im historischen Zentrum.

Riccione

*****Tulipe**
Viale Colombo 9
☎ 05 41 60 68 63
In einer ruhigen Straße gelegenes Mittelklassehotel.

*****Anna**
Viale Trento Trieste 48
☎ und FAX 05 41 60 15 03
E-Mail: hanna@guest.net
Sehr hübsch im "Gartenviertel" von Riccione gelegenes Hotel. Ganzjährig geöffnet.

Rimini

*******Grand Hotel di Rimini**
Parco Federico Fellini
☎ 054 15 60 00
FAX 054 15 68 66
117 Z. und Suiten
www.iper.net/grandhotel

Das 1908 erbaute Grand Hotel ist *die* Traditions-Nobelherberge von Rimini, mittlerweile erweitert um einen Vier-Sterne-Trakt mit nochmals 48 Zimmern. Von der majestätischen Sonnenterrasse blickt man in den herrlichen, parkartigen Garten. Schwimmbad im Freien, großzügiger Privatstrand und Tennisplätze.

******Ambasciatori**
Viale Vespucci 22
☎ 05 41 555 61
FAX 05 41 237 90, 62 Z.
Modernes Haus in einem Park, nur wenige Meter vom Meer entfernt.

*****Jana**
Viale Giusti 13
☎ 05 41 39 06 30
FAX 05 41 39 15 90, 53 Z.
Völlig neu renoviertes, ganzjährig geöffnetes Hotel, etwa 200 m vom Strand entfernt. Alle Zimmer haben Klimaanlage.

Rimini (Fts.)

Golden Tulip Waldorf
Viale Vespucci 28
☎ 0541 54 72 5
FAX 0541 5 31 53
E-mail: info@waldorf.it, 60 Z.
Nobles Hotel in guter Lage. Neben allen Einrichtungen eines Urlaubshotels mit Schwimmbad gibt es ein hervorragendes Restaurant. Schön eingerichtete Zimmer, Tresor und Videorecorder vorhanden.

****Hotel Villa Lalla**
Viale Vittorio Vento 22
☎ 05 415 51 55
FAX 0541 2 35 70
www.villalalla.com, 35 Z.
Charmantes Hotel in einer restaurierten Villa in der typischen Gartenstraße von Rimini. Zimmer klimatisiert.

Riviera del Conero

*****Monteconero**
Badia di S. Pietro, Sirolo
Via Monteconero 26
☎ 071 9 33 05 92
FAX 071 9 33 03 65, 46 Z.
Oberhalb von Sirolo auf dem Monte Conero, ca. 20 km südlich von Ancona. Das Hotel befindet sich teilweise in den Räumen einer ehemaligen Abtei. Von der Terrasse grandioser Ausblick über die Küste.

*****Giardino**
Via Circonvallazione 19
Numana
☎ und FAX 071 9 33 10 81/2
48 Z. Sehr gepflegtes und ruhig im oberen Ortsteil gelegenes Hotel. Der herrliche Garten mit Pool ist eine echte Alternative zum Strand.

****Villa Sirena**
Via del Golfo 24
☎/FAX 071 9 33 08 50, 50 Z.
In optimaler Position mit Privatstrand liegt dieses einfache Familienhotel. Tipp: Unbedingt nach einem Zimmer mit Balkon fragen!

San Benedetto del Tronto

*****Hotel Sunrise**
Via S. Giacomo 25
☎ 0735 65 73 47
FAX 0735 65 91 33
www.hotelsunrise.it, 46 Z.
Eines der wenigen Hotels, die direkt am Strand liegen. Fast alle Zimmer dieses modernen und angenehm geführten Hauses haben einen Balkon mit herrlichem Meerblick. Das reichhaltige Frühstücksbüfett wird im Sommer im Freien serviert. Schöne Gartenanlage. Voll- oder Halbpension möglich.

*****Excelsior**
Grand Hotel des Bains
Lungomare Rinascimento 137
☎ 0735 75 32 46
FAX 0735 75 32 47
www.grandhotelexcelsior.com
126 Z. Geschmackvolles Haus mit stilvollem Ambiente. In dem gepflegten Park gibt es ein Schwimmbad. Der Privatstrand ist durch die Strandpromenade getrennt.

San Marino

****Grand Hotel San Marino**
Viale Antonio Onofri 31
☎ 0549 99 24 00
FAX 0549 99 29 51, 63 Z.
Von einigen der komfortabel eingerichteten Zimmer genießt man einen unvergleichlichen Ausblick.

****Titano**
Contrada del Collegio 21,
☎ 0549 99 10 06,
FAX 0549 99 13 75; 46 Z.
Alteingesessenes Hotel mit Charme, im historischen Zentrum. Im Sommer Restaurant mit Panoramaterrasse.

Senigallia

*****Bice**
Viale Leopardi 105
☎ und FAX 07 16 52 21, 28 Z.
Eine echte Alternative zu den Strandhotels ist das am Anfang der Fußgängerzone gelegene Hotel mit großer Familientradition. Erst kürzlich komplett renoviert, entspricht es den Anforderungen eines modernen Hotels. Garage vorhanden.

Sirolo

► Riviera del Conero

Treviso

*****Al Giardino**
Via Sant'Antonio 300/a,
☎ / FAX 04 22 40 64 06, 30 Z.
Etwa 2 km südlich vom Stadtzentrum entfernt, mit Garten und Restaurant.

****Campeol**
Piazza Ancillotto 30
☎ 042 25 66 01
FAX 04 22 54 08 71, 14 Z.
Kleines, einfaches Hotel im Zentrum bei der Piazza dei Signori. Dem Besitzer gehört auch das gegenüberliegende Restaurant Le Beccherie, in dem regionale Klassiker serviert werden.

Triest

*****Colombia**
Via della Geppa 18
☎ 040 36 93 33
FAX 040 36 96 44
40 Z.
Das erst kürzlich neu ausgestattete Hotel liegt südöstlich der Stazione Centrale.

****Al Teatro**
Capo di Piazza G. Bartoli 1
☎ 040 36 62 20,
FAX 040 36 65 60, 45 Z.
Ganz zentral bei der Piazza dell'Unità d'Italia gelegen. Die Zimmer sind unterschiedlich groß, einfach ausgestattet und sauber.

****Villa Gruber**
Duino 61/F (ca. 20 km nordwestlich von Triest)
☎ 040 20 81 15
FAX 0402 07 11 19
7 Z. (Preisniveau eher ***)

Inmitten eines herrlichen Gartens und direkt an dem kleinen Hafen von Duino liegt dieses zauberhafte Haus. Wer individuelle Quartiere liebt, muss sich hier unbedingt einmieten! Die Zimmer schmücken originale Bilder, Teppiche und Grafiken. Bücherwürmer finden jede Menge Lesestoff und den Sonnenuntergang kann man besonders schön vom Balkon in den obersten Zimmern genießen!

Urbino

******Bonconte**
Via delle Mura 28
☎ 07 22 24 63
FAX 07 22 47 82, 23 Z.
Die erste Adresse in der Altstadt, nahe der Stadtmauer.

*****Dei Duchi**
Via G. Dini 12
☎ 07 22 32 82 26
FAX 07 22 32 80 09, 77 Z.
Modernes Haus in Hügellage, wenige Kilometer nördlich des Zentrums; einige Zimmer mit herrlichem Ausblick auf die Umgebung.

Venedig

*****Gritti Palace**
Campo Santa Maria del Giglio
Stadtteil San Marco
☎ 041 79 46 11
FAX 04 15 20 09 42, 96 Z.
www.luxurycollection.com/grittipalace
Der im Auftrag des Dogen Andrea Gritti zu Beginn des 16. Jh.s erbaute Palast liegt direkt am Canal Grande und gehört zu den Hotellegenden in Venedig.

****Londra palace**
Riva degli Schiavoni
Stadtteil Castello
☎ 04 15 20 05 33
FAX 04 15 22 50 32, 71 Z.
Elegantes Stadthotel mit britischer Atmosphäre und Tradition. Hier komponierte Tschaikowsky seine vierte Symphonie. Blick über die Uferpromenade auf die Lagune.

***La Fenice et des Artistes**
Campiello della Fenice 1936
☎ 04 15 23 23 33
FAX 04 15 20 37 21, 70 Z.
Das Hotel liegt ganz in der Nähe des Theaters und besteht aus vier alten Palazzi, die sich um einen schönen Innenhof mit Garten gruppieren.

***Locanda la Corte**
Fondamenta Felzi
☎ 04 12 41 13 00
FAX 04 12 41 59 82
14 Z.
www.locandalacorte.it
Neues Hotel in einem alten Stadtpalast im Stadtteil Castello. Guter Service zu moderaten Preisen.

***Abbazia**
Calle Priuli detta dei Cavalletti 66/67
☎ 04 17 17 33 33
FAX 04 17 17 94 49
36 Z.
Das Hotel in einem ehemaligen Karmeliterkloster liegt in einer engen Gasse östlich vom Bahnhof. Die Zimmer haben zum Teil einen schönen Blick auf den Garten.

Seguso
Dorsoduro 779
Fondamenta
Zattere ai Gesuati
☎ 04 15 28 68 58
FAX 04 15 22 23 40
28 Z.
Das Hotel, Schauplatz in Patricia Highsmiths Kriminalroman “Venedig kann sehr kalt sein”, liegt wunderschön am Giudecca-Kanal.

Jugendherbergen

Jugendherbergen findet man an der italienischen Adria nur in den größeren Städten – in Triest, Venedig, Padua, Ravenna, Ancona und in Ascoli Piceno sowie in dem Wallfahrtsort Loreto. Die italienischen Jugendherbergen (Alberghi per la Gioventù) sind dem Internationalen Jugendherbergsverband angeschlossen. Für die Übernachtung benötigt man einen internationalen Jugendherbergsausweis, der u. a. beim Deutschen Jugendherbergswerk in Detmold erhältlich ist.
Die Preise schwanken abhängig von Lage und Ortsgröße; in der Regel liegen sie zwischen ca. 8 und 15 € pro Person und Tag. Eine Voranmeldung ist vor allem in der Saison unbedingt ratsam. Ein Verzeichnis mit Adressen der italienischen Jugendherbergen kann man beim Deutschen Jugendherbergswerk anfordern.

Auskunft

Associazione Italiana Alberghi per la Gioventù
Via Cavour 44, I-00184 Roma,
☎ 06 4871152,
FAX 06 488 04 92
www.travel.it/hostels

Deutsches Jugendherbergswerk
Postfach 1455
D-32704 Detmold
☎ 0 52 31/ 993 60
FAX 99 36 66
www.djh.de

DJH Reiseservice
Bismarckstr. 8
32756 Detmold
☎ 0 52 31/74 01 0
FAX 74 01 49

Kinder

Kinderparadies

Die Adriaküste ist ein beliebtes Familienurlaubsziel, und das aus gutem Grund. Kinder sind überall sehr willkommen und die meisten Badeorte auf die kleinen Feriengäste bestens eingerichtet. Bereits die Auswahl an Ferienwohnungen, Appartements, Pensionen und Hotels mit familiengerechten Mehrbettzimmern ist riesig. An der gesamten Küste fallen die Strände sehr flach ins Meer ab – ideal für kleine Kinder. Spielplätze, Rutschen und Animationsprogramme sorgen dafür, dass es den Kleinen am Strand nicht langweilig wird. Einige Badeorte, insbesondere in der Emilia-Romagna, besitzen ▶ Vergnügungs- und/oder Wasserparks sowie – vor allem für ältere Kinder und Jugendliche interessant – Rollschuh- und Inlineskatebahnen. Delphinarien gibt es z. B. in Rimini, Riccione und Cattolica.

Unterhaltung für die Kleinen gibt es fast überall...

Informationen

Die Internetseite www.bambininriviera.it informiert sehr detailliert über die Kinder-Freizeitangebote in den Badeorten der Emilia-Romagna.

Kuren

An der Adriaküste gibt es eine Reihe von Orten mit Thermalquellen und Kureinrichtungen, so u. a. Grado, Jesolo, Bibione, Cervia, Riccione oder Milano Marittima. Die bekanntesten Thermalkurorte im Hinterland sind Abano Terme und Montegrotto Terme südlich von Padua. Die bei der ENIT (▶ Auskunft) erhältliche Broschüre "Thermalorte Italia" stellt sie alle vor.
Genauere Auskünfte erteilen auch die regionalen und örtlichen Fremdenverkehrsbüros (▶ Auskunft).

Mietwagen

Um in Italien einen Mietwagen zu bekommen, muss man mindestens 21 Jahre alt sein, einen nationalen Führerschein sowie eine Kreditkarte besitzen und ein Jahr Fahrpraxis haben. Bei den internationalen Autovermietern kann man bereits von Deutschland, Österreich und der Schweiz aus buchen. Mietstationen gibt es in allen größeren Städten und Seebädern. In den örtlichen Telefonbüchern findet man Autovermieter unter "Autonoleggio".

Reservierung in Deutschland

National Car Rental
☎ 08 00/464 73 36
www.nationalcar-europe.com

Avis
☎ 018 05/55 77 55
www.avis.com

Budget
☎ 0 18 05/24 43 88
www.budget.de

Europcar
☎ 0180/580 00
www.europcar.de

Hertz
☎ 0 18 05/33 35 35
www.hertz.de

Sixt
☎ 0180/525 25 25
www.e-sixt.de

Notrufe

Auf den ersten Seiten der örtlichen Telefonbücher (elenco telefonico) sind unter dem Stichwort "avantielenco" die Notrufnummern der jeweiligen Orte angegeben.

Allgemeiner Notruf
☎ 113 (landesweit)

Polizeinotruf
(carabinieri, soccorso pubblico)
☎ 112 (landesweit)

Feuerwehr
(vigili fuoco)
☎ 115 (landesweit)

Unfall und Krankendienst
☎ 118 (landesweit)

Pannenhilfe des ACI
(soccorso stradale)
☎ 800 116 800 (gebührenfrei)

ADAC Pannenhilfe und Notruf
☎ 02 66 15 91

ACE-Notrufzentrale Stuttgart
Kranken- und Fahrzeugrückholdienst
☎ 00 49/18 02/34 35 36

ADAC-Ambulanzdienst München
☎ 00 49/89/76 76 76

DRK-Flugdienst Bonn
☎ 00 49/228/23 00 23

Deutsche Rettungsflugwacht Stuttgart
☎ 00 49/711/70 10 70

Ärztliche Hilfe ▶ Gesundheit

Öffnungszeiten

Apotheken

Apotheken (Farmacia) haben meistens Mo. – Fr. 9^{00} – 12^{30} Uhr und 16^{00} – 19^{30} Uhr geöffnet. Sie schließen wechselweise mittwochs und samstags. Ein Verzeichnis mit den nachts und feiertags geöffneten Apotheken (Farmacie di turno) hängt in den Schaufenstern oder an den Türen aller Apotheken aus.

Einzelhandelsgeschäfte

Die Öffnungszeiten der Einzelhandelsgeschäfte sind sehr unterschiedlich. Die meisten Händler haben ihre Läden 9^{00} – 12^{30} Uhr und 16^{00} – 19^{00} Uhr geöffnet, in den touristischen Zentren oft auch länger. Am Samstagnachmittag und Sonntag sind Geschäfte normalerweise geschlossen, viele auch am Montagvormittag (so zum Beispiel in Venedig). In den Seebädern kann man im Juli und August meist auch samstags und sonntags einkaufen, oft sogar bis spät in die Nacht.

Museen

Die Öffnungszeiten der Museen, insbesondere der kleinen, variieren sehr stark und ändern sich – leider – auch häufig. Wer ganz sichergehen will, sollte vorher bei der Touristeninformation vor Ort anrufen. Zur Orientierung: Die meisten Museen sind zwischen 9^{00} und 19^{00} Uhr geöffnet, in der Regel mit einer Mittagspause zwischen 13^{00} und 15^{00} bzw. 16^{00} Uhr. In den Sommermonaten gelten oft abends längere Öffnungszeiten. Letzter Einlass ist in vielen Fällen eine halbe Stunde vor dem Schließen. Montags sind fast alle Museen geschlossen oder nur vormittags geöffnet. Viele kleinere Museen sind nur vormittags oder nach Vereinbarung zugänglich. In solchen Fällen helfen die örtlichen Touristenbüros weiter.

Ausgrabungen

Archäologische Sehenswürdigkeiten sind meist Di. bis So. von 9^{00} Uhr bis eine Stunde vor Sonnenuntergang zu besichtigen.

Banken

▶ Geld

Post

Die italienischen Postämter sind nur für den Post- und Paketdienst sowie für die Geschäfte der Postbank zuständig. Sie sind Mo.–Fr. 8^{25}–13^{45} und Sa. 8^{25}–12^{00} Uhr geöffnet. Am Monatsletzten schließen alle Postämter um 12^{00} Uhr.
Briefmarken (Francobolli) kauft man in Postämtern oder – schneller – in Tabakwarengeschäften, die durch ein "T"-Schild (Tabacchi) gekennzeichnet sind. Der Vatikan und San Marino haben eigene Postsysteme. Ein Brief bis 20 g sowie eine Postkarte von Italien ins europäische Ausland kosten 0,41 €, Luftpostsendungen 0,62 €.

Reisedokumente

Personalpapiere

Obwohl es für EU-Bürger keine Passkontrollen mehr gibt, sollte man nicht ohne Personalpapiere nach Italien reisen. Für Deutsche, Österreicher und Schweizer genügt der Personalausweis. Kinder unter 16 Jahren müssen einen Kinderausweis besitzen oder im Elternpass eingetragen sein.

Reisedokumente (Fortsetzung), Fahrzeugpapiere

Mitzuführen sind der Führerschein, der Kraftfahrzeugschein und die Internationale Grüne Versicherungskarte. Kraftfahrzeuge müssen das ovale Nationalitätskennzeichen tragen, sofern sie kein Euro-Kennzeichen haben.

Haustiere

Wer Haustiere (Hund, Katze) nach Italien mitnehmen will, benötigt für diese ein amtstierärztliches Gesundheitszeugnis (höchstens 30 Tage alt), ferner ein mindestens 20 Tage und höchstens elf Monate vor der Einreise ausgestelltes Tollwut-Impfzeugnis. Maulkorb und Leine sind mitzuführen.

Restaurants, Cafés, Bars

Die Auswahl an Restaurants lässt in Italien kaum Wünsche offen. Naturgemäß ist es überall dort, wo man mit vielen Feriengästen rechnet, teurer und bisweilen auch schlechter als abseits der Touristenströme. Ab und zu von der Küste ins Hinterland zu fahren, lohnt sich also auch unter kulinarischen Gesichtspunkten. Neben Restaurants (Ristorante) gibt es Trattorien (Trattoria), Osterien (osteria) und die als "Tavola calda" (warme Küche) bezeichneten Lokale. In den Städten und in den großen Badeorten findet man auch Pizzerien und Selbstbedienungsrestaurants. Für einen Snack oder eine Tasse Kaffee zwischendurch setzt man sich in ein Café oder stellt sich an den Tresen einer Bar. Eine Besonderheit sind die so genannten Önotheken (enoteche) in Italien, Probierstuben, in denen man landestypisch essen und die Weine der Region probieren (und kaufen) kann.

In italienischen Restaurants ist es unüblich, sich seinen Tisch selbst auszusuchen. Man wartet, bis der Kellner den Platz anweist. Zu dem normalen Preis für ein Gericht werden teilweise noch Bedienung (servizio) und das Gedeck (coperto) zusätzlich berechnet.

Meist gibt es Mittagessen (pranzo) von 12^{30} bis 14^{30} Uhr, abends (cena) geht es frühestens um 19^{30} Uhr los. In den Städten ist die Küche lange geöffnet, in kleineren Orten kann es schwierig werden, wenn man erst nach 21^{00} Uhr kommt.

Ancona

Teatro Strabacco
Via Oberdan 2
☎ 071 56748
Eine gemütliche Osteria im Herzen der Altstadt, wo der Wirt auch Nachtschwärmer zu später Stunde mit frischem Fisch, hausgemachter Pasta und selbst gemachtem Brot verwöhnt. Mo. Ruhetag.

La Moretta
Piazza del Plebiscito 52
☎ 071 20 23 17
Typische Spezialitäten aus den Marken werden in dem 100 Jahre alten Restaurant aufgetischt. So. Ruhetag.

Aquileja

La Colombara
Loc. Colombara
Via San Zili 42
☎ 04 31 94 15 13
Leckere Fischgerichte und eine anständige Weinkarte bietet dieses Restaurant, das allerdings auch nicht ganz billig ist. Kreditkarten werden akzeptiert.
Mo. Ruhetag.

Ascoli Piceno

C'era una Volta
Piagge, Via Piagge 236
☎ 07 36 26 17 80
Rustikales Lokal mit phantastischer Aussicht von der Terrasse. Lammspezialitäten, Polenta, Dinkel oder Lauchsuppe sind nur einige der Klassiker des Hauses. Di. Ruhetag.

Caffè Meletti
Piazza del Popolo 17
☎ 07 36 25 85 79
Ob für einen Aperitivo, einen Anisetta oder einen Espresso – einen Besuch in dem ruhmreichen Café am wunderschönen Hauptplatz von Ascoli Piceno darf man auf keinen Fall versäumen.

Bibione

La Laguna
Via Laguna 16
☎ 04 31 43 09 62
Restaurant mit exzellenter Fischküche. Besonders köstlich ist das Risotto alla marinara (Meeresfrüchterisotto).

Caorle

Enotria
Campo Sponzetta
☎ 042 18 41 63
Wenn Sie an einem winzigen Platz mitten im alten Zentrum von Caorle auf eine leuchtend gelbe Fassade stoßen, dann haben Sie dieses Restaurant gefunden! Einfache, aber frische Küche, Sitzplätze im Freien.

Tituta
Viale Panama 2
☎ 04 21 21 00 22
Perfekte Mischung aus der typischen Fischküche der Lagune und Gemüsespezialitäten aus dem Landesinneren. Di. Ruhetag.

Cesenatico

La Buca
Corso Garibaldi
(Porto Canale)
☎ 054 78 24 74
Am romantischen alten Kanalhafen von Cesenatico sitzt man am besten im Freien, zum Beispiel im Restaurant La Buca, wo in angenehmer Atmosphäre köstliche Fischspezialitäten serviert werden.
Mo. Ruhetag.

La Cantina del Porto
Enoteca - Ristorante
Via M. Moretti
☎ 054 78 20 47
Eines der ältesten Restaurants am Porto Canale, 1884 gegründet. Die Einrichtung ist rustikal, es gibt auch Sitzplätze am Wasser.

Chioggia

Ristorante und Trattoria Eden
Calle Airoldi 152/B
☎ 04 15 50 04 25
Kleines, unscheinbares Restaurant in einer Seitengasse des Corso del Popolo. Fischreiche Hausmannskost zu sehr moderaten Preisen. Natürlich gibt es auch Anguilla (Aal)! Mo. Ruhetag.

Duino

▶ Triest

Fano

Sandro il Pescatore
Viale Adriatico 110
☎/FAX 07 21 80 02 73
An einem kleinen Platz unweit des Hafens liegt das gute Fischrestaurant, das mit den Meerestieren der Adria vertraut macht. Dazu kann man zum Beispiel einen Metauro, einen Weißwein aus der Region Fano, trinken.

Fermo

Locanda dell Pallo
Piazzale Azzolino 6
☎ 07 34 22 92 21
In charakteristischen Gewölberäumen werden landestypische Gerichte aus den Marken serviert. Kein Fisch, nur Fleischgerichte. So. Ruhetag.

L'Enoteca Bar a Vino
Piazza del Popolo
Das Lokal im französischen Bistrostil liegt am einzigartigen Hauptplatz von Fermo. Auf den Plätzen draußen kann man das Treiben auf der Piazza beobachten. Peppe Rossi und Partnerin Roberta verwöhnen ihre Gäste gerne mit ausgefallenen Wurst- und Käsesorten und erstklassigen Weinen. Der Hit ist ein Degustationsmenü mit fünf Gängen und drei dazu passenden Weinen. Mo. Ruhetag (nicht im Sommer).

Giulianova

Gran Caffè
Via Gramsci 1
Giulianova Alta
☎ 08 58 00 35 10
Ein Café, wie es viele gibt in Italien, aber mit einer großzügigen Terrasse, von der man einen tollen Blick über das Seebad Giulianova und die Adriaküste genießt.

Hostaria del Re Vittorio
Via Largo del Forno
☎ 08 58 00 23 55
Ebenfalls in der etwas höher gelegenen Altstadt, nur wenige Schritte von der Piazza della Libertà, liegt dieses graziöse Lokal. Mit Liebe für gutes Essen und erlesenen Weine wird die Hostaria geführt. Im Sommer sitzt man schön im Freien, Kreditkarten werden akzeptiert.

Grado

Savial
Campo S. Niceta 14
☎ 043 18 51 60
Familie Marchesan gönnt sich keinen Ruhetag, so dass man im Savial an jedem beliebigen Wochentag etwas zu essen bekommt. Am lebendigsten und begehrtesten sind die Sitzplätze draußen auf der intimen Campo S. Niceta.

Grottammare

Osteria dell'Arancio (Abb. S. 136)
Grottammare Alta
Piazza Peretti
☎ 07 35 63 10 59
Abseits des Tumults an der Küste, an der stimmungsvollen Piazza Peretti, werden in diesem hübschen, etwas nostalgisch anmutenden Restaurant ausgefallene Köstlichkeiten aufgetischt. Hier wird Kochen zur Kunst. Das täglich wechselnde Degustationsmenü besteht aus vier Gängen und hervorragenden Weinen. Kreditkarten werden akzeptiert. Mi. Ruhetag (nicht im Sommer).

Fleurie
Tapas- und Wine-Bar
Piazza Peretti
Nach dem Essen in der Osteria dell'Arancio sollte man keineswegs gleich den Heimweg antreten. Denn: Am gleichen Platz gibt es eine Bar mit einer ausgezeichneten Wein-

und Sektkarte, dazu kleine Leckerbissen und angenehme Musik bis 2⁰⁰ Uhr nachts. Note Eins für die Innenausstattung. Mi. Ruhetag.

Locanda Borgo Antico
Via Santa Lucia 1
☎ 07 35 63 43 57
Versteckt in einer schmalen Altstadtgasse, nur wenige Meter von der Piazza Peretti entfernt, liegt dieses Restaurant. Feines Ambiente in altem Gemäuer, eine exquisite, experimentierfreudige Küche, hervorragende Weinauswahl, sehr freundlicher Service.

Jesi

Forno Ercoli
Piazza Nova 8
☎ 073 15 69 60
In der ehemaligen Bäckerei (Forno) werden verschiedene Wurst- und Käsesorten, frisches Gemüse und selbst gemachtes Dessert preisgünstig angeboten. Auch können Nachtschwärmer hier noch bis spätabends ein gutes Glas Verdicchio oder einen kleinen Imbiss zu sich nehmen. Mo. Ruhetag.

Caffè Imperial
Via Arco del Magistrato
☎ 07 31 43 69
Sehen und gesehen werden ist hier das Motto. Für einen Snack zwischendurch genau der richtige Platz. Empfehlenswert sind die Salatteller.

Lido di Jesolo

Alla Grigliata
Via Buonarroti 17
☎ 04 21 37 20 25
Ganz in der Nähe des Aqualandia Parks liegt dieses recht preisgünstige Lokal. Wie der Name schon verrät: Hier gibt es alles vom Grill, Fleisch, Gemüse und sogar gegrillte Salami. Kreditkarten werden akzeptiert. Mi. Ruhetag (nicht im Sommer).

Gelateria Lovat
Piazza I Maggio 15
Eine wichtige Adresse für Schleckermäuler! In der Eisdiele gibt es das beste Speiseeis weit und breit. Kein Wunder, denn die Eigentümer kommen aus Val Zoldana, einem Ort, der berühmt ist für seine Eisherstellung.

Lignano

Ristorante Bidin
Viale Europa 1
☎ 043 17 19 88
Seit 1960 steht Mamma Johle hier in Sabbiadoro in der Küche. Heute wird sie unterstützt von den Söhnen Marino und Luigino, die das Restaurant und die Enoteca leiten. Tipp: Auch wer den Anblick von Stockfisch scheußlich findet, sollte die Mousse di baccalà oder den Baccalà mantecato con polenta kosten. Nicht ganz billig. Mi. Ruhetag.

Ca' Tagliamento
Via Casabianca
☎ 04 31 42 80 69
Seinen Namen verdankt das Restaurant der Lage an der Mündung des Tagliamento. Empfehlenswert: die Aalgerichte. Di. Ruhetag.

Macerata

Da Rosa
Via Armaroli 17
☎ 07 33 26 01 24
In der kleinen Via Armaroli, nicht weit von der zentralen Piazza della Libertà, versteckt sich diese typische Trattoria. Sie wird mit viel italienischem Charme geführt, und die Küchentradition der Marken wird hier groß geschrieben. Empfehlenswert: Pappardelle mit Entenragout. Kreditkarten werden akzeptiert. So. Ruhetag.

Osteria dei Fiori
Via Lauro Rossi 61
☎ 07 33 26 01 42
Pistacoppi (so nennt man in Macerata gefüllte Tauben), in Kräutern geschmorte Schnecken oder das typische Gericht der Stadt, Pincisgras, sind nur einige der Köstlichkeiten, die Ignia Carducci seinen Gästen serviert. Optimales Preis-Leistungs-Verhältnis, Kreditkarten werden akzeptiert. So. Ruhetag (nicht im Sommer).

Misano Adriatico

Piccolo Bar Osteria
Viale Repubblica 61
☎ 05 41 61 01 22
Liebevoll eingerichtetes Restaurant. Den reizenden Garten schmückt ein steinalter Olivenbaum. Romagnolische Küche, von Fischgerichten geprägt. Sa. Vorbestellung nötig!

Padua

Enoteca Angelo Rasi
Riviera Paleocapa 7
☎ 049 871 97 97
Wem die Auswahl unter all den Weinen und Spezialitäten schwer fällt und neugierig ist, der bestellt am besten das Degustationsmenü. Zu jedem Gang wird ein passendes Glas Wein angeboten.
Mo. Ruhetag.

Pesaro

Al Molo da Peppe
Molo Levante
☎ 07 21 40 03 95
Direkt am Hafen gelegenes, einfaches Restaurant mit köstlicher Fischküche.
Kein Ruhetag.

Da Teresa
im Hotel Principe
Viale Trieste 180
☎ 072 13 00 96
Hervorragende, zum Teil gewagte Gerichte wie zum Beispiel hauchzarte, frittierte Calamaretti mit Pecorino und Balsamessig. Sonntagabend und Montag Ruhetag.

Antica Osteria la Guercia
Via Baviera 33
☎ 072 13 34 63
FAX 07 21 35 22
Das urige Lokal in unmittelbarer Nähe der Piazza del Popolo ist was Besonderes. Die Devise heißt nämlich: Essen wie anno dazumal. In rustikalem Ambiente werden leckere Speisen gereicht, die das Meer, aber auch die ländlichen Produkte der Marken einbeziehen.

Taverna del Pescatore
Borgata Casteldimezzo 23
☎ 07 21 20 82 16
FAX 07 21 20 81 00
www.cdmezzo.com/taverna
Das Restaurant mit erlesenen Fischspezialitäten liegt in dem Dorf Casteldimezzo an der Panoramastraße von Pesaro nach Gabicce. Was die Adria so hergibt – hier kann man es versuchen und genießen, noch dazu in herrlicher Umgebung.

Pescara

La Lumaca
Via delle Caserme 51
☎ 08 54 51 08 80
Eine Topadresse, die von Einheimischen gern besucht wird. Die Vorlage für die kreative Küche des Hauses bieten alte, aber verfeinerte abruzzische Rezepte. Besonders lecker schmeckt der Hirschschmorbraten, Entenbrust mit Orange oder auch der Stockfisch mit Paprika. Die Krönung ist das Dessert! Sehr gutes Preis-Leistungs-Verhältnis. Kreditkarten werden akzeptiert. Di. Ruhetag.

Osteria dei Miracoli
Corso Manthonè 57
☎ 08 56 69 86
In unmittelbarer Nähe des Geburtshauses von D'Annunzio inmitten der Altstadt ist dieser beliebte Treffpunkt zu finden. Wer nicht zu Abend essen will, kann auch nur eine der vielen köstlichen Nachspeisen zu sich nehmen. Im Sommer sitzt man schön im Freien. Kreditkarten werden akzeptiert. Di. Ruhetag.

Portogruaro

Café Sguerzi
Via Martiri 120
☎ 042 171 12 16
Um die hübsche Piazza della Repubblica auf sich wirken zu lassen, sollte man sich in dieses Café setzen. Mi. Ruhetag.

Portonovo

Il Laghetto
Via Portonovo
☎ 071 80 11 83
Einmalig schön liegt dieses Restaurant zwischen dem Meer und der Lagune. Auf schlicht gedeckten Tischen werden hervorragende Fischspezialitäten und gute Weine serviert. Am Wochenende sollte man unbedingt vorbestellen. Kreditkarten werden akzeptiert. Mo. Ruhetag (nicht im Sommer).

Ravenna

La Gardèla
Via Ponte Marino 3
☎ 05 44 21 71 47
Nur wenige Schritte von der Piazza del Popolo liegt das stets gut besuchte Restaurant. Fleisch vom Grill, frisches Gemüse und Fisch dominieren die phantasievolle, aber bodenständige Küche. Do. Ruhetag.

Ca' de'Vèn
Via Corrado Ricci 24
☎ 05 443 01 63
Sympathisches, rustikales Lokal in den alten Weinkellern des zentralen Palazzo Rasponi. Tempel der romagnolischen Weine und der Piadina romagnola, einer Art Fladenbrot, das mit Schinken oder Käse serviert wird. Mo. Ruhetag.

Riccione

Brasserie di Neri M. & C.
Via Ippolito Nievo 14/16
☎ und FAX 05 41 69 31 97
Stilvolles, aber auch nicht sehr preisgünstiges Restaurant am Rand der zentralen Fußgängerzone.
Mo. Ruhetag.

Rimini

Oberdan il Corsaro
Via Destra del Porto
☎ 05 41 278 02
In charakteristischem Ambiente gegenüber dem Kanal offeriert der Korsar erlesene Fischspezialitäten. In der Nachsaison Mi. Ruhetag.

Rimini (Fts.)

Osteria de Börg
Via Forzieri 12
☎ 054 15 60 74
Bodenständige Küche mit frischen Pastagerichten in einer Osteria im alten Borgo von San Giuliano. Freitags gibt es die beliebte Fischsuppe (Brodetto di pesce).
Mo. Ruhetag.

La Taverna di Purett
Via SS Marecchia 33
Villa Verucchio (ca. 15 km südwestlich von Rimini)
Eine kleine Landpartie führt in diesen sympathischen Weinladen mit Imbiss.

San Benedetto del Tronto

Molo Sud
Via Tamerici
☎ 07 35 58 73 25
Direkt an der Hafenmole ist dieses schlichte Fischlokal zu Hause. Die lokale Spezialität ist Brodetto (Fischsuppe), das man unbedingt vorbestellen muss. Das Restaurant ist meistens gut besucht, am Wochenende sollte man bessser reservieren. Mo. Ruhetag.

San Elpidio a Mare

Il Melograno
Via Gherardini 9
Piazzale Magnalbò 150
☎ 07 34 85 80 88
In den erst kürzlich renovierten Gewölberäumen in einem alten Palazzo werden stilvoll und mit großer Professionalität edle Speisen und ausgezeichnete Weine serviert. Man glaubt dem Wirt auf's Wort, dass er seinen Beruf aus Leidenschaft betreibt. Tipp: Antipasto della casa, ein ausgefallener, reich angerichteter Vorspeisenteller. Schöne Aussichtsterrasse. Di. Ruhetag.

San Marino

La Fratta
Via Salita alla Rocca 14
☎ 05 49 99 15 94
Traditionelles Lokal, zu dessen Spezialitäten Pilz- und Trüffelgerichte gehören, mit herrlicher Aussichtsterrasse. In der Nachsaison ist Mi. Ruhetag.

Senigallia

Osteria del Teatro
Via F.lli Bandiera 70
☎ 07 16 05 17
Mitten in der Altstadt liegt dieses hübsche Lokal. Eine täglich wechselnde Speisekarte und vor allem eine riesige Auswahl an exquisiten Weinen machen diese Osteria zu einem gut besuchten Treffpunkt. Mit großer Fachkundigkeit und Sympathie berät Marco Pasqualini bei der Wahl des richtigen Weines. Mi. Ruhetag (nicht im Sommer).

Treviso

La Colonna
Via Campana 27
☎ 04 22 54 48 04
FAX 04 22 41 91 77
La Colonna ist Enoteca, Bar und stilvolles Restaurant in einem. Im Sommer sitzt man auch schön unter den Sonnenschirmen im Innenhof. So. abend und Mo. Ruhetag.

All'Oca Bianca
Vicolo Torre 7
☎ 04 22 54 18 50
Alte traditionelle Trattoria mit einer kleinen Auswahl guter Gerichte. Di. abend und Mi. Ruhetag.

Triest

Die Literatencafés in Triest sind Legende und deshalb

sollte man zumindest einem die Ehre eines Besuchs erweisen. Unübersehbar ist das Caffè degli Specchi mit seinen Tischen auf der zentralen Piazza della Unità d'Italia.
Im Caffè Tommaso (Riva Tre Novembre 5) trafen sich im 19. Jh. ebenfalls die Intellektuellen, ebenso wie an den Marmortischchen im San Marco bei der Synagoge (Via Cesare Battisti 18a). Wer es gern modern und puristisch mag, ist im Caffè Illy besser aufgehoben (Via delle Torri 3, täglich von 8 00 bis 22 00 Uhr). Von den Wänden bis zum Tischgedeck ist hier alles dem aktuellen Design unterworfen.

Harry's Grill
Hotel Ducchi d'Aosta
Piazza della Unità d'Italia 2
☎ 040 36 56 46
Sehr stilvolles und natürlich auch teures Restaurant im "ersten" Hotel der Stadt. So. geschlossen.

Buffet Da Pepi
Via Cassa di Risparmio 3
☎ 040 36 68 58
Über 100-jährige Trattoria; die Speisekarte ist stark habsburgisch geprägt. Vorzugsweise werden deftige Fleischgerichte angeboten. So. Ruhetag.

Città di Cherso
Via Cadorna 6b
☎ 040 36 60 44
Die äußere Zurückhaltung täuscht, denn das Restaurant gehört zu den besten in der Stadt. Empfehlung: Fischgerichte.

Triest - Umgebung

Alla Dama Bianca
Duino Porto 61/c (ca. 20 km nordwestlich von Triest)
☎ 040 20 81 37
FAX 040 20 82 58
Restaurant, Hotel und Bar direkt am kleinen Hafen von Duino, mit herrlichem Blick auf das Meer. Schön sitzt man auf der breiten Terrasse. Spezialitäten des Hauses: Fisch und Meeresfrüchte.

Urbino

L'Angolo Divino
Via Sant'Andrea 12
☎ 07 22 32 75 59
Im Erdgeschoss eines alten Palazzo werden traditionelle Gerichte serviert. Mi. Ruhetag.

Osteria del Cucco
Via Betto de'Medici 9, im nahen Urbania
☎ 07 22 31 74 12
Angenehme und daher immer gut besuchte Trattoria. Mo. Ruhetag.

Venedig

Fiaschetteria Toscana
Cannaregio 5719
☎ 04 15 28 52 81
Das alteingesessene Lokal, nur 5 Minuten von der Rialto-Brücke entfernt, bietet auf zwei Stockwerken erlesene Meeresfrüchte oder eine herzhafte Bistecca fiorentina. Auch die Weinkarte ist hervorragend – und das bei überraschend zivilen Preisen. Mo. mittag und Di. Ruhetag.

Antico Calice
Calle degli Stagneri 5228
☎ 04 15 20 60 84
In dem vor allem von Venezia-

Restaurants, Cafés, Bars (Fortsetzung)

Venedig (Fts.)

nern besuchten "Alten Kelch" gibt es hervorragendes Essen.

Alla Madonna
Calle della Madonna (neben der Rialtobrücke auf der Seite von S. Polo)
☎ 04 15 22 38 24
Im traditionsreichen Madonna wird bodenständige Küche serviert. Mi. Ruhetag.

Osteria a la Campana
Calle dei fabbri
☎ 04 15 28 51 70
Überwiegend einheimische Gäste finden den Weg in diese angenehme Gaststätte. Zum Grillfisch passt der preiswerte Hauswein. Sehr freundlicher Service.

Altanella
Giudecca 26
☎ 04 15 22 77 80
Seit vier Generationen ist diese Trattoria auf der Insel Giudecca in Familienbesitz. Zu den Klassikern gehört u. a. Pasta e Fagioli, eine kräftige Bohnensuppe. Mo. und Di. Ruhetag.

Sport

Allgemeines

Sport wird groß geschrieben an der italienischen Adriaküste – sowohl, was die Möglichkeiten betrifft, selbst aktiv zu werden, als auch hinsichtlich sportlicher Veranstaltungen (▶ Veranstaltungen). Jeder Badeort verfügt über diverse Sportanlagen, v. a. natürlich Fußball-, Volleyball- bzw. Beachvolleyball-, Tennis-, Golf- und Minigolfplätze, aber auch Rollschuh- oder Inlineskatebahnen sowie Go-Kart-Pisten findet man in vielen Seebädern. Nicht erst seit Marco Pantanis Sieg bei der Tour de France steht Radfahren hoch im Kurs.

Angeln

Die vielen Adriazuflüsse und die Adria selbst sind bei Anglern beliebt. Zum Angeln im Meer braucht man keine Genehmigung, in Flüssen und Seen jedoch schon. Diese erhält man gegen Gebühr bei der zuständigen Verwaltung (in den Verkehrsbüros erfragen) sowie bei der Federazione Italiana Pesca Sportiva (☎ 02 7 74 01).

Golf

Noch ist die Zahl der Golfplätze an der Adria und im näheren Hinterland überschaubar. Es gibt u. a. Plätze bei Triest, Grado, Lignano, Padua, Venedig, auf der Isola di Albarella, in Cervia, Rimini, Pesaro und – einer der schönsten – bei Sirolo (Riviera del Conero).

Federazione Italiana Golf (FIG)
Viale Tiziano 74
I-00196 Roma
☎ 063 68 51

www.federgolf.it
Überblick über alle Golfplätze in Italien mit Angaben zur Infrastruktur der Plätze

Rad fahren

Rad fahren erfreut sich in Italien großer Beliebtheit, so dass man sich in vielen Städten und in allen Seebädern bequem auf Radwegen fortbewegen kann. Viele Badeorte haben für ihre Gäste Radtouren ausgearbeitet und bieten die Möglichkeit, Fahrräder zu leihen. Besonders günstig sind die Bedingungen in den flachen Lagunenlandschaften der nördlichen Adria, sportlicher dagegen wird es in den Marken und in den Abruzzen. So kann man z. B. mit dem Drahtesel den Naturpark Po-Delta oder die Valli di Comacchio erkunden oder das von Kanälen und Flussläufen durchzogene, fruchtbare Küstengebiet zwischen Venedig und Triest entdecken.

Rad fahren (Fortsetzung)

Nove Colli

Eine Herausforderung für alle echten Radfans ist das internationale Amateurrennen Nove Colli, das jedes Jahr im Mai in Cesenatico startet (Auskünfte über die Teilnahmebedingungen erteilt der ADFC). Mehr als 3000 Höhenmeter sind auf diesem Rundrennen zu bewältigen!

Touring Club Italiano
Corso Italia 10
I-20122 Milano
☎ 02 852 61

Allgemeiner Deutscher Fahrrad-Club (ADFC)
Postfach 107747
D-28077 Bremen
☎ 04 21 / 346 39 25

Reiten

Reiten ist vor allem im Rahmen der Agriturismo-Angebote, aber auch in vielen Badeorten möglich. Sehr viele der Agriturismo-Betriebe bieten Reitausflüge an, stellen Pferde für Ausritte zur Verfügung oder weisen auf Reiterhöfe hin (▶ Agriturismo).

Wandern

Das Wandern ist in Italien nicht sehr verbreitet. Auch ist die Kennzeichnung nicht so weit entwickelt. Gute Wandermöglichkeiten bieten allerdings die Naturschutzparks in den Marken und in der Region Abruzzen. Exkursionen mit unterschiedlichen Schwierigkeitsgraden werden von Juli bis September vom italienischen Alpenverein (Club Alpino Italiano; CAI) angeboten. Informationen erhält man bei den örtlichen Fremdenverkehrsstellen, bei der ENIT (▶ Auskunft) sowie beim Club Alpino Italiano, (CAI), Piazza S. Andrea della Valle 3, I-00186 Roma, ☎ 066 86 10 11.

Wassersport

Überall an der Adria, vor allem in den großen Seebädern, gibt es Segel- und Surfschulen. Um ein Boot zu mieten, muss man einen Segelschein vorlegen. Tauchschulen findet man u. a. in Rimini, Gabicce Mare, Porto Recanati, Pesaro, Sirolo und Senigallia. Auch Kanu- und Kajakfahren in den Flüssen erfreuen sich zunehmender Beliebtheit. Genauere Auskünfte erhält man bei regionalen Fremdenverkehrsämtern und bei der ENIT (▶ Auskunft).

Sprache

Romanische Sprache

Das Italienische hat sich aus dem Lateinischen entwickelt und steht diesem von allen romanischen Sprachen am nächsten. Nicht zuletzt infolge der früheren politischen Zerrissenheit des Landes entstanden zahlreiche Mundarten, unter denen sich das Toskanische durchsetzte und bis heute die gültige Schriftsprache blieb.

Kleiner Sprachführer Italienisch

Auf einen Blick

Ja./Nein.	Sì./No.
Vielleicht.	Forse.

Auf einen Blick (Fortsetzung)	Bitte./Danke.	Per favore./Grazie.
	Vielen Dank!	Tante grazie!
	Gern geschehen.	Non c'è di che.
	Entschuldigen Sie!	Scusi!/Scusa!
	Wie bitte?	Come dice?
	Ich verstehe Sie/dich nicht.	Non La/ti capisco.
	Ich spreche nur wenig ...	Parlo solo un po' di ...
	Können Sie mir bitte helfen?	Mi può aiutare, per favore?
	Ich möchte ...	Vorrei ...
	Das gefällt mir (nicht).	(Non) mi piace.
	Haben Sie ...?	Ha ...?
	Wie viel kostet es?	Quanto costa?
	Wie viel Uhr ist es?	Che ore sono?/Che ora è?
Kennenlernen	Guten Morgen!/Tag!	Buon giorno!
	Guten Abend!	Buona sera!
	Gute Nacht!	Buona notte!
	Hallo!/Grüß dich!	Ciao!
	Wie geht es Ihnen/dir?	Come sta?/Come stai?
	Danke. Und Ihnen/dir?	Bene, grazie. E Lei/tu?
	Auf Wiedersehen!	Arrivederci!

Unterwegs

Wo geht's lang?	links/rechts	a sinistra/a destra
	geradeaus	diritto
	nah/weit	vicino/lontano
	Wie weit ist das?	Quanti chilometri sono?
	Ich möchte ... mieten.	Vorrei noleggiare ...
	... ein Auto	... una macchina.
	... ein Fahrrad	... una bicicletta.
	... ein Boot	... una barca.
	Bitte, wo ist ...?	Scusi, dov'è ...?
	der Hauptbahnhof	la stazione centrale
	die U-Bahn	la metro(politana)
	der Flughafen	l'aeroporto
	Zum Hotel	All'albergo
Panne	Ich habe eine Panne.	Ho un guasto.
	Würden Sie mir einen Abschleppwagen schicken?	Mi potrebbe mandare un carro-attrezzi?
	Gibt es hier in der Nähe eine Werkstatt?	Scusi, c'è un'officina qui vicino?
	Würden Sie mir mit Benzin aushelfen?	Mi potrebbe dare un po' di benzina, per favore?
Tankstelle	Wo ist bitte die nächste Tankstelle?	Dov'è la prossima stazione di servizio, per favore?
	Ich möchte ... Liter ...	Vorrei ... litri di ...
	... Normalbenzin.	... benzina normale.
	... Super./... Diesel.	... super./... gasolio.
	... bleifrei/	... senza piombo (verde)/
	... verbleit.	... con piombo.
	Volltanken, bitte.	Il pieno, per favore.

Umleitung	Deviazione	**Straßenverkehr**
Einbahnstraße	Senso unico	
gesperrt	sbarrato	
langsam fahren	rallentare	
alle Richtungen	tutti direzioni	
rechts fahren	tenere la destra	
Hupverbot	Zone di silenzio	
Beginn der Parkverbotszone	Zona tutelata INIZIO	
Hilfe!	Aiuto!	**Unfall**
Achtung!/Vorsicht!	Attenzione!	
Rufen Sie bitte schnell ...	Chiami subito ...	
... einen Krankenwagen.	... un'autoambulanza.	
... die Polizei.	... la polizia.	
... die Feuerwehr.	... i vigili del fuoco.	
Haben Sie Verbandszeug?	Ha materiale di pronto soccorso?	
Es war meine Schuld.	È stata colpa mia.	
Es war Ihre Schuld.	È stata colpa Sua.	
Geben Sie mir bitte Ihren Namen und Ihre Anschrift!	Mi dia il Suo nome e indirizzo, per favore!	
Wo gibt es hier ...	Scusi, mi potrebbe indicare ...	**Essen/ Unterhaltung**
... ein gutes Restaurant?	... un buon ristorante?	
... ein typisches Restaurant?	... un locale tipico?	
Gibt es in der Nähe eine Eisdiele?	C'è una gelateria qui vicino?	
Reservieren Sie uns bitte für heute abend einen Tisch für 4 Personen.	Può riservarci per stasera un tavolo per quattro persone?	
Auf Ihr Wohl!	Alla Sua salute!	
Bezahlen, bitte.	Il conto, per favore.	
Hat es geschmeckt?	Andava bene?	
Das Essen war ausgezeichnet.	Il mangiare era eccellente.	
Haben Sie einen Veranstaltungskalender?	Ha un programma delle manifestazioni?	
Wo finde ich ...?	Dov'è si può trovare ...?	**Einkaufen**
... eine Apotheke	... una farmacia	
... eine Bäckerei	... un panificio	
... ein Fotogeschäft	... un negozio di articoli fotografici	
... ein Kaufhaus	... un grande magazzino	
... ein Lebensmittelgeschäft	... un negozio di generi alimentari	
... den Markt	... il mercato	
... den Supermarkt	... il supermercato	
... den Tabakladen	... il tabaccaio	
... den Zeitungshändler	... il giornalaio	
Können Sie mir bitte ... empfehlen?	Scusi, potrebbe consigliarmi ...?	**Übernachtung**
... ein Hotel	... un albergo	
... eine Pension	... una pensione	
Ich habe ein Zimmer reserviert.	Ho prenotato una camera.	
Haben Sie noch ...?	È libera ...?	

Sprache

Übernachtung (Fortsetzung)	... ein Einzelzimmer	... una singola
	... ein Zweibettzimmer	... una doppia
	... mit Dusche/Bad	... con doccia/bagno
	... für eine Nacht	... per una notte
	... für eine Woche	... per una settimana
	... mit Blick aufs Meer	... con vista sul mare
	Was kostet das Zimmer ...	Quanto costa la camera ...
	... mit Frühstück?	... con la prima colazione?
	... mit Halbpension?	... a mezza pensione?
Arzt / Apotheke	Können Sie mir einen guten Arzt empfehlen?	Mi può consigliare un buon medico?
	Geben Sie mir bitte ein Medikament gegen...	Mi puo dare una medicina per ...
	Ich habe Durchfall.	Soffro di diarrea.
	Ich habe Bauchschmerzen.	Ho mal di pancia.
	... Kopfschmerzen	... mal di testa
	... Halsschmerzen	... mal di gola
	... Zahnschmerzen	... mal di denti
	... Grippe	... influenza
	... Husten	... tosse
	... Fieber	... la febbre
	... Sonnenbrand	... scottatura solare
	... Verstopfung	... costipazione
	Pflaster	cerotto
Bank	Wo ist bitte ...	Scusi, dove posso trovare ...
	... eine Bank?	... una banca?
	... ein Geldautomat?	... un bancomat?
Post	Was kostet ...	Quanto costa ...
	... ein Brief ...	... una lettera ...
	... eine Postkarte ...	... una cartolina ...
	... nach Deutschland?	... per la Germania?

Zahlen

0	zero	10	dieci	20	venti	101	centouno
1	uno	11	undici	21	ventuno	200	duecento
2	due	12	dodici	30	trenta	1000	mille
3	tre	13	tredici	40	quaranta	2000	duemila
4	quattro	14	quattordici	50	cinquanta	10 000	diecimila
5	cinque	15	quindici	60	sessanta		
6	sei	16	sedici	70	settanta	1/2	un mezzo
7	sette	17	diciassette	80	ottanta	1/4	un quarto
8	otto	18	diciotto	90	novanta		
9	nove	19	dicianove	100	cento		

Speisekarte (Carta)

Prima colazione – Frühstück	caffè, espresso	kleiner Kaffee ohne Milch
	caffè macchiato	kleiner Kaffee mit wenig Milch
	caffellatte	Kaffee mit Milch
	cappuccino	Kaffee mit aufgeschäumter Milch
	tè al latte/al limone	Tee mit Milch/Zitrone
	cioccolata	Schokolade

frittata	Omelett/Pfannkuchen	**Frühstück (Fortsetzung)**
uovo alla coque	weiches Ei	
uova al tegame	Spiegeleier	
uova sode	harte Eier	
uova strapazzate	Rühreier	
pane/panino/pane tostato	Brot/Brötchen/Toast	
cornetto	Hörnchen	
burro	Butter	
salame	Wurst	
prosciutto	Schinken	
miele	Honig	
marmellata	Marmelade	
iogurt	Joghurt	
affettato misto	gemischter Aufschnitt	**Antipasti e Minestre – Vorspeisen und Suppen**
anguilla affumicata	Räucheraal	
melone e prosciutto	Melone mit Schinken	
minestrone	dicke Gemüsesuppe	
pastina in brodo	Fleischbrühe mit feinen Nudeln	
vitello tonnato	kalter Kalbsbraten mit Thunfischmayonnaise	
zuppa di pesce	Fischsuppe	
pasta	Nudeln	**Primi piatti – Nudel- und Reisgerichte**
fettuccine/tagliatelle	Bandnudeln	
gnocchi	kleine Kartoffelklößchen	
polenta (alla valdostana)	Maisbrei (mit Käse)	
agnolotti/ravioli/tortellini	gefüllte Teigtaschen	
vermicelli	Fadennudeln	
risotto alla milanese	Reisgericht mit Safran	
agnello	Lamm	**Carni e Pesce – Fleisch und Fisch**
ai ferri/alla griglia	vom Grill	
aragosta	Languste	
brasato	Braten	
coniglio	Kaninchen	
cozze/vongole	Miesmuscheln/kleine Muscheln	
fegato	Leber	
fritto di pesce	gebackene Fischchen	
gambero, granchio	Krebs, Krabbe	
maiale	Schweinefleisch	
manzo/bue	Rind-/Ochsenfleisch	
pesce spada	Schwertfisch	
platessa	Scholle	
pollo	Huhn	
rognoni	Nieren	
salmone	Lachs	
scampi fritti	gebackene kleine (See-)Krebse	
sogliola	Seezunge	
tonno	Thunfisch	
trota	Forelle	
vitello	Kalbfleisch	
asparagi	Spargel	**Verdura – Gemüse**
carciofi	Artischocken	

Sprache

Gemüse (Fortsetzung)	carote	Möhren, Karotten
	cavolfiore	Blumenkohl
	cavolo	Kohl
	cicoria belga	Chicorée
	cipolle	Zwiebeln
	fagioli	weiße Bohnen
	fagiolini	grüne Bohnen
	finocchi	Fenchel
	funghi	Pilze
	insalata mista	gemischter Salat
	insalata verde	grüner Salat
	lenticchie	Linsen
	melanzane	Auberginen
	patate	Kartoffeln
	patatine fritte	Pommes frites
	peperoni	Paprika
	piselli	Erbsen
	pomodori	Tomaten
	sedano	Sellerie
	spinaci	Spinat
	zucca	Kürbis
Formaggi – Käse	parmigiano	Parmigiano
	pecorino	Schafskäse
	ricotta	quarkähnlicher Frischkäse
Dolci e frutta – Nachspeisen und Obst	cassata	Eisschnitte mit kandierten Früchten
	coppa assortita	gemischter Eisbecher
	coppa con panna	Eisbecher mit Sahne
	tirami su	Löffelbiskuit mit Mascarpone-Creme
	zabaione	Eierschaumcreme
	zuppa inglese	likörgetränktes Biskuit mit Vanillecreme
Bevande – Getränke	acqua minerale	Mineralwasser
	aranciata	Orangeade
	bibita	Erfrischungsgetränk
	bicchiere	Glas
	birra scura/chiara	dunkles/helles Bier
	birra alla spina	Bier vom Fass
	birra senza alcool	alkoholfreies Bier
	bottiglia	Flasche
	con ghiaccio	mit Eis
	digestivo	Digestif
	gassata/con gas	mit Kohlensäure
	liscia/senza gas	ohne Kohlensäure
	secco	trocken
	spumante	Sekt
	succo	Fruchtsaft
	vino bianco/rosato/rosso	Weiß-/Rosé-/Rotwein
	vino della casa	Hauswein

Gerichte ▶ Essen und Trinken

Straßenverkehr

Straßennetz

Das Straßennetz an der italienischen Adriaküste ist sehr gut ausgebaut. Zwischen Rimini und Pescara hat man die Wahl zwischen der Autobahn und der SS 16, die streckenweise nahezu parallel verlaufen. Zwischen Rimini und Venedig gibt es direkt an der Küste nur die SS 16 bzw. E 55. Wer auf diesem Abschnitt schnell vorankommen möchte, muss den Umweg über Bologna und Padua (A 14 bzw. A 13) in Kauf nehmen.

Autobahn

Die Benutzung der Autobahn (autostrada) in Italien ist meist gebührenpflichtig (pedaggio). Die Autobahngebühr kann entweder bar, mit Kreditkarte oder mit Viacard bezahlt werden. Man erhält sie in Italien bei den Automobilclubs, bei ACI-Büros an den Grenzübergängen oder bei den wichtigsten Autobahneinfahrten, in Tabakwarengeschäften sowie an Tankstellen.

Tankstellen

Die Einfuhr und der Transport von Benzin in Kanistern sind verboten. Es gibt bleifreies Benzin (95 Oktan, benzina senza piombo oder benzina verde), Superbenzin (97 Oktan) und Dieselkraftstoff (gasolio). Die Tankstellen sind in der Regel 7^{00} – 12^{00} Uhr und 14^{00} bis 20^{00} Uhr geöffnet. An den Autobahnen gibt es meist einen 24-Stunden-Service. An den Wochenenden, vermehrt auch über die Mittagspause und nachts kann an vielen Tankstellen nur an automatischen Tanksäulen getankt werden.

Höchstgeschwindigkeiten

In Italien gelten folgende Tempolimits: Pkws, Motorräder und Wohnmobile bis 3,5 t: innerorts 50 km/h, außerorts 90 km/h, auf Schnellstraßen (2 Fahrstreifen in jeder Richtung) 110 km/h, auf Autobahnen (Autostrada) 130 km/h;
Pkws und Wohnmobile über 3,5 t: außerorts 80 km/h, auf Schnellstraßen 80 km/h und auf Autobahnen 100 km/h. Wer zu schnell fährt und erwischt wird, muss mit hohen Geldstrafen rechnen.

Promillegrenze

Die Höchstgrenze für den Blutalkoholgehalt liegt bei bei 0,8 ‰.

Parken

Das Auto sicher und legal abzustellen, ist in italienischen Städten nicht einfach. Viele Innenstädte sind mittlerweile verkehrsberuhigt oder völlig autofrei. Die Zufahrt zu den Hotels ist allerdings gestattet. Generell sollte man die Beschilderung und Markierungen an den Straßenrändern beachten: Gelb markierte Parkplätze sind für Taxis, Busse, Kommunalfahrzeuge etc. reserviert. Auf blau gekennzeichneten Parkplätzen kann man sein Fahrzeug mit Parkschein abstellen. Weiß markierte Parkplätze können mit Parkscheibe eine Stunde lang gebührenfrei benutzt werden.

Automobilclubs

Automobile Club d'Italia (ACI)
(Auslandspartner des ADAC)
Via Marsala 8
I-00185 Roma
☎ 06 499 81

Touring-Club Italiano (TCI)
Corso Italia 10
I-20100 Milano
☎ 02 85 26 1

Pannendienst des ACI

☎ 800116800 (gebührenfrei)

Einige weitere Vorschriften

Straßenbahnen haben grundsätzlich Vorfahrt. In Orten mit guter Straßenbeleuchtung ist Standlicht erlaubt. Privates Abschleppen auf Autobahnen ist verboten. Im Falle einer Panne werden ausländische Auto- oder Motorradreisende vom Pannendienst des italienischen Automobilclubs kostenlos zur nächsten Werkstatt abgeschleppt. Auf Motorrädern über 50 cm^3 besteht Helmpflicht. Bei Totalschaden ist der italienische Zoll zu verständigen, da sonst u. U. für das Schadensfahrzeug Einfuhrzoll bezahlt werden muss.

Notrufe

▶ dort

Anreise

▶ dort

Telefon

Ländervorwahlen von Deutschland, Österreich und der Schweiz
nach Italien 00 39

aus Italien
nach Deutschland 00 49
nach Österreich 00 43
in die Schweiz 00 41

Telefonauskunft
Inland ☎ 12
Ausland ☎ 176

Ortsvorwahlen mitwählen!

Die Ortsvorwahlen sind Bestandteil der italienischen Rufnummern. So muss auch bei Ortsgesprächen sowie bei Anrufen aus dem Ausland die Vorwahl einschließlich der 0 mitgewählt werden.

Öffentliche Fernsprecher

Die Direktwahl nach Deutschland, Österreich oder in die Schweiz ist von öffentlichen Fernsprechern mit orangerotem Telefonhörersymbol möglich. Die öffentlichen Fernsprecher funktionieren mit Münzen oder mit Telefonkarten (carta telefonica), die es u. a. in Bars, an Zeitungskiosken oder in Tabakgeschäften gibt.

CallingCard

Mit der CallingCard der Deutschen Telekom kann man bargeldlos und ohne Karte telefonieren. Informationen erteilt die Telekom (Internet: www.telekom.de).

Mobilfunk

Die Benutzung von Mobiltelefonen ist im D1- und D2-Netz möglich. Die beiden dichtesten Mobilfunknetze unterhalten die Telefongesellschaften Telecom Italia Mobile (Zugangsnummer 2 22 01) und Omnitel Pronto Italia (Zugangsnummer 2 22 10).

Tarife

Billigtarife gelten täglich ab 22^{00} bis 8^{00} Uhr sowie an den Wochenenden.

Trinkgeld

Mancia

In Hotels und Restaurants ist die Bedienung im Preis inbegriffen, jedoch werden mindestens 5 bis 10 % des Rechnungsbetrages als Trinkgeld erwartet. In Bars bzw. Cafés ist die Bedienung häufig nicht eingeschlossen. In solchen Fällen werden 10 bis 15 % Trinkgeld gegeben. Bei Taxifahrten rundet man den Betrag auf.

Januar

Concordia Sagittaria (bei Caorle)
Am Vorabend des Dreikönigfestes, am 5. Januar, findet ein großes Flussfeuer am Lemene statt.

Venedig
Die Regata delle Befane am 6. des Monats ist ein beliebter Volkslauf am Lido, in Hexenkostümen.

Februar/März

An vielen Orten
Viele Städte feiern Karneval, u. a. Offida (bei Fermo) mit dem Zug der brennenden Reisigbündel. Der berühmteste und beeindruckendste von allen bleibt der Karneval in Venedig (▶ Baedeker Special S. 228/229), ein buntes Maskentreiben in schönen Kostümen während der letzten elf Tage vor Aschermittwoch.

März

In vielen Städten
finden während der Settimana Santa (Karwoche) Passionsspiele und eindrucksvolle Prozessionen statt.

März/April

Cesenatico
Mit dem Vele di Pasqua, einem Segelwettbewerb für alle Katamarane, wird jedes Jahr die Segelsaison in Cesenatico eröffnet.

April

San Marino
Feierliche Einführung der neuen Regierung des Zwergstaates am 1. April.

Venedig
Festa di San Marco (25.4.): Gefeiert wird der Stadtpatron mit einer aufwändigen Prozession und einem feierlichen Hochamt in der Basilika. Nachmittags Regata dei Traghetti, die Gondelregatte auf dem Canal Grande.

Imola
Grand Prix von San Marino: Auftakt zur europäischen Rennsaison der Formel 1.

Mai

Cervia
Sposalizio del Mare
Seit 1445 wird die "Vermählung" Cervias mit dem Meer gefeiert – u. a. mit einer Prozession in mittelalterlichen Kostümen, mit Bootsfahrten und Theatervorstellungen.

Cesenatico
Jährlich treffen sich einige Tausend Teilnehmer zu Nove Colli, Europas größtem Amateurradrennen. Die Strecke führt über neun Pässe (nove colli) durch das bergige Hinterland von Cesenatico.

Ravenna, Urbino, Ancona
Mille Miglia: Das traditionsreiche Oldtimerrennen über eine 1000-Meilen-Strecke beginnt in Brescia und berührt viele Städte, u. a. Ravenna, Urbino und Ancona.

Santaracangelo di Romagna
Balconi Fioriti (Blütenfest)

Mai/Juni

Venedig
Bei der Festa della Sensa, am Sonntag nach Christi Himmelfahrt, findet eine eindrucks-

Hinter der Maske

Januar und Februar sind normalerweise nicht die begehrtesten Reisemonate, auch für Italien nicht. Venedig macht da allerdings eine Ausnahme. Denn: Die ersten Wochen des Jahres sind zugleich die "verrücktesten" – Karneval in der Lagunenstadt!

Es ist Sonntagmorgen, zehn Tage vor Beginn der Fastenzeit. Eine dicht gedrängte Menge starrt auf dem Markusplatz hinauf zum Campanile, zu der großen Taube, die nach alter Tradition von dessen Glockenstube zu den oberen Arkaden des Dogenpalastes gezogen wird. Punkt 12 Uhr ist es so weit: Farbenfrohe Luftballons steigen in den Himmel, und es regnet bunte Konfetti aus dem Taubenleib auf die Menge – Venedigs Karneval ist eröffnet. Auf den Schaubühnen in der Stadt werden Konzerte gegeben und die phantasievollsten Verkleidungen prämiert, in den Theatern und Palästen brilliert die internationale Kunstszene, und auf dem schwimmen den Floß vor der Piazzetta erwacht die venezianische Vergangenheit zu neuem Leben. Bis tief in die Nacht wird in den Gassen und auf den Kanälen der Lagunenstadt gefeiert – bis am Faschingsdienstag ein gewaltiges Feuerwerk den Narrenzauber für ein Jahr beendet.

Feiern vor der Fastenzeit

Urkundlich erwähnt wird der venezianische Karneval erstmals im Jahre 1094. Der ursprüngliche heidnische Sinn der Zeremonie war es, nach einem langen Winter den Einzug des Frühlings zu feiern. Die mit dem Christentum aufkommende Bezeichnung "Carneval" vom lateinischen "carne vale" (= Fleisch lebe wohl) meinte zunächst das letzte Mahl vor der Fastenzeit, stand jedoch bald für alle Karnevalsfeiern vor Aschermittwoch. Auf dem Markusplatz wurden in Anwesenheit des Dogen, hoher Würdenträger und ausländischer Staatsgäste Ochsen und Schweine geschlachtet, Schwertkämpfe ausgetragen, akrobatische Glanzleistungen vollführt und natürlich ausgiebig dem Glücksspiel gefrönt, das nur zur Karnevalszeit erlaubt war. Besonders aufwändig waren die Umzüge auf dem Wasser mit prächtig geschmückten Gondeln. Als 1797 der letzte Doge zurücktrat und die Franzosen in Venedig einzogen, bedeutete das für zwei Jahrhunderte das Ende des tollen Treibens: Napoleon ließ den verrufenen Carnevale abschaffen. Erst seit 1979 wird er wieder offiziell gefeiert, von Tourismusmanagern sozusagen wieder aus der Taufe gehoben. Schnell entwickelte sich Venedig wieder zu einer Hochburg des Karnevals, erfuhren Kostümbildner und Maskenhersteller eine Renaissance. Und die aus Pappmaché, Keramik oder Leder gefertigten Masken sind längst zum Wahrzeichen der Stadt avanciert.

Kostüme mit Tradition

Das Tragen von Masken dürfte vor allem durch den Kontakt mit dem Orient und moslemischer Kleidung aufgekommen sein. Eigentlich waren Maskierungen nur im Karneval erlaubt, doch die vornehme *bautta*, eine schwarze Kapuze aus Samt oder Seide, die das Gesicht frei ließ, war auch zu besonderen Festlichkeiten zugelassen. Zur *bautta* trug man den Dreispitz (*tricor-*

Klassisches Karnevalskostüm: Dreispitz und langer schwarzer Mantel

no) und einen langen schwarzen Mantel (*tabarro*). Die eigentliche Maske war weiß oder schwarz und verbarg die obere Gesichtshälfte; wollte man völlig unerkannt bleiben, so bedeckte ein Spitzentuch am unteren Rand der Maske auch Mund und Kinn. Spanischen Ursprungs war der *domino*, ein weiter Umhang ähnlich einer Mönchskutte, der seinen Träger völlig verbarg. Die *moretta*, eine kleine, ovale Samtmaske, wurde nur von Frauen getragen. Großer Beliebtheit erfreuten sich die *mattacini*, farbenfrohe Narrenkostüme mit großen Federhüten. Der *medico della peste* war als Folge der verheerenden Pestepidemien entstanden, von denen Venedig wiederholt heimgesucht wurde. Der grobe Überwurf und ein tief ins Gesicht gezogener Schlapphut ließen bei diesem Kostüm nur die Augen frei, die Maske mit der charakteristischen überlangen Schnabelnase sollte die verpestete Atemluft filtern, und mit dem langen Stock konnten Patienten in sicherer Entfernung untersucht werden.

Arlecchino und Co.

Bunt bereichert wurde die Karnevalsszene mit den Figuren der Commedia dell'Arte, darunter als berühmteste der für seine Possen bekannte Arlecchino in einem farbenfrohen Kostüm. Als die beiden Zanni treten Arlecchino und der einfallsreiche Diener Brighella auf. Das weibliche Gegenstück heißt Colombina, eine schlagfertige Dienstmagd, während der aus dem Hinterland Neapels stammende Pulcinella den Prahlhans verkörpert. Sinnbild des schlauen venezianischen Kaufmanns ist der spitzbärtige Pantalone, in rote Bundhosen, rotes Wams und schwarzen Rock gekleidet, den heißgeliebten Geldbeutel am Gürtel. Als Parodie der intellektuellen Eitelkeit gilt der Dottore, ein schwarz gekleideter Rechtsgelehrter mit Knollennase. Eine besondere Rolle spielt der Capita no mit buntgestreifter Uniform, Schwert und breitkrempigem Federhut als Symbol der Auflehnung gegen Fremdherrschaft und Inbegriff der Karnevalsfreiheit, einmal sagen zu können, was man will. *In diesem schönen Fest liegt die unbändigste Freude neben süßester Melancholie*, bemerkte ein Gast zu den tollen Tagen im Jahre 1721. Wenn heute auch nicht wenige Venezianer vor dem Karneval aufs Festland fliehen, nehmen doch nach wie vor viele am lebhaften Treiben teil, andere treffen sich auf Privatbällen, während das offizielle Maskenspektakel mediengerecht auf und rund um den Markusplatz abläuft. Jedes Jahr steht der Karneval unter einem anderen Motto, werden neben den historischen Kostümen immer wieder neue Phantasiegewänder präsentiert. Trotz aller Kritik bleibt der Karneval ein fester Bestand des venezianischen Festkalenders. Am besten man macht einfach mit und gibt sich der alten Sehnsucht hin, wenigstens für einen Augenblick in die Rolle eines anderen zu schlüpfen...

volle Schiffsprozession statt. Gefeiert wird die "Vermählung" des Dogen mit dem Meer. Am Sonntag danach die Vogalonga, eine Bootsregatta für Wasserfahrzeuge, die mit einem Ruder bewegt werden.

Juni

Padua
Fest des hl. Stadtpatrons St. Antonio mit Prozession und Fackelzug am 13. Juni.

Faenza
Palio del Niballo (3./4. Juniwochenende)

Ravenna
Ravenna Festival: Musik- und Theaterveranstaltungen an eindrucksvollen Spielstätten.

Pesaro
Mostra internazionale del nuovo Cinema sowie Festival des unabhängigen Films.

Cattolica
Mystfest, ein Festival des Krimis und phantastischen Films (Juni/Juli).

Juni – November

Venedig
Biennale d'Arte di Venezia – eine der wichtigsten internationalen Ausstellungen für zeitgenössische Kunst, die alle zwei Jahre stattfindet (jeweils in den Jahren mit ungeraden Zahlen).

Juli

Venedig
Festa del Redentore: Zur Erinnerung an das Ende der Pest im Jahr 1576 findet am 3. Julisonntag ein Schiffskorso von San Marco bis zur Erlöserkirche auf der Insel Giudecca statt.

Cervia
Cervia Volante: Internationales Drachenfestival am Strand – nicht nur für Kinder ist dieses Festival eine tolle Veranstaltung!

Grado
Seit 1237 wird in der Lagune von Grado am ersten Julisonntag der Perdòn veranstaltet, eine Schiffsprozession von Grado bis zur Insel Barbana, zur ältesten Marienwallfahrtsstätte in der Region.

Brisighella
Bei der Festa Medievale verwandelt sich die Stadt für ein bis zwei Wochen in die Zeit des Mittelalters zurück.

Santarcangelo di Romagna
Internationales Theaterfestival, das auf den Straßen und Plätzen gefeiert wird.

Urbino
In der ganzen Stadt Theater und Konzerte im Freien.

Macerata
Beginn der Opernsaison in der Arena Sferisterio.

August

Ascoli Piceno
Giostra della Quintana am ersten Augustsonntag: Umzug in historischen Kostümen und Lanzenwettspiel der einzelnen Stadtviertel zu Pferde.

Fermo
Palio dell'Assunta (15. August): Traditionelles Pferderennen in historischen Kostümen.

Cervia
Fest zu Ehren von San Lorenzo mit Spielen und Feuerwerk.

Cesenatico
Garibaldifest am 1. Wochenen-

de des Monats: Traditionelles Stadtfest mit Darbietungen und Feuerwerk zu Ehren des italienischen Nationalhelden, der am 2. 8. 1849 von Cesenatico auslief, um dem besetzten Venedig zu Hilfe zu eilen.

Comacchio
Fest am 13. August zu Ehren des Schutzheiligen San Cassiano mit einem Bootsrennen

Pesaro
Rossini-Opernfestival (Aug./Sept.)

Verucchio
Malatesta-Fest mit Akrobaten, Jongleuren und einem mittelalterlichen Festessen.

Viele Städte
feiern am 14./15. August Maria Himmelfahrt und den Höhepunkt der italienischen Feriensaison, den Ferragosto. So findet in Curtatone die Fiera di Grazie statt, ein Wettbewerb der Madonnari, der Straßenmaler; in Piazza Armerina am 14. August der Palio dei Normanni, ein Reiterwettkampf; in Alassio die Festa di muretto e palio, ein Wettkampf der Stadtviertel.

Ende August – September

Venedig
Die internationalen Filmfestspiele von Venedig (Mostra Internationale del Cinema) sind nach Cannes der zweite wichtige Termin im Jahreskalender von Filmfreaks.

September

Venedig
Regatta storica (1. Sonntag): Farbenprächtige Gondel-Regatta auf dem Canal Grande.

Caorle
Am dritten Sonntag im September wird in Caorle die Fraima ausgetragen, ein Bootswettrennen in der Lagune.

San Marino
Fest der Armbrustschützen zum Gründungstag der Republik am 3. September.

Canale di Brenta
Riviera Fiorita: Historische Regatta in Kostümen. Die Villen bieten eine traumhafte Kulisse für das farbenfrohe Schauspiel auf dem Brentakanal (2. Sonntag).

Oktober

Dovadola (bei Forli)
Fiera der weißen Trüffel.
Sant'Agata in Feltria (bei San Leo): Trüffel- und Pilzfest.

November – Dezember

Venedig
Festa della Salute, Prozession zur Kirche Santa Maria della Salute (21. 11.).

Loreto
Fest der Überführung der Santa Casa nach Loreto (8. Dezember). Zwei Tage später wird das Fest der Beata Vergine di Loreto gefeiert.

Vergnügungsparks · Wasserparks

Immer mehr Seebäder an der Adriaküste erhöhen ihr Freizeitangebot durch Wasserparks, allen voran die Badeorte in der Emilia-Romagna. Wasserparks gibt es dort in Conselice (Acquajoss, Via Nuova Selice), Lido Adriano (Acquaparco, Via Bellini 1), Pinarella di Cervia

Vergnügungs- und Wasserparks (Fts.)

(Aquaria Park, Via dei Cosmonauti 23), Riolo Terme (Aqualand, Via Senio 6), Cesenatico (▶ Reiseziele von A bis Z), Bellaria (Aquabell, Via Savio 15) und in Riccione, das gleich zwei Attraktionen dieser Art besitzt (▶ Reiseziele von A bis Z, Rimini).

Auch bei den Vergnügungs- und Themenparks liegt die Emilia-Romagna ganz vorn. Beim größten Park des Landes, Mirabilandia (▶ Reiseziele von A bis Z, Ravenna), steht die Unterhaltung im Vordergrund, ebenso im Märchenpark Filabilandia in Riminis Stadtteil Rivazzurra (Via Cardano, an der SS 16). Themenorientiert sind dagegen die Parks Italia in Miniatura (▶ Reiseziele von A bis Z, Rimini), Palestina in Miniatura (Coriano, Via della Repubblica 39) und Le Navi in Cattolica (▶ Reiseziele von A bis Z, Rimini), ein noch ziemlich neuer Freizeitpark, der mit modernster Technik und ungewöhnlichen Mitteln die Erd- und Meeresgeschichte thematisiert (▶ Reiseziele von A bis Z, Rimini).

Die meisten Wasserparks sind nur während der Saison, d. h. zwischen Juni und September, Mirabilandia, Le Navi und Italia in Miniatura sind das ganze Jahr über geöffnet.

Zeit

In Italien gilt die Mitteleuropäische Zeit (MEZ). Für die Sommermonate (ab Ende März bis Ende Oktober) wurde die Mitteleuropäische Sommerzeit (MESZ = MEZ + 1 Std.) eingeführt.

Zollbestimmungen

Innerhalb der EU

Innerhalb der Europäischen Union ist der Warenverkehr für private Zwecke weitgehend zollfrei. Zur Abgrenzung zwischen privater und gewerblicher Verwendung gelten folgende Höchstmengen: 800 Zigaretten, 400 Zigarillos, 200 Zigarren, 1 kg Rauchtabak; 10 l Spirituosen, 20 l Zwischenerzeugnisse, 90 l Wein (davon max. 60 l Schaumwein) und 110 l Bier. Bei Stichprobenkontrollen ist glaubhaft zu machen, dass die Waren tatsächlich nur für den eigenen privaten Verbrauch bestimmt sind.

Nicht-EU-Länder

Für Reisende aus Nicht-EU-Ländern (u. a. Schweizer Staatsbürger) liegen bei der Einreise nach Italien die Freimengengrenzen für Personen über 17 Jahre bei 200 Zigaretten oder 100 Zigarillos oder 50 Zigarren oder 250 g Rauchtabak; ferner bei 2 l Wein und 2 l Schaumwein oder 1 l Spirituosen mit mehr als 22 Vol.-% Alkoholgehalt; 500 g Kaffee oder 200 g Kaffeeauszüge, 100 g Tee oder 40 g Tee-Extrakt, 50 ml Parfüm oder 0,25 l Eau de Toilette. Zollfrei sind ferner Geschenkartikel bis zu einem Wert von 175 €.

Bei der Wiedereinreise in die Schweiz gelten als abgabenfrei für Personen ab 17 Jahre: 200 Zigaretten oder 50 Zigarren oder 250 g Rauchtabak, 2 l alkoholische Getränke mit bis zu 15 Vol.-% Alkoholgehalt und 1 l mit mehr als 15 Vol.-% Alkoholgehalt sowie Geschenke im Wert bis 100 sfr, für Personen unter 17 Jahre bis 50 sfr. Nähere Auskünfte erteilt die Eidgenössische Oberzolldirektion, Monbijoustraße 40, CH-3000 Bern, ☎ 0 31 / 3 22 61 11.

Register

Verzeichnis der Karten und graphischen Darstellungen

Bildnachweis

Archiv für Kunst und Geschichte: S. 35 (2 x), 36, 175
Archiv für Kunst und Geschichte/ Battaglini: S. 44
Baedeker-Archiv: S. 29, 171
Burget, Marlies: S. 50, 199, 212
DIZ: S. 131
dpa: S. 19, 34, 37
Gill, Roger: S. 6 (oben), 128
Hackenberg, Rainer: S. 3 (unten), 4 (oben), 7, 9 (li. unten), 15, 16, 21, 25, 26, 30, 60, 64, 72, 84, 88, 90, 94, 98, 111, 134, 145, 147, 150, 152, 177
Hartmann, Herbert: S. 57, 141
HB-Verlag: S. 6 (unten), 10/11, 39, 69, 76, 91, 105, 119, 121, 140, 163, 180, 229
Huber: S. 3 (oben), 8 (li. unten), 8/9, 53, 166
IFA: S. 8 (li. oben), 42, 158/159, 165, 169
laif/Eid: S. 5 (oben), 9 (re. oben), 71, 101, 106, 122, 127
laif/Kirchner: 139
Picture Press/Riedmiller: S. 79
Reincke, Dr. Madeleine: S. 29, 86, 181
Renckhoff, Dirk: S. 46, 182/183
Rußwurm, Winfried: S. 102
Schleicher, Wolfram: S. 61, 110, 113, 156
Siepmann, Martin: S. 2, 17, 41, 48/49, 54, 92, 97, 129, 135, 149
Spitta, Wilkin: S. 9 (re. unten)
Wurth, Andrea: S. 1, 4 (unten), 5 (unten), 22, 59, 62, 82, 87, 103, 116, 136, 137, 144, 184, 194, 201, 202, 203, 205, 207, 213, 217

Titelbild: Huber – Lignano-Sabbiadoro
Hinter Umschlagseite: Wurth – Umkleidehäuschen einer Badeanstalt

Impressum

Ausstattung:
120 Abbildungen
19 Karten und grafische Darstellungen, 1 große Reisekarte

Text: Andrea Wurth mit Beiträgen von Dr. Evamarie Blattner, Astrid Braun, Marlies Burget, Rupert Koppold, Wolfgang Liebermann, Helmut Linde, Anja Schliebitz, Reinhard Strüber

Bearbeitung: Baedeker Redaktion (Andrea Wurth)

Kartografie: Christoph Gallus, Hohberg; Franz Huber, München, Mairs Geographischer Verlag, Ostfildern (Reisekarte)

Chefredaktion: Rainer Eisenschmid, Baedeker Ostfildern

1. Auflage 2002

Urheberschaft: Karl Baedeker GmbH, Ostfildern
Nutzungsrecht: Mairs Geographischer Verlag GmbH & Co., Ostfildern

Sprachführer: In Zusammenarbeit mit der Ernst Klett Verlag GmbH, Redaktion PONS Wörterbücher

Printed in Germany
ISBN 3-8297-1005-4

Gedruckt auf 100% chlorfreiem Papier

Baedeker Programm

Reiseziele in aller Welt

Baedeker Allianz Reiseführer

- Ägypten
- Algarve
- Amsterdam
- Andalusien
- Athen
- Australien
- Bali
- Baltikum
- Bangkok
- Barcelona
- Belgien
- Berlin
- Berlin (engl.)
- Bodensee · Oberschwaben
- Brasilien
- Bretagne
- Brüssel
- Budapest
- Burgund
- Chicago · Große Seen
- China
- Costa Blanca
- Costa Brava
- Dänemark
- Deutschland
- Djerba · Südtunesien
- Dominikanische Republik
- Dresden
- Elba
- Elsass · Vogesen
- Finnland
- Florenz
- Florida
- Franken
- Frankfurt am Main
- Frankreich
- Französische Atlantikküste
- Fuerteventura
- Gardasee
- Germany (engl.)
- Gomera
- Gran Canaria
- Griechenland
- Griechische Inseln
- Großbritannien
- Hamburg
- Harz
- Hawaii
- Hongkong · Macao
- Ibiza · Formentera
- Indien
- Irland
- Ischia · Capri · Procida
- Israel
- Istanbul
- Istrien · Dalmatinische Küste
- Italien
- Italien · Norden
- Italienische Adria
- Italienische Riviera · Ligurien
- Japan
- Jordanien
- Kalifornien
- Kanada
- Kanada · Osten
- Kanada · Westen
- Kanalinseln
- Karibik
- Kenia
- Köln
- Kopenhagen
- Korfu · Ionische Inseln
- Korsika
- Kos
- Kreta
- Kuba
- Kykladen
- La Palma

- Lanzarote
- Lissabon
- Loire
- Lombardei · Mailand· Oberital. Seen
- London
- Madeira